Library Science

Information Science

Archival Science

图书情报档案学术丛书

本书为河南省高校哲学社会科学基础研究重大项目"信任视角下图书馆制度的影响力及其扩放机制研究"（项目编号：2022-JCZD-23）的研究成果

图书馆制度影响力评价

Evaluation on the Influence of Library System

付立宏　黄若尧　申世玉　吴亚锋　李国朋　杨晓农　著

WUHAN UNIVERSITY PRESS

武汉大学出版社

图书在版编目(CIP)数据

图书馆制度影响力评价／付立宏等著． -- 武汉 ：武汉大学出版社，2024.12(2025.9重印)． -- 图书情报档案学术丛书． -- ISBN 978-7-307-24724-6

Ⅰ．G25

中国国家版本馆 CIP 数据核字第 2024N9Z478 号

责任编辑:黄河清　　　责任校对:汪欣怡　　　版式设计:马　佳

出版发行:**武汉大学出版社**　（430072　武昌　珞珈山）

　　　　　（电子邮箱:cbs22@whu.edu.cn　网址:www.wdp.com.cn）

印刷:湖北云景数字印刷有限公司

开本:720×1000　1/16　印张:22　字数:313 千字　插页:2

版次:2024 年 12 月第 1 版　2025 年 9 月第 2 次印刷

ISBN 978-7-307-24724-6　　　定价:98.00 元

前　言

　　图书馆制度，是指国家机关、图书馆行业协会或图书馆制定的调控图书馆事业或图书馆活动的行动准则。图书馆法、图书馆政策和图书馆颁布的馆员和用户行为规范都属于图书馆制度的范畴。图书馆制度的影响力，也可称为图书馆制度的作用力，是指图书馆制度对图书馆事业或图书馆活动的调控力度和效果。图书馆制度的影响力关系到图书馆制度对图书馆事业和图书馆活动的调控效果，只有对图书馆制度的影响力进行科学评价，才能增强图书馆制度的调控效果。然而，至今罕见图书馆制度影响力评价方面的研究成果，因此，本书的研究具有较强的创新性。本书是河南省高校哲学社会科学基础研究重大项目《信任视角下图书馆制度的影响力及其扩放机制研究》(2022-JCZD-23)的研究成果。

　　本书的特色在于：（1）新颖系统。迄今为止，学术界针对图书馆制度内容范围的研究成果比较丰富，如图书馆借阅制度、图书馆阅读推广制度、图书馆员管理制度、高校图书馆社会化服务制度和图书馆法，但罕见专门研究图书馆制度影响力的成果。此外，研究图书馆制度的成果绝大部分是期刊论文，较少见到系统化程度高、学术性强和富有深度的研究生学位论文或专著，本书是一份学术性和系统性兼顾的研究成果。（2）量化色彩浓厚。书中公共图书馆制度影响力评价指标体系构建、公共图书馆制度影响力评价实证分析、高校图书馆政策影响力评价指标体系构建、高校图书馆政策影响力评价指标体系应用、高校图书馆政策效力的影响因素等章节，

1

充分采用了 SPSS、层次分析法、模糊数学、结构方程模型等量化分析方法。(3)结构严谨。本书在梳理国内外同类研究成果的基础上，阐述了图书馆制度影响力评价的理论基础，设计了图书馆制度影响力评价的指标体系，验证了图书馆制度影响力评价的指标体系，考察了图书馆制度影响力实况，最后提出了扩放图书馆制度影响力的策略。"梳理现有研究成果—奠定理论根基—设计评价指标体系—验证评价指标体系—考察图书馆制度影响力实况—构建图书馆制度影响力提升策略"，环环相扣，层层递进。(4)数据翔实。本书共载附录 15 个，涵盖专家访谈提纲、制度文本开放式编码表、扎根理论主轴编码、指标权重调查问卷、图书馆制度影响力现状调查问卷、图书馆政策效力的影响因素调查问卷等，内容非常丰富，为正文相关内容提供了有力的支撑。

　　本书的价值在于：(1)可以丰富图书馆学、图书馆管理学等学科的内容体系。(2)可以增强图书馆员和用户的制度意识。目前许多图书馆员和用户对图书馆制度缺乏认知，更谈不上信任，如许多图书馆员没有听说过《中华人民共和国公共图书馆法》和《普通高等学校图书馆规程》，许多用户利用图书馆但从不关心图书馆用户管理制度，因此扩大图书馆制度的影响力刻不容缓，本书的出版有助于提高图书馆员和用户的制度意识，从而使图书馆管理更加顺畅，图书馆制度的效果大大增强。(3)图书馆制度影响力的提升涉及图书馆制度运行的诸多环节，如制定、修改、执行、评估、监控等，本书的出版可以为相关主体参与图书馆制度提供参考或行动指南。(4)本书既可作为图书馆学专业本科生的正式教材，亦可作为图书馆学专业研究生的参考教材，或信息资源管理学科其他专业研究生的教辅读物。

　　本书是团队合作的产物。付立宏负责策划、协调、修改和统稿，并承担了部分撰写任务；团队其他成员负责撰写。具体分工如下：

　　第 1 章：第 1 节(付立宏)；第 2 节(付立宏)；第 3 节(杨晓农)。

　　第 2 章：第 1 节、第 2 节(黄若尧)；第 3 节、第 5 节(付立宏)；第4节(申世玉)。

第3章：黄若尧。

第4章：黄若尧。

第5章：黄若尧。

第6章：申世玉、付立宏。

第7章：申世玉、付立宏。

第8章：吴亚锋、付立宏。

第9章：第1节(李国朋)；第2节、第3节(吴亚锋)；第4节(黄若尧)。

本书的出版得到了武汉大学出版社的大力支持。特别值得一提的是，武汉大学出版社詹蜜老师为本书的出版付出了大量心血，并提供了很多帮助。在此，我表示衷心的感谢！

在本书的写作过程中，我们引用和参考了大量专家、学者的研究成果，我谨代表全体作者向这些专家、学者表示由衷的敬意！由于水平有限，本书一定存在不少欠缺，我们恳切地期望专家和读者不吝批评指正。

付立宏

2024 年 8 月 30 日

于郑州大学盛和苑

目　　录

第1章　绪论 ··· 1

第1节　国内外相关研究成果综述 ······················· 1

第2节　信任、图书馆制度等概念的内涵 ·············· 7

第3节　信任与图书馆制度的关系 ······················ 11

第2章　理论基础 ··· 20

第1节　价值论 ··· 20

第2节　政策评价理论 ···································· 23

第3节　社会影响理论 ···································· 25

第4节　利益相关者理论 ································· 26

第5节　态度行为理论 ···································· 28

第3章　公共图书馆制度影响力作用机理与评价思路 ·········· 30

第1节　公共图书馆制度影响力作用机理 ··············· 30

第2节　公共图书馆制度影响力评价思路 ··············· 45

第4章　公共图书馆制度影响力评价指标体系构建 ·········· 57

第1节　公共图书馆制度影响力评价指标体系设计 ······· 57

第2节　公共图书馆制度影响力评价指标筛选 ·········· 63

第3节　公共图书馆制度影响力评价指标权重赋值 ······· 72

第4节　公共图书馆制度影响力评价指标体系确定 ······· 80

第5章 公共图书馆制度影响力评价实证分析 …………… 84
第1节 公共图书馆制度影响力作用关系分析 ………… 85
第2节 公共图书馆制度影响力现状评价………… 108
第3节 公共图书馆制度影响力实证结果对比分析……… 119

第6章 高校图书馆政策影响力评价指标体系构建………… 123
第1节 指标体系的构建原则………… 123
第2节 评价指标选取依据………… 125
第3节 指标筛选………… 130
第4节 采用层次分析法对指标权重进行计算………… 140
第5节 评价指标体系解读………… 148

第7章 高校图书馆政策影响力评价指标体系应用………… 151
第1节 高校图书馆政策影响力评价数据获取………… 151
第2节 高校图书馆政策影响力评价数据处理………… 153
第3节 高校图书馆政策影响力评价应用结果分析……… 159

第8章 高校图书馆政策效力的影响因素………… 161
第1节 影响因素指标体系的构建………… 161
第2节 图书馆因素对高校图书馆政策效力的影响……… 169
第3节 用户因素对高校图书馆政策效力的影响分析……… 184
第4节 其他因素对高校图书馆政策效力的影响分析……… 198

第9章 图书馆制度影响力提升策略………… 200
第1节 夯实图书馆制度影响力的动能………… 200
第2节 强化对高校图书馆员和用户的激励………… 203
第3节 加强政策整合和环境整合………… 211
第4节 强化公共图书馆制度效果………… 215

参考文献………… 223

附录 1　公共图书馆制度影响力评价指标专家访谈提纲 ……… 230

附录 2　制度文本开放式编码表 ………………………………… 232

附录 3　专家访谈开放式编码表 ………………………………… 243

附录 4　扎根理论主轴编码结果 ………………………………… 251

附录 5　公共图书馆制度影响力评价指标隶属度及权重调查
　　　　问卷 ………………………………………………… 273

附录 6　公共图书馆制度影响力评价指标权重调查问卷
　　　　（第二轮） …………………………………………… 286

附录 7　公共图书馆制度影响力评价指标体系权重计算
　　　　结果 ………………………………………………… 298

附录 8　公共图书馆制度影响力评价指标作用关系调查
　　　　问卷 ………………………………………………… 311

附录 9　公共图书馆制度影响力现状调查问卷 ………………… 316

附录 10　高校图书馆政策影响力调查问卷（用户问卷） ……… 323

附录 11　高校图书馆政策影响力调查问卷（馆员问卷） ……… 325

附录 12　高校图书馆政策影响力调查问卷（社会居民问卷） … 327

附录 13　高校图书馆政策效力的影响因素专家咨询表 ……… 329

附录 14　高校图书馆政策效力的影响因素问卷
　　　　（图书馆问卷） ……………………………………… 334

附录 15　高校图书馆政策效力的影响因素调查表
　　　　（用户问卷） ……………………………………… 339

第1章 绪 论

第1节 国内外相关研究成果综述

对 Springer 电子期刊、Web of Knowledge 平台、EBSCO 全文数据库、CNKI、万方数据资源系统等数据库的检索表明，国内外与图书馆制度影响力相关的研究主要集中在下述几个方面。

一、图书馆制度

1. 图书馆借阅制度

Penny Garrod(2004)研究了影响英国图书馆电子书馆际互借的因素。Dennis Tamu Clark(2008)评估了得克萨斯大学图书馆 Kindle 电子书阅读器的借还项目。John Rodzvilla(2010)认为图书馆需要从内容、用户需求方面优化电子书阅读器服务。Magdalini Vasileiou(2012)讨论了包括馆藏、预算、评估在内的电子书管理问题。1985 年，梁寅生(1985)提出通过改变图书馆作息制度以增加读者借阅时间。此后，江向东(2001)、辛苗(2008)、肖云和曹琴艳(2010)、胡德华和杨惠君(2017)、张安娜(2020)分别就改善图书馆的借阅制度作了研究。

2. 图书馆阅读推广制度

儿童图书馆阅读推广制度受到国内外学者的普遍关注。Penny Bates(2000)通过个案评估了阅读推广对儿童阅读的影响。尹振国(2007)探讨了英国、德国、新加坡的公共图书馆开展儿童阅读推广活动的特点。Yang Wang(2020)提出在大学图书馆中开辟儿童图书馆的策略。何件秀(2016)、张华林(2017)、黄美玲(2019)、宇婷(2020)分析了阅读转型时期图书馆阅读推广制度的新变化。

3. 图书馆员管理制度

(1)学科馆员制度。

StephenPinfield(2000)指出了学科馆员在英国学术图书馆服务中的重要性。Hoskins Ruth(2005)发现大学图书馆学科馆员普遍缺乏信息和通信技术的培训。Neerputh(2006)发现人际交往能力是学科馆员最重要的能力。杉岳志(2012)指出学科馆员是教师和图书馆间沟通的桥梁。Samsuddin(2020)探讨了大学图书馆学科馆员在信息时代所面临的挑战。

(2)图书馆员职业资格认证制度。

Youngok Choi(2009)考察了图书馆员在提供数字资源服务上应具备的资格和技能。Hiwa Abdekhoda(2011)提出信息时代医学图书馆员需要学习和掌握新的网络技术。Shakeel Ahmad Khan 对高校图书馆员的数字技能进行了评估。张景厚(1990)、温树凡(2004)、胡京波(2005)、杨晓丽(2011)、王竹(2012)等相继对完善图书馆员职业资格认证制度做了研究。

4. 高校图书馆社会化服务制度

Debora Cheney(2006)就图书馆如何在低成本条件下达到高水平的社会化服务展开讨论。Kathleen Halverson(2006)论述了如何将高校图书馆建设成信息共享和服务中心。Nancy Courtney(2009)认为加强高校图书馆与社会的联系必须进行社会化服务。Satpathysunil Kumar(2010)指出美国在 20 世纪 60 年代就提出高校

图书馆应该针对所在社区开展信息服务。胡庆连（2008）、李建新
（2012）、张静（2012）、张小慧（2013）、刘正福（2014）等从资金、
资源、管理等方面对高校图书馆社会化服务面临的挑战作了系统阐
述。鞠建伟（2010）、杨燕（2014）、陈丽娟和林杨（2018）、夏咏梅
（2020）等探讨了高校图书馆社会化服务模式。

5. 图书馆法

图书馆法是最重要的图书馆制度。Nakayama Manari（2009）介绍
了美国图书馆法的历史沿革及原则。Ando Tomoharu（2013）探究了
日本学校图书馆法的起草过程。Fiona Blackburn（2014）对澳大利亚
图书馆法作了阐述。Hyeonsook Ryu 分别于 2016 年、2019 年对比
了韩国和日本、斯洛文尼亚的图书馆法。在《中华人民共和国公共
图书馆法》正式颁布前，国内学者关注的焦点是图书馆法制定的必
要性及现行法律法规中涉及图书馆的条文、形式等方面，郭锡龙
（1990）、黄启明（1997）、吴微（2001）、荣红涛（2008）、王珊
（2013）、朱兵（2016）是其中的代表。该法颁布后，学者们将更多
的注意力转移到图书馆法律保障体系的构建上，赵鹏（2019）、张
波（2019）、王海洋（2019）、符润花（2020）、梁欣（2020）、姚美娟
（2020）等是代表。

二、图书馆的影响力

Greenhalgh（1993）认为图书馆在社会包容和社区发展方面具有
积极的社会影响力。Reilly R（1998）调查发现图书馆服务的减少不
利于用户智力发展和想象力提升。Linley R（1999）发现图书馆在教
育、休闲、文化传播方面对社区有很大影响。Eve J（2001）指出公
共图书馆的服务带给读者的益处包括学习、工作和人际关系等。
Greenhalgh（2007）构建了图书馆社会影响力评价框架。吉杰
（2017）、尹中艳（2017）分析了阅读推广制度对高职高专院校图书
馆提升自身影响力的实践意义。

三、图书馆运行机制

Junsheng Zhang（2014）提出了一种在移动和云计算环境下数字图书馆提供信息服务的协同机制。Xiaowen Chen（2012）提出了高校图书馆知识管理的运行机制。GuanChun Xu（2016）构建了大数据环境下的图书馆信息服务新机制。Haiqing Xiao（2017）提出了图书采访众包运作机制框架。Tang Miaoji（2019）从数据分析、馆员水平和用户需求三个方面构建图书馆舆情信息服务生态链的运行机制。傅文奇（2008）提出了基于利益平衡机制的图书馆电子借阅服务策略。何晓林（2008）提出图书馆应采用虚拟币运行机制以推动读者积分制度的实施。李英（2014）探讨了街道、社区图书馆管理政策来源及运营管理机制的核心要素。袁芳（2016）探讨了区域图书馆联盟运作机制存在的问题。

四、信任与图书馆的关系

SvenSteinmo（2008）发现在经合组织地区公共图书馆对建立社会信任的重要性超过了公共机构，尤其是当图书馆关注弱势群体时，公众对其信任度会增高。Andreas Varheim（2014）发现移民图书馆项目有助于建立社会信任。Kiran Kaur（2018）提出公共图书馆有利于增强社会信任和社会互动。新慧峰（2019）发现信任对用户持续使用意愿有显著影响。Nicholas Mcauliffe（2019）讨论了图书馆员信任与敬业的关系。Connor Sullivan M（2019）实验发现公众对图书馆的信任能够帮助其辨别网络虚假信息。Kojo Kakra Twum（2020）探讨大学图书馆服务质量对用户信任度的影响。Wojciechowska Maja（2021）指出信任是图书馆发展社会资本的必要条件。李琪（2011）、赵波（2012）认为"读者信任"是读者对图书馆服务的价值判断，读者满意度、馆员、环境、图书馆的声誉和地位以及读者间关系是影响读者信任的重要因素。谢春枝（2007）、叶宏（2007）、丘缅和于明霞（2015）认为信任机制是图书馆联盟合作成功与稳定发展的关键因素。黄彦博（2012）从人际、组织、制度三个方面构建图书馆联盟的信任体系。吴小玲和潘松华（2015）从调整、激励、公平、沟通四个方面探讨联盟成员馆间信任机制的建立。刘琰明（2015）发现高校图书馆可以从定位、信息服务及信息团队建设方面提升用户信任度。

五、信任与制度的关系

Williamson O（1979）、Chervany M K L（1998）指出制度通过事前预防下的约束性与事后追究下的惩罚性使得交往双方的行为变得可预期。Paul Pavloul（2002）认为制度能够将履行承诺常态化并为社会生活中各类交往活动提供结构性保证。Uslaner E M（2005）指出司法公正与社会普遍信任之间存有结构性的制约与依赖关系。此外，公众的政治信任程度会影响公众对官员的评价（Stevenson B，2011）、守法程度（Wroe A，2013）、腐败认知（Seyed B，2015）。钟昌标（2011）发现政策受众对政府、政策、官员的信任程度直接影响其政策执行效果。

六、本课题的研究价值

综上所述，国内外相关研究给我们以下几点启示：（1）针对图书馆制度内容范围的研究成果比较丰富，如图书馆借阅制度、图书馆阅读推广制度、图书馆员管理制度、高校图书馆社会化服务制度和图书馆法，这些内容涉及图书馆制度的方方面面。（2）虽然有部分学者对图书馆的影响力做了研究，但罕见专门研究图书馆制度影响力的成果。（3）虽然有学者研究了图书馆信息服务机制、图书馆知识管理运行机制、图书采访众包运作机制、图书馆虚拟币运行机制、图书馆联盟运作机制等，但罕见专门研究图书馆制度影响力提升机制的成果。（4）虽然有些学者的研究成果涉及"信任与图书馆的关系""信任与制度的关系"，但罕见专门将"信任"与"图书馆制度"联系起来进行研究的成果。

5

　　国家社科基金至今已立项的课题中，有三个课题似乎与本课题相关：(1)《基于保障公民阅读权利的图书馆制度创新研究》(15CTQ002)；(2)《基于公民阅读权利保障的公共图书馆制度建设研究》(15BTQ001)；(3)《中国图书馆法治环境研究》(01BTQ003)。显然，前两个课题侧重于保障公民阅读权利的图书馆制度建设，与本课题差别极大；第三个课题专研图书馆法治环境，与本课题的区别也很明显。还有两个课题与本课题有一定的关联，即《读者权利义务均衡视角下的公共图书馆法实施》(19BTQ001)、《我国公共图书馆法有效实施的推进策略研究》(19BTQ040)。前者的视角与本课题不同，且研究对象只限于公共图书馆法，而本课题的研究对象涵盖图书馆法、图书馆政策等图书馆制度；后者只探讨公共图书馆法的实施策略，而本课题主要研究图书馆制度影响力评估。

　　鉴于此，我们研究本课题就具有重要的意义：(1)图书馆制度的影响力关系到图书馆制度对图书馆事业和图书馆活动的调控效果，只有对图书馆制度的影响力进行科学评价，才能增强图书馆制度的调控效果。然而，至今罕见图书馆制度影响力评价方面的研究成果，因此本课题具有较强的创新性。(2)虽然图书馆制度影响力的大小受诸多因素制约，但图书馆制度的作用客体(如图书馆、图书馆员、用户、图书馆主管部门等)对图书馆制度的信任度关系到图书馆制度的影响力大小和生命力长短，因此，本课题可谓切中要害。(3)本课题的研究成果可以丰富图书馆学、图书馆管理学等学科的内容体系。(4)目前许多图书馆员和用户对图书馆制度缺乏认知，更谈不上信任，如许多图书馆员没有听说过《中华人民共和国公共图书馆法》和《普通高等学校图书馆规程》，许多用户利用图书馆但从不关心图书馆用户管理制度，因此扩大图书馆制度的影响力刻不容缓，本课题正好可以有所作为。(5)图书馆制度影响力的提升机制涉及图书馆制度运行的诸多环节，如制定、修改、执行、评估、监控等，因此本课题可以为相关主体参与图书馆制度提供行动指南。

第 2 节　信任、图书馆制度等概念的内涵

一、信任的内涵、本质与功能

自 20 世纪 50 年代以来，人们一直致力于信任问题的研究，信任在人类生活中的重要性也被广泛地认可，但是关于信任的概念，并没有一个被普遍接受的定义。不同的学科从不同的视角出发，对信任给出了不同的定义。谢荷锋从不同的学科层面归纳了来自不同学科关于信任的一些常见定义①，参见表 1-1。

表 1-1　不同学科关于信任的定义

学科	学者	定　义
心理学科	多伊奇 （1958）	所谓一个人对某件事的发生具有信任是指：他预期这件事会发生，并且根据这一预期作出相应的行动，虽然他明白倘若此事并未如预期那样出现，此行动所可能带来的坏处比如果此事如期出现所可能带来的好处要大。
	洛特尔 （Rotter，1967）	信任是个体或群体对另一个体或者群体的言语、承诺、口头或书面声明可依赖的期望。
	赖茨曼 （Wrightsman，1991）	信任是个体所有的一种构成其个人特征之一部分的信念，认为一般都是有诚意、善良及信任别人的。
	萨贝尔 （Sabel，1993）	信任是交往双方对于都不会利用对方的易受攻击性的相互信任

7

---

① 谢荷锋. 基于信任视角的企业员工知识分享管理：理论与实证[M].
北京：经济科学出版社，2012：46-47.

学科	学者	定 义
心理学科	梅耶尔等 （Mayer 等，1995）	信任是一方承受另一方攻击行为的意愿，这种意愿是基于对另一方将行使对己方有利的特定行为的期望，且无视对其监视和控制的能力。
	米什拉 （Mishra，1996）	信任是一方基于对另一方关于有能力、坦率、关心和可靠的信念，而承担易受对方攻击性(行为)的意愿。
	唐尼与坎农 （Doney & Cannon，1997）	信任是对受信方可信性和善良特征的知觉。
社会学科	卢曼 （Luhmann，1979）	信任是对产生风险的外部条件的一种纯粹的内心评估，是一种系统简化机制，通过信任可以降低系统的复杂程度。
	麦卡利斯特 （McAllister，1995）	信任是个人相信和愿意基于他人言辞、行为和决策进行行事的程度。
	朱克 （Zucker，1986）	所有涉及交换的人员共享的一组期望。
	刘易斯与魏格特 （1985）	信任存在与社会系统中，其中系统的成员根据对由彼此存在或者他们的符号表述构成的期望，进行行为是安全的。
	郑也夫 （2001）	信任是一种态度，是一种主观愿望，表示愿意相信包围它的环境、周围的世界和与他合作的人和行为。

续表

学科	学者	定　义
经济学科	阿罗 （1974）	信任是经济交换的润滑剂，是控制契约的最有效的机制，是含蓄的契约和不容易买到的独特的商品。
	甘贝特 （Gembetta，1988）	信任是一类行为人对另一方（行为人或群体）将行使特定行为的主观概率，尽管其不能监管该行为。
	摩尔曼等 （Moorman 等，1992）	信任就是依赖个人对其具有信心的交易伙伴的意愿。
	福山 （Fukuyama，1995）	信任是基于共享规范而对群体内其他成员产生的对规则、诚实和合作行为的期望。
	霍斯默 （Hosmer，1995）	信任是个人、群体或者企业对其他个人、群体或企业在联合行为或者经济交换中拥有的对对方符合伦理行为的期望。

　　从表 1-1 所列定义来看，不同学科尽管在对信任的定义中所关注的焦点有所不同，但是依然包含一些共同的要素，如时间差、不确定性、风险、相互依赖性等。本课题研究的"信任"，是指图书馆事业和图书馆活动所涉主体，诸如图书馆主管部门、图书馆、图书馆员、用户等，对图书馆制度及其运作过程中的构成因素、环节及界限的合理预期，即上述主体对图书馆制度所体现出来的公正性、合理性、可行性、确定性、有效性等进行观察、思考、分析，进而判断图书馆制度是否值得信任并衡量其信任度的高低。

　　信任关系具有下述性质①：（1）时间差与不对称性。行动和兑现较之诺言和约定必然是滞后的。言与行、承诺与兑现之间存在着时间差，信任者与被信任者之间存在着某种不对称性。（2）不确定

9

　　①　郑也夫 . 信任论［M］. 北京：中信出版社，2015：14.

性。具备了确定性，风险与应对风险就无从谈起，信任也无从谈起。(3)主观性。因为没有足够的客观根据，信任属于主观的倾向和愿望。

信任是一种态度，相信某人的行为或周围的秩序符合自己的愿望。它可以表现为三种期待：对自然与社会的秩序性、对合作伙伴承担的义务、对某角色的技术能力。

信任是交换与交流的媒介。媒介可以有多种形式，如介绍人、信物、誓言、抵押，也可以不依据这些形式，但其本质上是一种信任感。

齐美尔说："信任是社会中最重要的综合力量之一。"①巴伯②认为，信任的功能体现在两个方面：第一，维护社会秩序的功能。信任可以通过为互动的行动者提供认识的和道德的期望型指导，维护社会的正常运作秩序。第二，社会控制的功能。巴伯将社会控制理解为"为社会体制取得成就提供必要的手段和目标的机制"。他认为，就社会控制而言，权力是最充分也是最有效的，权力是最有效地达成个人或社会目标的机制，而为了达成个人或社会目标，首先需要信任权力，信任拥有权力的人有技术能力并有信用责任地使用权力。缺少了信任，权力将不能发挥社会控制的功能。同样，法律也是一种有效的社会控制机制，如果法律用在没有一个人信任的地方，那么法律就会灭亡或变得腐败。也就是说，离开了信任，一切社会控制机制都将失效。很多信任行为是基于共同的价值观念而产生的，信任的表达和维持将有助于这些共同的价值观念得以延续。

二、图书馆制度、图书馆制度影响力的内涵

图书馆制度，是指国家机关、图书馆行业协会或图书馆制定的调控图书馆事业或图书馆活动的行动准则。根据调控范围的不同，

---

① Simmel G. The Philosophy of Money[M]. London：Routledge，1978：178-179.

② 翟学伟，薛天山. 社会信任：理论及其应用[M]. 北京：中国人民大学出版社，2014：104.

图书馆制度可分为四个层次，即世界性图书馆制度、全国性图书馆制度、地区性图书馆制度和一馆性图书馆制度。图书馆法、图书馆政策和图书馆颁布的馆员和用户行为规范都属于图书馆制度的范畴。

图书馆制度的影响力，也可称为图书馆制度的作用力，是指图书馆制度对图书馆事业或图书馆活动的调控力度和效果。图书馆主管部门、图书馆、图书馆员、用户、社会公众等主体和图书馆活动内容都是图书馆制度作用力的覆盖范围。

第 3 节　信任与图书馆制度的关系

一、基于 ISO16439 对信任、图书馆制度和影响力的认识

2014 年，国际标准化组织发布 ISO16439《信息与文献——图书馆影响力评价方法与流程》标准，之后我国文化和旅游部也以此为基础发布了文化行业标准《信息与文献——公共图书馆影响力评估的方法与流程》。该标准虽然没有直接对信任与图书馆（包括图书馆制度）影响力的关系进行阐述，但对图书馆（制度）影响力与价值的详细描述隐含着对信任的解释。ISO16439 这样解释影响力：即在国际标准惯例中，影响力被定义为图书馆（包含图书馆制度）及其服务对个人和社会产生的影响。为了更清楚地理解什么是影响力，ISO16439 又对图书馆影响力作了进一步的解释，即影响力是由于图书馆（制度）及其服务而对个体或群体产生了不同以往的变化，这种不同与变化是以价值为基础的，所谓价值，是指利益相关者（资助机构、政治家、社会公众、用户、员工）对图书馆的重视程度，这与对实际或潜在利益的看法有关①。

---

① ISO16439 Information and Documentation—Methods and Procedures for Assessing the Impact of Libraries [EB/OL]. [2023-12-21]. http：//infostore. saiglobal，com/store/PreviewDoc. aspx？ saleItemID = 2706545.

　　根据上述关于影响力与价值的描述，可以抽取几个关键词，即差别或改变、重要性、感知有益来引申出信任与图书馆制度影响力隐含的关系。图书馆制度的影响力强调影响的对象(即利益相关者，如主管部门、用户、馆员等)产生了与以往不同的改变和差异，强调行为的结果；而价值侧重利益相关者作为主体对客体——图书馆(制度)的积极作用的感知、重视，隐含着影响力、认可与信任。信任虽然没有公认的、准确的定义，但其背后隐含的利益交换却是社会科学领域一致的看法，这在 ISO16439 对价值的描述中也能得到印证。信任之所以受到各个学科和领域的重视和关注，与其蕴含的现实和潜在利益密切相关，如信任能带来的社会收益、经济收益、文化收益等。信任就意味着信赖，就意味着潜在的价值与影响力，意味着潜在的改变和不同(与所信任对象互动之前相比)。从价值视角来看，信任是信任主体(价值主体)对信任对象(价值客体)的公正性、可行性、确定性、有效性等，在观察、思考、分析、判断基础上做出的合理预期。这种合理的预期是建立在大量的影响力事实、数据之上，与社会、经济、文化等环境因素也有很大关系。

　　综上所述，信任、影响力都是以价值为基础的。与传统价值的二元论不同(不是主观的，就是客观的)，信任为图书馆制度预设了一个基本的前提，即图书馆制度是真实的、可靠的、安全的，是值得信赖和托付的，它能够给个人、组织和社会发展带来实实在在的好处。这个信任的预设前提，并不是基于主观认知或对客观对象本身固有的某种属性的描述，而是以实践为基础，在事实和数据(即影响力评估标准强调的与以往不同差异和改变)前提下的合理推断和预判。信任、价值、影响力是一个互为因果、相互促进的共生关系①，参见图 1-1。

---

　　① 杨晓农. 超越存取——图书馆社会影响力研究[M]. 北京：中国广播影视出版社，2022：66-75.

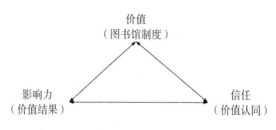

图 1-1　信任、价值与影响力的相互关系

二、信任与图书馆制度关系的理论假设与优化

信任与图书馆制度是相互作用的关系：一方面，图书馆活动的相关主体对图书馆制度的信任可以增强图书馆制度的影响力；另一方面，优质的图书馆制度可以提升相关主体对图书馆制度的信任度。基于此，我们提出五个基本假设：（1）图书馆主管部门对图书馆制度的信任影响图书馆制度的运行效果；（2）图书馆对图书馆制度的信任影响图书馆制度的运行效果；（3）图书馆员对图书馆制度的信任影响图书馆制度的运行效果；（4）用户对图书馆制度的信任影响图书馆制度的运行效果；（5）图书馆制度的质量影响图书馆活动主体对图书馆制度的信任度。

依据 ISO16439 标准，我们可以对上述五个假设进行简化，减少问题的复杂性。图书馆主管部门、图书馆、用户和馆员都是图书馆活动的主体，是图书馆制度影响的对象，在 ISO16439 中统一称为图书馆的利益相关者。由此，上述五个假设就可以简化为两个假设，即图书馆利益相关者对图书馆制度的信任影响图书馆制度的运行效果；图书馆制度的质量影响图书馆利益相关者对图书馆制度的信任度。从 ISO16439 中价值的视角来看，利益相关者本质上还是图书馆活动的主体——人的活动。因此，上述五个假设可以进一步简化为两个假设：（1）人们对图书馆制度的信任影响图书馆制度的运行效果；（2）图书馆制度的质量影响人们对图书馆制度的信任

13

度。依据 ISO16439 关于影响力的理解，图书馆制度的运行是否产生了影响力，要看人们对图书馆制度的信任是否发生了变化。如果人们对图书馆制度的信任增强了，人们对图书馆制度的态度发生了变化，积极支持图书馆的工作，配合图书馆制度的贯彻执行，那么就可以说图书馆制度对图书馆活动的主体产生了正向的影响力；反之，如果人们对图书馆制度的信任降低了，不再积极支持和配合图书馆制度的执行，则图书馆制度对图书馆活动主体(利益相关者)就会产生反向的影响力。

第二个假设是第一个假设的延伸和反推，是条件与结果的互换(尽管条件并不完全一致，但与第一个假设也有紧密的联系)。从经验的角度来看，图书馆活动的主体(人)对图书馆制度的信任必然会影响图书馆制度的运行效果，使图书馆制度的运行更加顺畅，更容易产生不同以往的变化(影响力)。而图书馆制度的质量与图书馆制度的信任度之间的关系较为复杂，不仅涉及图书馆制度本身(制度的制定、实施、监督、反馈、适用范围等)，而且与政治环境、经济水平、文化习俗、社会认知等外部因素相关。一般来说，图书馆制度的质量与图书馆制度的信任度存在密切的联系，但是否构成直接的、必然的因果关系还需要进一步地说明。例如ISO16439 术语与定义中有一个专用名词"non-user"(国标 WH/T84—2019 翻译为非用户，一些文献翻译为潜在用户)，1977 年版的《美国大百科全书》"图书馆"条目就有相关统计，并且公布了当时美国有将近 2/3 的人口由于各种原因从不使用图书馆。我国学者也对部分地区做过类似的调查，从不使用图书馆的人口也相当高。在这种情况下，图书馆制度的质量影响人们对图书馆制度的信任度似乎就是一个伪命题，因为从不使用图书馆的人如何对图书馆和图书馆制度的质量产生信任或不信任？因此有必要对判断图书馆制度质量的主体作一个限定(如我们限定的主体有图书馆主管部门、图书馆、馆员、用户，其他不使用图书馆的人排除在外)，以保障逻辑上的严谨性。

针对上述第二个假设存在的问题，我们可以进一步细化问题的指向，把第二个假设拆分为四个假设：(1)图书馆制度的质量影响图书馆主管部门对图书馆制度的信任度；（2）图书馆制度的质量影响图书馆对图书馆制度的信任度；（3）图书馆制度的质量影响图书馆员对图书馆制度的信任度；（4）图书馆制度的质量影响用户对图书馆制度的信任度。这四个假设还有一个问题，就是图书馆活动的利益主体不同，对图书馆制度的质量会有不同的甚至相反的判断和认知。例如某项图书馆制度的质量对图书馆主管部门、图书馆、馆员和用户影响不同，导致图书馆主管部门、图书馆、馆员和用户对这项图书馆制度的信任评价产生不同的意见，作出了不同甚至相反的评价。这种情况就应该综合考虑内外环境，具体问题（具体制度）具体分析，寻求人们对图书馆与公共文化服务认知和理解的最大公约数。

由此，我们最初的五个假设就可以变为新的五个假设：（1）人们对图书馆制度的信任影响图书馆制度的运行效果；（2）图书馆制度的质量影响图书馆主管部门对图书馆制度的信任；（3）图书馆制度的质量影响图书馆对图书馆制度的信任；（4）图书馆制度的质量影响图书馆员对图书馆制度的信任；（5）图书馆制度的质量影响用户对图书馆制度的信任。这似乎更符合多数人的认知与习惯。

三、信任与图书馆制度关系理论假设的验证

信任对图书馆制度的影响力一般是不能直接获取的，需要借助于观察、推理和征询得到相应的证明。为了验证上述假设的合理性，我们提出这样一种思路：（1）基于 ISO16439 的影响力评估标准，抽取图书馆（包括图书馆制度）影响力评估的维度和主要指标；（2）基于文献调查，归纳总结出信任评估的维度和主要指标；（3）对影响力和信任的评估维度和主要指标进行语义分析，归纳二者在评估维度上的异同；（4）经过语义分析，假如影响力与信任的评估维度和主要指标意义相似度较高，则认为二者存在因果关系。

1. ISO16439 标准的影响力评估维度和主要指标

ISO16439 把图书馆影响力的效果划分为三个维度：对个体的

15

影响力、对图书馆所属机构或社区的影响力、对社会的影响力，以及个体、群体、机构或社会的变化对经济价值的影响。

表 1-2　图书馆影响力的效果

对个体的影响力	对图书馆所属机构或社区的影响力	社会影响力	经济价值
技能和能力的变化	提升机构的名誉和排名	社会生活	以货币形式（投资收益率、成本效益比）衡量图书馆服务的价值
行为和态度的变化	让公共机构或社区更深地了解图书馆，看到更多积极的方面	分享信息与接受教育	图书馆也曾尝试证明其对所属社区或区域的经济生活，乃至国民经济的直接、正面的影响
在研究、学业或职业上取得更大的成功	增加机构投资、科研补助和捐赠	地方文化和身份认同	
个体的幸福	吸引顶级研究人员、学术人员和学生	文化多样性	
	吸引其他研究实体、企业、非政府组织（NGO）和新的人群	社区发展	
		人群归属感	
		文化遗产保存	

　　由于所有的影响最终都会降临到有生命的个体身上，再加上只有人才会产生信任，因此为了便利研究，我们将机构影响力、社会

影响力、经济影响力都归结为对人的影响力，上述内容可简化为表1-3。

表 1-3　图书馆制度影响力的维度

P1	P2	P3	P4
技能和能力的变化	行为和态度的变化	在研究、学业或职业上取得更大的成功	个体的幸福

2. 信任评估的维度

国外的相关研究主要有 Lewis 等人根据信任关系中认知与情感的相对重要性，将信任分为认知信任（Cognitive Trust）与情感信任（Emotional Trust）；Zucker 将信任分为三个角度：基于过程的信任（Processed-Based）、基于特征的信任（Characteristic-Based）、基于制度的信任（Institutional-Based）。[①] 国内图书馆学界的学者们也对信任进行不同维度的划分，通常划分为认知信任和情感信任。例如：沈进生、尚庄、邱缅都认为读者信任包含认知信任和情感信任两个维度；而李琪、吴秀环、赵波等人则将读者信任划分为三个维度：认知信任、情感信任和行为信任，但他们对行为信任的概念界定其实与忠诚概念更为接近，信任的核心还是认知和情感；罗博等人基于已有的有关信任基础的研究，综合考虑网络公共信息服务的微观与宏观环境，将影响公众对不同服务主体信任的因素分解为认知、情感与制度的信任三个方面。[②] 齐向华等人的研究是所查文献中唯一基于实证对信任维度进行划分的研究，他们通过探索性因子分析，将图书馆用户信任划分为能力信任、认知信任和情感信任三

17

①　余丰民. 近 30 年国内图书馆信任研究进展[J]. 浙江树人大学学报，2016：39-44.

②　余丰民. 近 30 年国内图书馆信任研究进展[J]. 浙江树人大学学报，2016：39-44.

个维度。①

社会信任对图书馆的意义深远，如果公众对图书馆信任，就会多次、反复地使用图书馆，图书馆的资源利用率就会提高，公众的信任是对图书馆工作最好的支持与鼓励。关于信任的维度方面，我们遵循目前研究的主流，借鉴齐向华等人的划分方法，将图书馆用户信任分为三个维度，即认知信任、情感信任和能力信任，并从这三个维度构建图书馆社会信任影响因素表(参见表 1-4)。

表 1-4　图书馆信任的影响因素

信任维度	影　响　因　素
认知信任	制度信任、图书馆声誉形象、社会对教育的重视、图书馆认知程度
情感信任	服务理念、用户体验(服务对象、开放时间、服务方式)
能力信任	图书馆员、环境因素、文献信息的丰富性与可靠性

3. 信任与图书馆制度影响力评估维度的比较

认知信任是经过思维活动认识和了解，态度和行为的变化(影响力)也是思维活动的结果，如对图书馆制度的信任和重视，是因为经过对图书馆制度实施前后的比较、思考而做出的判断、认识和理解。认知信任与态度和行为的变化(图书馆制度的影响)存在因果关系。而情感信任与用户体验相关，是对某项服务或经历的刺激有关，如使人心情舒畅的经历或体验(幸福体验)，在情感上产生了依赖、愉悦、喜欢等。图书馆制度保障了图书馆空间服务的质量，如有舒适的环境、良好的设备等体验使读者产生了对图书馆的依赖和精神上的需求，进而转换为一种信任。ISO16439 对个体影响力的技能与能力维度则与信任评估的能力维度一致。综合这些语

① 齐向华，续晶晶. 高校图书馆用户信任测评模型构建与实证研究[J]. 图书馆学研究，2019(10)：84-89，26.

义内容，我们认为信任与图书馆制度存在因果联系，参见表 1-5。

表 1-5　信任与(图书馆制度)影响力评估维度的比较

信任维度	影响力维度
认知信任	态度与行为的变化(对图书馆制度的信任、重视)
情感信任	个人幸福的体验(用户体验)
能力信任	技能与能力的变化(在研究、学习和职业上取得更大的成功；制度保障了图书馆丰富而可靠的资源；制度保障了服务的环境)

第 2 章　理论基础

第 1 节　价值论

　　评价是主体对客体有无价值以及价值大小所作的判断，是一种特殊的认识活动。图书馆制度影响力评价的本质是对图书馆制度的价值的评价，价值哲学构成了对图书馆制度影响力进行观察和解释的一个视角，是制度影响力研究的理论基础。对图书馆制度影响力的构成要素及相互关系，以及影响力评价的标准等问题进行探究离不开价值论的指导。

　　价值论是关于价值的性质、构成、标准、评价的哲学学说，是关于社会事物的价值关系及其规律的学说。在哲学领域，价值是主客体之间的作用、效用或意义关系。从实践层面上来讲，主体的某种需求和客体的某种能够满足主体需求的属性，是价值关系的前提，主体根据自己的需要，通过主客观存在的条件，利用客体的属性满足自己的需求，就构成了现实的价值关系，客体之所以具有价值，就在于它对人类某种需要的满足，满足程度的大小反映了客体价值的大小。简单地说，某事物有价值，就是其满足了主体的需求，不能满足主体的需求，就是没有意义，没有价值的。①

20

────────────

① 李德顺. 价值思维的主体性原则及其意义[J]. 湖北大学学报(哲学社会科学版)，2013(4)：1-7.

从图书馆制度的价值来看，图书馆制度是带着"价值使命"诞生的，保障用户基本文化权益，满足用户精神需求、实现文化获得感，即为用户的自由、平等、发展提供知识信息服务是图书馆制度的根本价值。具体来说，图书馆制度具有如下几个方面的价值：

（1）保障价值。制度的首要功能是为了保障制度对象的有序运行和健康发展。健全的图书馆制度，尤其是图书馆法律法规，是图书馆健康有序运行的根本保障。图书馆建设和发展所必需的文献资源、设备资源、财力资源和人力资源是需要制度主体和建设主体供给的，只有相应的制度安排和制度保障才能使图书馆正常运行和发展。图书馆核心价值的实现，公共图书馆社会化、均等化服务的提供，用户利用图书馆来获取知识和信息的基本权利的保障，都离不开健全的图书馆制度。

（2）规范价值。这是指图书馆制度能够给人以"能做什么，不能做什么；应该做什么，不应该做什么"的信息指令。图书馆制度的规范对象主要有：图书馆主管部门、图书馆、图书馆员、用户。首先，图书馆制度规范图书馆主管部门的行为，主要表现为促使主管部门及其职员依法办事，落实图书馆法律、法规或政策。失去主管部门的常规性支持，图书馆难以正常发展。其次，图书馆制度规范图书馆员及用户的行为，图书馆员及其用户必须按照既定的制度规范做出行为，否则应受到问责的处罚。最后，图书馆制度的规范价值还体现在图书馆服务的完善方面，随着图书馆功能的不断演进和服务范围的不断拓展，不同的服务呈现出差异化的表现，而图书馆的制度建设使众多图书馆服务得以制度化，使图书馆产生更大的活力。

（3）明确责任。这里的责任包括两个主体：图书馆主管部门和图书馆。对图书馆主管部门而言，图书馆制度的建设明确了政府的责任主体的地位，图书馆制度的建立是一种正式的、长期的、稳定的知识信息传播机制的建立。图书馆是政府向社会提供知识信息服

21

务所必须依托的对象。政府必须为图书馆提供场地、资金、人员等资源保障。对图书馆而言，图书馆必须对社会提供立足于公益理念的知识信息服务。

图书馆制度影响力是图书馆制度价值的反映，首先，对于价值论的探讨可以帮助我们厘清价值误区，价值不仅存在于经济领域，政治和文化领域同样生产价值；价值不是绝对客观或绝对主观的，而是主客观相结合的产物。这就要求在对图书馆制度影响力进行评价时，既要考虑到图书馆制度本身的价值和影响力（制度影响力的客观性），同时还要从馆员、用户或社会公众的角度考察图书馆制度的影响力（制度影响力的主观性）。其次，哲学层面的价值强调核心价值引领，事物的价值受不同因素的影响，存在着轻重缓急的社会评价，构成了不同的价值序列和价值体系，价值体系是影响价值生成的各种要素的排列组合。图书馆制度影响力的实现是一个多元复杂的过程，因此，对于图书馆制度影响力评价指标的选取要依据影响因素重要性和影响力的大小进行取舍。最后，依据价值理论中"关系说"的观点，对图书馆制度影响力的评价，不能仅仅局限于制度效果的评价，而是要把制度影响力放在实践的角度，重视图书馆制度议题设置、制度落实执行等制度实践环节对图书馆制度影响力的作用。

价值关系作为价值在哲学层面的方法论，为图书馆制度影响力研究提供了一个基本的理论视角和分析框架：一方面，主体的需求是客体产生价值的根据和尺度，图书馆制度的价值来源于主体对图书馆需求的满足程度，所以在对图书馆制度影响力进行评价时，要着重考虑主体需求的满足情况。另一方面，主体的价值判断和价值尺度决定了图书馆制度价值的取向和选择，这就会出现因评价主体认知的差异而导致的图书馆制度影响力评价结果不同的情况，因此，要依据一定的评价标准和方法，努力构建可以量化的图书馆制度影响力评价指标体系。

第 2 节　政策评价理论

一、政策评价理论概述

政策评价是对政策的效益、效应、价值进行综合分析和判断的过程。查尔斯·琼斯(Chales O. Jones，2002)认为公共政策评价就是分析、检验政策的实施情况，以判断政策的科学性和合理性。①安德森(Anderson，2003)认为，对公共政策的评价要考虑政策对要解决的问题产生的影响、政策的效率如何、政策由谁评价这三个问题。② 叶海卡·罗德尔(Yehezhel Dror，1996)把政策评价分为三种类型：评价和重新设计政策体系、对政策方案进行全面评价、政策结果产生后的评价。③ 郑新立(1991)在《现代政策研究全书》中指出，"政策评价是在方案制定或实施后，对其与实际情况的符合程度或实施效果进行判断"。④ 张金马(1992)认为政策评价是分析、衡量、规范政策效果的一系列活动。⑤

由学界对政策评价的界定可见，政策评价是以结果为导向，侧重考察政策效果，属于后评价范畴。公共政策评价的初衷是在了解现状、分析问题、总结经验的基础上，管理和改善政策，借助科学的手段和方法，比较政策目标与实际结果，评价政策的科学性与合

---

① 查尔斯·琼斯. 公共政策研究导论[M].陈振明，译. 北京：中国人民大学出版社，2002：186.

② Anderson J E. Public policy making：An introduction (5th ed.)[M]. New York：Houghton Mifflin Company，2003：304.

③ 叶海卡·德罗尔. 公共政策的再审查[M]. 王满船，等，译. 上海：上海远东出版社，1996.

④ 郑新立. 现代政策研究全书[M].北京：中国经济出版社，1991：59.

⑤ 张金马. 政策科学导论[M]. 北京：中国人民大学出版社，1992：242.

理性，并深入分析问题背后的原因，提出政策改进建议。总的来说，政策评价是通过了解公共政策如何产生效果，并对效果与预期结果是否相符作出判断的过程。

政策评价可以分为事实评价和价值评价两种标准。[①] 事实标准关注政策效果，选取能够准确反映政策结果与政策目标关系的可量化指标作为评价依据，通常通过多元回归分析、投入产出分析、运筹学、数学模型和系统分析等方法获取一般直接性结果；价值标准反映了政策的社会价值，对于涉及伦理、道德和文化等方面的政策，很难找到可以量化的事实标准对其进行评价，如社会公正类、社会回应性和适应性等价值观层面的指标，通常需要以价值标准评价相关政策。

二、政策评价理论与图书馆制度影响力评价

首先，政策评价理论是侧重政策效果的评价。对图书馆制度影响力进行评价，通过制度制定、制度执行及制度效果的检验，总结相关经验、发现不足、优化政策，提高图书馆制度的科学性和有效性，提升图书馆制度的影响力，为文化教育服务其他领域的制度建设和发展提供经验借鉴。以《中华人民共和国公共图书馆法》为例，自 2018 年实施至今已有 6 年时间，制度影响力也已经初步显现，目前该制度对公共图书馆事业发展有哪些影响？对我国公共文化事业发展带来了哪些影响？制度是否需要优化？对以上问题的回答，需要借助政策评价理论。

其次，公共政策评价也是站在全局系统的角度进行的评价。在对公共图书馆制度影响力评价时，要综合考虑制度影响力的主客体、制度环境、以科学合理的评价标准和评价方法对包括制度制定、制度执行、制度结果在内的制度全过程进行系统、全面的分析与判断。

24

---

① 托马斯·戴伊.自上而下的政策制定[M].鞠方安，吴忧，译.北京：中国人民大学出版社，2002：203.

本书在对图书馆制度影响力评价中，基于上述公共政策评价理念，尝试从制度的前中后期的角度，综合考虑政策制定、政策执行以及政策效果，以事实标准和价值标准两个维度，科学设计评价指标体系，对图书馆制度影响力进行系统性分析，并提出合理的提升策略。

第 3 节　社会影响理论

社会影响理论是一个深入研究人们如何受到社会环境中其他成员的行为、态度、信仰等影响的理论。它揭示了人们如何控制其他人的思想和行为的能力，以及这种能力如何在团队、群体和组织中产生影响。

一、主要内容

该理论的内容主要包括四个方面：（1）从众、服从与群体压力。从众现象指的是个体在群体中的行为受到群体行为的影响，趋向于与群体保持一致；服从则是个体对群体或权威人物的命令、规则或要求的遵从；群体压力是指个体在群体中感受到的为了与群体保持一致而必须遵守的规范或压力。（2）影响要素。根据心理学家拉塔纳的理论，社会影响来自他人的数量、重要性和接近性。具体来说，他人数量越多，对个体的影响越大；重要性越高，如权威人士或专家，其影响也越大；接近性则指物理或心理上的接近程度，越接近的个体越容易受到影响。（3）社会助长与社会惰化。社会助长指的是在他人存在的情况下，个体的工作效率或表现会有所提高；社会惰化则相反，指的是在群体中工作时，由于个体责任的模糊，往往会导致整体的工作效率下降。（4）群体极化与群体思维。群体极化是指在讨论和决策过程中，群体的意见会趋向于更加极端化。群体思维则是指群体在决策时，由于追求一致性而忽视或避免不同意见或负面信息。

二、应用领域

社会影响理论在多个领域都有广泛的应用。(1)市场营销。通过了解并应用社会影响理论，企业可以更有效地塑造消费者的认知、态度和行为习惯。例如，利用"权威影响力"邀请知名人士代言，利用"情感影响力"激发消费者的情感共鸣等。(2)社会现象分析。社会影响理论有助于我们理解社会现象背后的心理机制，如大型疫情暴发时人们的抢购行为、网络暴力事件的产生等。(3)教育领域。社会影响理论可以帮助教育者理解学生的行为和心理变化，从而更好地进行引导和教育。

总之，社会影响理论是一个复杂而重要的理论，它揭示了人们在社会环境中如何受到他人影响，并影响他人的心理机制。通过深入了解和应用社会影响理论，我们可以更好地理解图书馆活动主体(馆员和用户)的行为和心理，为图书馆制度影响力的扩大提供有力的支持。在图书馆制度的实施过程中，图书馆制度的辐射范围越广，影响的受众越多，所产生的影响力就越大。与此同时，图书馆制度制定者的权威性以及图书馆员与用户接触的直接性，都决定了用户、图书馆制度制定者、图书馆员等相关主体对图书馆制度影响力总量的重要性。

第4节　利益相关者理论

利益相关者(Stakeholder)这个词最早由美国斯坦福研究所(SRI)提出，此后，很多学者开始关注这一理论。美国经济学者Edward Freeman(1984)[①]在《战略管理：利益相关者方法》一书中把"利益相关者"定义为能够影响一个组织目标实现或组织实现目标

---

① 弗里曼.战略管理——利益相关者方法[M].王彦华，梁浩，译.上海：上海译文出版社，2006：89.

过程中所影响的任何团体或个人。后来利益相关者分析演化为一种系统方法。Clarkson(1995)①将利益相关者分出了主次，主要利益相关者包括股东、投资者、雇员、顾客和供应商以及公众利益相关者群体、政府和社区等，若没有该群体参与，企业就无法生存和运行，而次要的那一类则无足轻重。

我国利益相关者理论的热门研究是引入绩效评价，从利益相关者的角度出发，对绩效评价的要素进行定义分类，建立评价指标体系。如陈昆玉、于吉光(2006)②从财务类(投资者、债权人)、市场类(顾客、供应商)、内部经营类、学习与发展类(经营者、员工)、社会类(政府、社区)等五个维度建立企业评价指标。除此之外，利益相关者理论政策评价方面也有较多研究。王清波(2016)③从利益相关者的角度深入分析分级诊疗，认为各利益相关方的利益诉求、政策影响力和执行意愿各异，在建立分级诊疗制度的过程中发挥着不同程度的推动或阻碍作用。刘磊等(2017)④基于利益相关者需求对图书馆电子书馆藏发展政策进行研究，指出图书馆虽然是非营利性组织，但利益相关者理论对于图书馆协调书商与图书馆及其用户的矛盾冲突，具有借鉴和指导作用。

本书从利益相关者角度分析高校图书馆政策影响到的团体和个人，包括高校图书馆政策制定者、用户、馆员和社区居民等，从而从"政策制定和执行""用户影响力""图书馆影响力""社会影响力"四个维度构建高校图书馆政策影响力评价指标体系。

① Clarkson M E. A Stakeholder Framework for Analyzing and Evaluating Corporate Social Performance[J]. Academy of Management Review, 1995, 20(1): 92-117.

② 陈昆玉，于吉光. 从利益相关者的角度对平衡积分卡的分析[J]. 云南财贸学院学报(社会科学版), 2006(4): 119-120.

③ 王清波，胡佳，代涛. 建立分级诊疗制度的动力与阻力分析——基于利益相关者理论[J]. 中国卫生政策研究, 2016, 9(4): 9-15.

④ 刘磊，等. 基于利益相关者需求的图书馆电子书馆藏发展政策研究[J]. 图书与情报, 2017, 176(4): 72-82.

第 5 节　态度行为理论

态度行为理论是一个关于个体如何形成、转变以及表达态度的理论体系。这个理论详细阐述了态度的定义、成分、形成因素以及其与行为之间的关系。

一、态度的定义

态度是个体对某一类社会事物的一种心理倾向，它通常包含认知、情感和行为倾向三个成分。态度可以有效地度量世界，并在我们需要对某一人或事物做出快速反应时，指导我们的行为。

二、态度的成分

态度包含以下几个成分：（1）认知成分，涉及个体对某一对象的认识、理解和信念。（2）情感成分，指个体对某一对象的情感体验，如喜欢、厌恶等。（3）行为倾向成分，是指个体对某一对象的行为准备状态，表现为个体对该对象采取行动的意愿或意图。

三、态度的形成因素

影响态度形成的因素包括下列几个方面：（1）需要：在欲望满足中得到发展，是态度形成的基础。（2）群体关系：个体所处的社会群体对其态度形成有重要影响。（3）新知识：个体通过学习新知识，可以形成或改变态度。（4）人格特征：不同的人格特征会影响个体对事物的态度。（5）模仿：通过观察他人的态度和行为，个体可以形成自己的态度。

四、态度与行为的关系

态度通常被认为是对一些事物或人的情感，但并不总是能很好地预测行为。因为人们所表露的态度和做出的行为各自受许多因素的影响。当态度的三种成分(认知、情感、行为倾向)协调时，人们会感到幸福；当它们不协调时，人们可能会感到痛苦，并试图调整它们之间的关系以使之一致。

五、态度转变的学说

关于态度转变的学说，主要有以下三种理论：(1)学习理论：包括经典条件反射理论和强化理论，以及社会学习理论。这些理论都认为人的态度是通过联想、强化和模仿而产生的。(2)诱因理论：由 J. L. 弗里德曼提出，强调人的主动性，重视当前诸诱因的平衡，强调采取某种态度时的得失，采取最大收益的态度。(3)认知反应理论：认为人们在对信息起反应的时候，会产生一些积极的或消极的解释性思想(即认知反应)，这些认知反应决定着人们是否接受信息所持的态度，是否改变自己的态度。

总的来说，态度行为理论为我们提供了一个理解个体态度形成、转变以及其与行为之间关系的框架。在图书馆政策影响力评价过程中，我们可以利用这一理论来分析和预测图书馆员、用户的行为，从而制定更有效的图书馆制度。譬如，高校图书馆政策对用户的影响包括学术影响、情感影响和行为影响，其中用户对高校图书馆政策的态度会影响用户的情感和行为意向。

第3章 公共图书馆制度影响力
作用机理与评价思路

对公共图书馆制度影响力进行评价，需要先对公共图书馆制度影响力的构成有一个整体的认识，这是公共图书馆制度影响力评价研究的本源和起点；接着基于价值论、政策过程理论和政策扩散理论，从公共图书馆制度影响力作用过程的角度，分析制度影响力的产生、实现与表现，构建公共图书馆制度影响力作用机理模型；进一步提出公共图书馆制度影响力评价思路，对公共图书馆制度影响力评价的认识和路径进行阐释和探讨，为后续公共图书馆制度影响力评价的实证研究提供理论指导和分析框架。

第1节 公共图书馆制度影响力作用机理

公共图书馆制度影响力的产生和实现是一个包含制度影响力主客体、制度内部属性与外部环境、直接与间接表现形式等多方面因素共同作用的过程。基于对公共图书馆制度影响力作用机理的阐述，回答"公共图书馆制度影响力的构成要素有哪些，如何产生影响力，影响力如何表现"的问题。在政策过程理论的指导下，通过探讨公共图书馆制度影响力的构成、产生、实现和表现，形成了公共图书馆制度影响力的要素层、制度供给层、制度执行层、制度效果层。

一、公共图书馆制度影响力要素及其相互关系

公共图书馆制度影响力在一定程度上是制度价值的反映。哲学意义上的价值指的是主体与客体之间的特定关系，公共图书馆制度影响力的产生是制度影响力施力方(主体)与受力方(客体)之间相互作用的结果，体现了主体与客体之间的意义关系。从这个角度看，公共图书馆制度影响力的构成要素是制度影响力产生的基石，只有厘清公共图书馆制度影响力的基础构成要素，明晰制度影响力的作用对象，才能探究公共图书馆制度影响力的作用路径和具体表现形式。因此，分析公共图书馆制度影响力的构成要素之间的关系，是解释公共图书馆制度影响力为什么产生的基础和起点。

1. 制度影响力主体

公共图书馆制度影响力主体包括公共图书馆制度的制定主体和执行主体，是制度影响力的"施力方"。公共图书馆制度产生于制度主体对制度目标群体需要的判断和认知，制度影响力的大小体现了制度目标群体的需求被满足的程度。可以说，公共图书馆制度主体是公共图书馆制度影响力产生和实现的直接要素，决定了公共图书馆制度影响力能否产生，以及制度影响力的强弱，在制度影响力的形成过程中占据主导地位。

中央各部委、地方各级政府制定和出台的公共图书馆制度数量最多，是公共图书馆制度最主要的颁布机构，也是公共图书馆制度的制定主体。制度影响力的发挥依靠制度主体的权威性，制度制定主体的权威性直接影响制度影响力的强度和广度，制度制定主体的层级越高，制度的权威性越强，制度影响力的强度更大。可见，包括全国人民代表大会及其常务委员会、中共中央、国务院及其各部委、地方政府等在内的公共图书馆制度的制定主体，是制度影响力产生的重要因素。

公共图书馆管理人员和工作人员是制度影响力的又一主体。公共图书馆制度的影响力是通过具体的制度执行和实践发挥出来的，

31

制度的价值和影响力只有靠落实和执行才能真正实现。公共图书馆管理人员和工作人员依据制度要求开展工作，搭建起制度与制度影响力客体之间的桥梁，一定程度上决定着制度的落实情况，是制度能够发挥影响力的关键要素。总的来说，制度制定主体和执行主体相辅相成，从制度的制定和实施两方面保障了制度影响力的产生。

2. 制度影响力客体

Bornmann 等（2017）指出对影响力的衡量应该始终面向特定目标，如果没有对具体目标群体加以限制，就不清楚研究实际衡量的是哪种影响。① 可见，明确制度影响力客体的范围，对公共图书馆制度影响力评价结果的科学性和准确性尤为重要。同时，公共图书馆制度影响力客体所发出的制度需求的信息源，是制度主体进行一切制度活动的前提条件和基础，也是公共图书馆制度目标的设置依据。

公共图书馆制度内容紧紧围绕公共图书馆建设和发展，是保障公共图书馆健康运行的基础，从它的基本目标来看，公共图书馆制度是保障公共图书馆事业健康发展的基础。公共图书馆制度内容涉及公共图书馆工作、服务的各个方面，包括流通、编目、咨询、技术等日常业务，还包括图书馆宣传辅导、馆际协作等特色活动。可以说，公共图书馆制度最基本的目标是保障公共图书馆的持续发展，因此，公共图书馆是公共图书馆制度影响力的重要客体。

社会公众是公共图书馆制度影响力的又一客体。首先，社会公众是公共图书馆制度的主要作用对象。其一，制度对公共图书馆用户具有约束力，用户入馆需要遵循公共图书馆的规章制度，这是图书馆制度的权力性影响力的体现；其二，公共图书馆是国家为满足公民文化需求而建立的重要文化机构，公共图书馆制度的目标之一是保障公民基本文化权益，如"免费开放"就是公共图书馆制度为

---

① Bornmann L, Haunschild R. Measuring Field-normalized Impact of Papers on Specific Societal Groups: An Altmetrics Study Based on Mendeley Data [J]. Research Evaluation, 2017, 26(3): 230-241.

实现这一制度目标的重要体现；其三，公共图书馆制度的深层次目标是提高公众科学素养与文化水平，这也是公共图书馆制度非权力性影响力的体现。其次，社会公众是公共图书馆制度的主要参与主体，近年来随着政府和公民民主意识的提升，加上网络沟通渠道的日益便捷，使得许多公共图书馆制度的出台会事先征求公民意见，公民的文化需求和利益诉求很大程度上影响着公共图书馆制度的制定和执行。一方面，社会公众对高质量文化生活的追求，迫切希望政府能够提升公共文化服务质量，这种诉求会通过各种渠道转化为对政府执政的现实压力，促使政府不断完善公共图书馆制度。另一方面，社会公众对公共图书馆服务的感受、意见，以及服务对个人产生的影响等数据，方便公共图书馆更有针对性地改善服务质量，提升制度成效，提高制度影响力评价的公信力。

3. 主体与客体的关系

和所有影响力发生作用的机制一样，公共图书馆制度是通过"主体—媒介—客体"的模式产生影响力的，也就是说，公共图书馆制度影响力是主客体通过制度这一媒介进行互动产生的动态作用过程。具体来看，公共图书馆制度影响力是在制度决策者制定出科学合理的公共图书馆制度，并通过公共图书馆制度的有效传播和执行而使制度受众产生观点上的认同、行动上的反应时，公共图书馆制度的影响力才得以彰显。换言之，只有制度制定主体依据现实需要，设计制定公共图书馆制度，制度执行主体实施好公共图书馆制度，以满足制度目标群体的精神文化需求，才能说公共图书馆制度产生了影响力。

基于制度影响力主客体之间的作用关系，可以得到"制度影响力主体—制度—制度影响力客体"的价值链，即公共图书馆上级主管部门及图书馆管理和工作人员(制度影响力主体)影响制度实践；制度实践(媒介)影响用户、社会和公共图书馆(制度影响力客体)；影响力客体又反作用于主体(影响力评价)，即制度影响力客体的需求得到满足并对制度影响力作出评价，是客体的诉求和感受的反馈。如此，形成了一条完整闭环的公共图书馆制度影响力价值链

33

条。如图 3-1 所示。

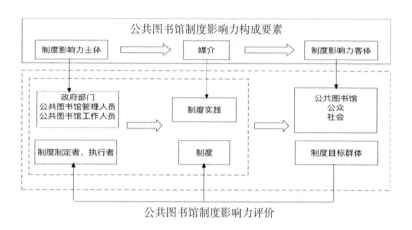

图 3-1　公共图书馆制度影响力要素的价值链

在"制度影响力主体—制度—制度影响力客体"的总价值链之下，可以将公共图书馆制度影响力的产生进一步细分为两个影响力关系链：一条由"制度制定者和执行者—制度"组成，是图书馆制度影响力基本的生成系统，侧重于制度的制定阶段，即公共图书馆制度制定者根据国家战略和时代发展要求，制定并通过公共图书馆制度，制度便具有了影响力。从这个层面理解，一项科学合理的公共图书馆制度，是制度影响力产生的根基，对制度影响力评价的重要作用殊难忽略。另一条关系链是"制度制定者和执行者—制度—制度目标群体"，侧重于制度的执行和落实阶段，通过对公共图书馆、用户和社会产生的作用和效果，说明公共图书馆制度发挥了影响力。

从公共图书馆制度影响力的一条价值链和两条关系链来看，公共图书馆制度的制定和执行过程虽然不直接体现制度的影响力，但对公共图书馆制度实现影响力同样具有重要作用，评价公共图书馆制度影响力，要考虑制度的制定和执行情况。同时，制度影响力对不同客体有不同的影响力表现形式，从这个角度看，公共图书馆制度影响力的评价应是一个涵盖了主观感受指标和客观事实指标的评价指标体系，体现了公共图书馆制度影响力的多元性和复杂性。

二、公共图书馆制度影响力的产生

想要了解公共图书馆制度影响力的产生，就要从制度供给的层面分析制度影响力的推动力。从公共图书馆制度影响力的构成要素来看，制度影响力的发挥是制度的内部因素和外部因素相互作用的结果，制度影响力的产生也需要从内生动力和外驱动力两方面进行探讨，其中内生动力从制度内部入手，是影响力产生的根源，外驱动力侧重外部诱因，对制度发挥影响力起驱动作用。

1. 内生动力

(1)议题显著性。纵观中华人民共和国成立以来公共图书馆制度的历史长卷，公共图书馆制度是带着"文化使命"诞生的，不同发展阶段的公共图书馆制度目标受历史环境和社会背景变化的影响，但始终与国家的战略目标保持一致。公共图书馆制度议题一直与国家发展战略相呼应，与时代发展要求相契合。这是公共图书馆制度制定的本源，也是公共图书馆制度影响力产生的关键动力。从公共图书馆制度议题的必要性上来说，我们将议题显著性作为公共图书馆制度影响力产生的内生动力。

政策议题的显著性是影响政策传播的关键因素[1]，具有高显著性的政策议题更能吸引政府和公众的注意力，能够决定决策者对信息的优先关注度以及民众的政治参与度，并在各地方政府间快速扩散[2][3]。议题显著性反映的是一种以需求为导向的回应型决策制定

35

---

[1]　Sean Nicholson Crotty. The Politics of Diffusion：Public Policy in the American States[J]. The Journal of Politics, 2009, 71(1)：192-205.

[2]　杨正喜，周海霞. 政策属性是如何影响农村改革试验区政策扩散的[J]. 农村经济，2022(4)：1-8.

[3]　W. 理查德·斯科特. 制度与组织：思想观念与物质利益(第三版)[M]. 姚伟，王黎芳，译. 北京：中国人民大学出版社，2010.

过程。① 公共图书馆作为国家公共文化服务体系的重要一环，自党的十六大提出"公共文化服务"的议题后，党的十六届五中全会、十七大、十八大、十九大不断将"公共文化服务体系"的政策议题上升到前所未有的国家战略高度，公共图书馆制度议题也受到了中央的高度关注。我国第一个公共文化服务体系建设的专门政策文件《关于加强公共文化服务体系建设的若干意见》(2007)等多部中央文件，都将公共图书馆放在了公共文化服务体系建设中的突出位置，体现着国家顶层设计对公共图书馆发展和公共图书馆制度建设的高度重视。公共图书馆制度也积极回应国家的文化发展战略，始终与社会公众的文化发展需要高度契合，为公共图书馆价值和影响力的发挥提供了不竭动力。

(2)制度内容。制度作为规范个人和组织行为活动的社会规则，制度内容和制度属性是制度影响力产生的首要环节。作为制度目标、制度工具的重要载体，一项好的制度本身就具有影响力这一点毋庸置疑，制度内容的科学性和合理性是达成制度目标的基础，所以，一项科学合理的公共图书馆制度本身已具有影响力，且不同文本类型的公共图书馆制度，具有不同的强制力和约束力，能够产生不同强度的影响力。对公共图书馆制度影响力的研究，离不开制度内容这一本然。

2. 外驱动力

(1)主体需要。制度主体需要是制度制定的必要前提，主体需要被满足是制度影响力产生的基础。公共图书馆制度的产生根源于公共图书馆事业发展的需要、公众自身精神满足的需要以及社会文化发展的需要，而制度的影响力就是在群体需要被满足的过程中产生的。就公共图书馆事业发展需求而言，需要资金、用地、人才、馆舍服务等多种要素的共同融合，公共图书馆的性质决定了单凭图

---

① Daley D M, Garand J C. Horizontal Diffusion, Vertical Diffusion, and Internal Pressure in State Environmental Policy Making, 1989-1998[J]. American Politics Research, 2005, 33(5): 615-644.

书馆一己之力或是零散的社会力量不足以维持图书馆的生存和发展，制度从顶层设计的层面吸引各种发展要素流入图书馆，帮助图书馆实现发展目标，制度影响力就此产生。就公众的精神文化需要和社会发展需要而言，步入知识经济时代，科学技术影响着人类社会的生产、生活和思维方式，公众的精神文化需求越来越强烈，且呈现出多样化、层次化的特点，如何能够在公众精神文化需求日益多样化中寻求最大公约数、凝聚共识是现阶段公共图书馆制度制定主体所要解决的首要问题。为此，为维护政府权力的合法性与正当性，制度制定者必须对公众的实际文化需求做出有效回应，公众需求层次的提高，促使公共图书馆相关主管部门提升制度供给能力和水平，进一步完善各项公共图书馆服务。公共图书馆作为国家公共文化服务的主要阵地，公众的文化需求是产生公共图书馆制度议题的前提，而制度影响力的产生需要通过图书馆制度带动图书馆服务优化升级，以实现对公众精神文化需求的满足，不断增强公众的文化满足感与获得感，这一过程就是图书馆制度发挥影响力的过程。总的来说，被满足的主体需要是公共图书馆制度影响力产生的主要外在动力之一。

（2）制度环境。经济文化发展水平较高的华东、华北、华南地区是公共图书馆制度颁布数量最多的地区，公共图书馆制度的发展与地区的经济文化发展水平密切相关。较高的文化程度和雄厚的经济基础为公共图书馆制度的制定和实施提供了必要的社会环境土壤。

在研究我国公共图书馆制度影响力的外部动力时，要考虑到制度环境这一要素，制度环境是帮助公共图书馆制度有效落实的重要动力。制度环境包含两方面内容：一是中央政府在制度层面上的"许可"或"支持"。作为单一制国家，我国的政治体系存在着较为明显的层级关系，这一制度体制决定了上级政府具有高权威性和强制约力的特点。公共图书馆制度的颁布是国家意志的体现，上级政府的认可使图书馆制度具备足够的政治权威并保障制度在全国范围的推广和实施，制度的影响力随之产生并扩散。在国家的重视和上

37

级政府的支持下，我国公共图书馆制度取得了一定成效。二是公共图书馆事业发展的外部经济文化环境支持。公共图书馆的公共性和公益性的属性，决定了其并不能产生经济效益，所以公共图书馆制度的落实需要坚实的社会经济文化基础作背书，地区经济文化水平的高质量发展，能够减少公共图书馆制度实施的阻力，更快实现图书馆制度效能，更好展现公共图书馆功能。根据公共图书馆制度数量的地区分布情况也可以看出，政治经济越发达的地区，公共图书馆制度的数量越多。可见，地区的经济文化发展水平对公共图书馆制度的发展具有举足轻重的作用。

三、公共图书馆制度影响力的实现

1. 自上而下的模式

从公共图书馆制度的颁布机构来看，以文旅部、国务院、财政部等为主，可见，公共图书馆制度产生遵循自上而下的关系属性。从制度执行的角度来看，我国作为单一制国家，形成了中央—省（直辖市、自治区）—地级市—县级市—乡镇五级政府体制，层级分明，在这样的科层制组织中，公共图书馆制度往往按层级自上而下传递，即下级政府及相关部门贯彻执行上级政府及相关部门政策，[1] 自上而下的路径方式可以提高政策的权威性和合法性，增加下级采纳政策的动力。[2]

公共图书馆制度影响力自上而下的实现模式，是由中央颁布公共图书馆相关制度，地方随即作出响应和调整，由图书馆进行具体制度的执行和落实，最后被社会成员接受、消化、吸收政策，逐步

① Dimaggio P J, Powell W W. The Iron Cage Revisited: Institutional Isomorphism and Collective Rationality in Organizational Fields [J]. American Sociological Review, 1983, 48(2): 147-160.

② 陈新明，萧鸣政，史洪阳. 地方人才政策创新扩散的动因分析——基于中国城市"人才新政"的实证研究[J]. 企业经济，2020(6)：128-134.

完成制度影响力的扩散和实现。我国公共图书馆制度大多是以"中央—地方—图书馆"自上而下的方式执行的，制度影响力也是按照这样的路径发挥作用的。"高位推动"的制度影响力实现模式具有强制性的特征，由于国家层面的政策效力更强，覆盖面更广，影响力更大，决定了国家层面公共图书馆制度文本对地方层面公共图书馆制度文本的制定和实施起到了重要的引领作用。"自上而下"的模式不仅能够更快推进制度实践进程，更广泛地形塑了公共图书馆制度动员及制度交流结构，还有助于缓解因"块块分割"导致多部门合作的"孤岛现象"的矛盾产生，为后续公共图书馆制度的采纳、执行汇聚合力。①

2. 自下而上的模式

自下而上的公共图书馆制度影响力实现模式，是动员社会各方面力量参与图书馆制度建设的过程。近年来，随着公共文化服务社会化规模不断扩大，服务模式不断多元化，越来越多的公众主动参与到公共图书馆制度建设中。一方面，多主体合作协同，能够最大程度发挥集体影响力的作用，突破公共图书馆制度的封闭性。公众在参与制度建设的过程中，也加深了对图书馆价值和图书馆制度价值的认同，这正是公共图书馆制度影响力的深层次体现。另一方面，公共图书馆是面向公众的公共文化服务机构，广泛听取读者意见，以公众需求为导向制定决策，能够向读者提供更具个性化、精准化的服务，是公共图书馆价值和图书馆制度影响力的最好体现方式。社会公众参与公共图书馆制度的实践行动，并通过图书馆服务的途径逐渐介入国家和地区发展战略，如参加文化扶贫、青少年教育培训、提供就业健康信息、帮助地区制定文化发展政策等，形成"公众—图书馆—政府"的自下而上的公共图书馆制度影响力实现模式。

39

---

① 王洪涛．我国智慧城市政策扩散研究［D］．沈阳：东北大学，2019.

四、公共图书馆制度影响力的表现

公共图书馆制度紧紧围绕公共图书馆事业发展，是公共图书馆持续运行的基础，同时积极回应国家文化战略目标的要求，将保障公民基本文化权益作为立足点，体现公共图书馆社会教育、启发民智的重要功能。根据公共图书馆制度对不同对象的作用力，可以将公共图书馆制度影响力的表现形式分为直接表现和间接表现，它们是一个硬币的正反面，缺一不可，不可分割。

1. 直接表现

直接表现是公共图书馆制度的直接作用力，是易于发现、可以直接观测的影响力。具体体现为制度规范和指导公共图书馆的具体业务工作，即制度解决了公共图书馆建设和发展过程中遇到的问题，提升了图书馆业务水平和服务能力，推动了公共图书馆事业整体性进步，如文献馆藏量、文献外借量、建筑面积等硬性指标，是公共图书馆制度的直接表现。就具体政策文件来看，2011 年财政部下发《关于加强美术馆、公共图书馆、文化馆(站)免费开放经费保障工作的通知》，明确规定了公共图书馆的经费补助标准。地方立法层面，贵州、湖北、广州、佛山等地提出了具体明确的馆藏资源标准；贵州、内蒙古、重庆、湖北、深圳、广州、佛山等地，对不同级别和类型的图书馆开放时间提出了不同的要求①。这些制度指导和规范了公共图书馆的具体业务，有利于图书馆的工作落到实处。总的来说，公共图书馆制度的直接表现主要作用于公共图书馆的具体工作和服务，能够对公共图书馆事业发展起到直接的引导作用，是易于观察和评价的。

---

① 金武刚.《中华人民共和国公共图书馆法》配套制度建设现状与突破——基于地方立法需求视角[J]. 中国图书馆学报，2023(2)：57-70.

2. 间接表现

公共图书馆制度的间接表现是将公共图书馆制度的影响力放在更宏观的社会发展舞台上进行探讨。受公共图书馆制度目标的影响，公共图书馆制度的间接表现更多体现在对社会和公众产生的持续性文化价值方面，具体表现为制度能够助推社会文化教育的普及，确保人民群众平等无差别地享受公共文化服务和社会主义精神文明建设成果，最终达到提高全民信息素质和文化素养的目标。因此，公共图书馆制度影响力的间接表现需要长期的制度实施才能显现出来，常常是间接、潜移默化且不易察觉的。

评价公共图书馆制度影响力，不能只看直接表现，而忽略间接表现。一方面，公共图书馆利用自身馆藏文献资源，以提供图书馆服务的方式，潜移默化地提升着用户的知识文化素养和认知水平，甚至能够对用户价值观念、思想意识的提升产生溢出效应。另一方面，公共图书馆制度所蕴含的社会包容、社会公平的理念，能够通过制度的落实以及制度影响力的释放，渗透到社会的毛细血管中，从而对整个社会的开放性、包容性和适应性产生积极影响。

总之，公共图书馆制度的间接表现彰显了公共图书馆制度的深远价值，是制度影响力的深层次体现。公共图书馆想要突破圈层，获得公众和社会的价值认可，就必须将制度影响力的间接表现作为公共图书馆制度影响力考察和评价的重点。

五、公共图书馆制度影响力作用机理模型

在公共图书馆制度影响力作用机理分析的基础上，结合政策过程理论、政策执行理论、政策扩散理论，将公共图书馆制度影响力作用机理嵌入公共图书馆制度的生命周期流程，构建公共图书馆制度影响力作用机理模型，以此作为后续对公共图书馆制度影响力进行科学评价的基础。

1. 公共图书馆制度影响力作用机理模型设计

公共图书馆制度影响力作用机理模型遵循"整体性—分层化"的设计思路进行构建。一方面，涵盖制度影响力的构成要素，体现制度影响力产生、实现和表现等不同环节；另一方面，积极回应各环节之间的联结逻辑，确保整体设计过程的逻辑缜密和内容完整性，提高模型的应用性。

首先，基于整体性设计理念，理解公共图书馆制度影响力的作用过程，将公共图书馆制度影响力看作一个开放的复杂系统，擘画公共图书馆制度影响力作用过程的总体"施工图"；其次，引入分层化的设计理念，在政策过程理论的指导下，按照制度生命周期的过程，将公共图书馆制度影响力作用过程拆分，嵌入制度过程的三个环节中；最后，形成包含"要素层""制度供给层""制度执行层""制度效果层"的公共图书馆制度影响力作用机理模型，如图 3-2 所示。该理论模型遵循了"制度供给—制度执行—制度效果"的制度生命周期的一般规律，也体现了公共图书馆制度影响力"要素—产生—实现—表现"的作用过程，具有一定的逻辑自洽性。后文关于公共图书馆制度影响力评价指标的选取将在此模型框架的基础上展开。

2. 公共图书馆制度影响力作用机理模型解释

"要素层"是公共图书馆制度影响力作用机理模型的支撑层，由影响力主体与影响力客体构成。从公共图书馆制度的发展历程和制度实践的情况来看，公共图书馆制度的制定主体、执行主体是制度影响力的主体，公共图书馆制度的作用对象是制度影响力的客体。制度影响力主客体之间的相互作用是公共图书馆制度影响力产生和作用的基础，是评价公共图书馆制度影响力的逻辑起点，也是构建公共图书馆制度影响力评价指标体系的重要前提。

具体来看，公共图书馆制度的制定者和执行者作为制度影响力的"施力方"，是制度影响力主体；制度影响力客体包括公共图书馆、用户和社会，是制度影响力的"受力者"。价值论认为，主客

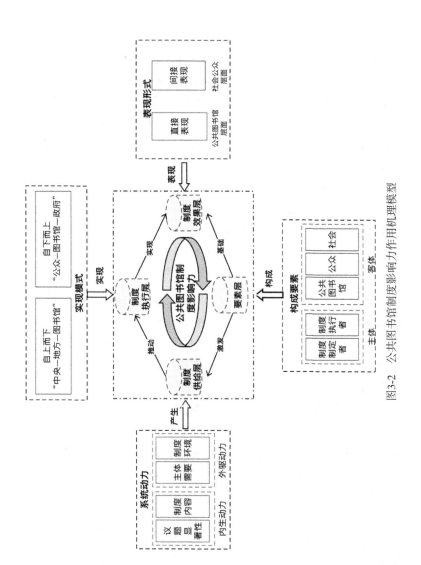

图3-2 公共图书馆制度影响力作用机理模型

体通过媒介进行的互动，是一切价值产生的基础，由此，本研究搭建了一条由"制度影响力主体—媒介—制度影响力客体"组成的公共图书馆制度影响力的价值链，并进一步拆分为两条关系链："制度制定者和执行者—制度"和"制度制定者和执行者—制度—制度目标群体"，分别对应制度制定和制度执行两个环节。

"制度供给层"是公共图书馆制度影响力产生的驱动力。公共图书馆制度只有被科学地制定出来，才具有影响力，也就是说，"制度供给层"的核心是科学制定并通过公共图书馆制度议题，科学合理的公共图书馆制度议题是制度影响力产生的基础。为此，需要从"议题显著性"和"制度内容"的制度本身出发，还要兼顾"主体需要"和"制度环境"的外部因素。一方面，要求制度制定者积极回应国家战略要求和制度目标群体需求，把有效的社会公众的政治要求转换成权威性制度，在确保制度科学性、合理性、可行性的基础上，制定出一套满足社会公众"主体需要"的公共图书馆制度。

"制度执行层"是制度影响力实现的关键。制度仅仅被科学地制定出来并不能真正实现制度的影响力，只有被切实执行和有效落实的制度才能够真正实现制度的影响力。由公共图书馆制度颁布机构的关系属性和我国政策执行的一般路径，可以进一步分为"自上而下"和"自下而上"两种公共图书馆制度影响力的实现模式。按照公共图书馆制度颁布机构权威性较强、以中央层面的制度为主的特征，公共图书馆制度影响力主要以自上而下和自下而上两种实现模式为主。其中，公共图书馆制度影响力最常见的实现模式是自上而下的形式，具体路径为"中央—地方—图书馆"，而自下而上实现模式的具体路径为"公众—图书馆—政府"。

"制度效果层"是公共图书馆制度影响力的具体表现形式，可以分为直接表现和间接表现。"制度效果层"作为公共图书馆制度影响力作用机理模型的结果层，是公共图书馆的制度优势转化为治理效能的冲刺阶段，也是制度影响力得以显化的最终环节。体现了公共图书馆制度对不同制度对象产生的不同效果和作用力，反映了公共图书馆制度影响力的多元化和多样性。

基于此，本书提出了"要素层—制度供给层—制度执行层—制度效果层"的公共图书馆制度影响力作用机理模型，分别对应公共图书馆制度影响力"要素—产生—实现—表现"的完整作用路径。

第 2 节　公共图书馆制度影响力评价思路

公共图书馆制度影响力评价是信息资源管理、公共管理等学科共同关注的研究领域，对于公共图书馆制度的研究来说，增添了以制度影响力为落脚点的理论视角。对公共图书馆制度评价而言，从影响力范畴对公共图书馆的制度价值进行了解释。目前与公共图书馆制度影响力评价相关的研究主要围绕评价指标或指标体系的定量分析，理论层面的研究较少。本书从公共图书馆制度影响力评价的思维理念、内容框架和基本路径的角度，探讨公共图书馆制度影响力评价思路。

一、公共图书馆制度影响力评价的思维理念

从理论上讲，公共图书馆制度影响力是制度本身、制度影响力主体、制度影响力客体等要素相互作用的结果，包含了制度影响力的产生、实现、释放、结果反馈等多个环节，是一个不断发展变化的系统，需要引入整体论的思想来理解和思考问题。具体到公共图书馆制度影响力的评价，就要进一步细分评价体系、评价指标、评价方法，为此，需要还原论思想作为制度影响力评价的理论基础。另外，公共图书馆制度影响力的直接性和渗透性的表现形式，则需要具备抽象和具象思维，以便进一步理解和剖析制度影响力的评价问题。

1. 还原论思想与整体论思想

还原论思想是将复杂的研究对象分解为不同部分的分析方式，以一种简单、静态、线性的方式去认识和理解事物，再将细分的各

45

个部分整合成为对事物的整体性认知。① 这种拆分与整合的做法，实际上是将复杂问题简单化的过程。公共图书馆制度影响力就是一个涉及主客体要素，不同作用阶段和多种表现形式的复杂组合体，因此，还原论思想是分析和评价公共图书馆制度影响力的合适的思想范式。在评价公共图书馆制度影响力之前，要先对公共图书馆制度影响力的作用过程进行分析，将公共图书馆制度影响力的作用机理分解为制度影响力的形成、实现和表现三个环节，有利于我们更清晰准确地掌握制度影响力的作用过程，为后续评价制度影响力构建理论框架；在此基础上，进一步思考如何评价制度影响力的问题，基于还原论思想，从多个维度对公共图书馆制度影响力进行评价，将制度影响力进行细化并拆解为不同环节和维度，将制度影响力"还原"到制度生命周期的不同阶段，分析制度不同阶段对制度影响力的作用。按照制度过程理论，本研究将制度过程概括为制度供给、制度执行和制度效果三个阶段，以此为依据，构建公共图书馆制度影响力评价指标体系。

不论是公共图书馆制度影响力的作用过程还是制度影响力评价过程，都是一个动态的循环系统，仅以还原论思想进行公共图书馆制度影响力评价是孤立的，还需要综合考虑制度影响力各个要素之间的相互关系，并将各个环节联系起来进行分析，因此，在还原论思想的基础上，引入整体论这一包含系统观点的思想理念，有助于全面理解公共图书馆制度影响力评价所包含的多个变量和多个环节。

第一，开展公共图书馆制度影响力评价的前提，是要厘清评价的对象。本部分的主题是"评价公共图书馆制度影响力"，是把"制度"与"影响力"紧密联系起来，将二者看成一个不可分割的整体进行评价。不是仅对公共图书馆制度的"结果""效果"进行评价，或仅以某一个点或某一个环节来概括公共图书馆制度整体的影响力，而是站在更加宏观的整体关联的视角，思考公共图书馆制度所产生

---

① 陈建龙．论大学图书馆信息服务创新的细分与整合战略[J]．大学图书馆学报，2018（5）：5-11.

的作用和影响力，这是"整体论"评价思想的体现之一。第二，公共图书馆制度影响力从产生到实现是制度影响力各个环节、各个要素相互作用的结果，需要以制度整体过程的视角对公共图书馆制度影响力作用过程进行把握和分析，挖掘制度过程各个环节可能产生的影响力，以及各个环节对制度影响力最终呈现和释放的影响。第三，对公共图书馆制度影响力的评价，需要整合公共图书馆制度制定主体、执行主体、目标群体等制度影响力的主客体，还要融合制度内容、制度环境、人力物力资源等各种制度要素，以便评价结果能够最大限度地体现公共图书馆制度的影响力。总的来说，在整体论的评价思想下，将公共图书馆制度影响力放在制度的整个生命周期中，在公共图书馆制度发展擘画的总体图景下，可以更全面地找寻到公共图书馆制度影响力产生的肇因，探究公共图书馆制度影响力的实现路径，明确公共图书馆制度影响力的具体表现，最终形成一个包含公共图书馆制度全过程、制度主客体、内外部要素的综合的评价指标体系。

综上，本部分结合还原论思想和整体论思想，以"整体论"思想从整体上认识公共图书馆制度影响力，构建公共图书馆制度影响力评价指标体系；以"还原论"思想分层、具体地评价公共图书馆制度影响力，从不同方面展现公共图书馆制度的影响力，将整体与局部相融合，尽可能体现评价结果的科学性和全面性。

2. 抽象思维与具象思维

另一关注点在于对"影响力"的理解与解读。影响力是一个抽象的概念，对影响力进行评价需要具备"抽象与具象"的评价思维。抽象是不依赖于客观对象存在的思想和观念，具象是我们能够接触和感受到的实体。

从公共图书馆制度影响力的内涵来看，"影响力"是一个涵盖了过程(影响的动作)、力度(有广度和深度的力量)、结果(影响的结果)的复杂概念，不管是"影响力"，抑或是"制度影响力"都是抽象的。而制度影响力评价是一个具体的过程，需要我们兼具具象的思想，将制度影响力具象化为一定的评价标准或评价指标，才可以

47

进行评价工作，得到评价结果。从公共图书馆制度影响力的表现形式来看，"抽象与具象"的评价思想指导我们从两个方面构建公共图书馆制度影响力评价指标体系：一方面，从具象的角度，通过有形的、显性的公共图书馆具体业务和服务水平来展现公共图书馆制度影响力，如公共图书馆制度对公共图书馆事业发展的影响程度；另一方面，也要考虑到公共图书馆制度影响力的抽象性，考虑到公共图书馆制度在提高公民文化素质，增强社会文化认同和文化自信方面的影响力。结合价值论的观点，本研究将以价值维度和事实维度为标准，构建一套既涵盖"具象"事实又体现"抽象"价值的公共图书馆制度影响力评价指标体系。

总的来说，还原论思想、整体论思想、抽象与具象的思维共同构成了公共图书馆制度影响力评价的思维理念，接下来对公共图书馆制度影响力评价内容框架的分析和研究思路的搭建都是在此基础上展开的。

二、公共图书馆制度影响力评价的内容框架

当前的公共图书馆制度影响力评价研究主要集中在方法论维度，缺乏对于公共图书馆制度影响力评价本体论、认识论维度的探索。基于对公共图书馆制度影响力作用机理的分析，本研究认为公共图书馆制度影响力是客观存在的，且可以从制度过程的角度，按照制度生命周期的三个环节对公共图书馆制度影响力进行评价，并进一步通过定性与定量相结合的评价方法，对公共图书馆制度影响力展开具体的评价工作。

1. 本体论：公共图书馆制度影响力是客观存在的

要认识公共图书馆制度影响力，就得厘清公共图书馆制度影响力的基本特征，这是后续识别公共图书馆制度影响力评价指标、构建公共图书馆制度影响力评价指标体系的基础。

（1）公共图书馆制度影响力具有客观性与绝对性。

就客观性而言：第一，一项科学合理的制度本身就具有价值和

影响力，是独立于主体意识之外，不以主体意识为转移的。作为国家治理体系的基本构成要素，制度本质上是一种规则，是需要组织、公民去贯彻和遵守的具有法理意义的专业蓝本。① 公共图书馆制度影响力产生于制度落实之前，落实制度只是反映和揭示制度影响力的过程，但不能创造和决定制度影响力，可以说，制度的科学性、合理性的属性决定了制度影响力的客观性。第二，公共图书馆制度影响力的客观性可以通过制度落实的实际情况展现出来。例如，在《中华人民共和国公共图书馆法》强调图书馆总分馆制建设的制度议题下，《浙江省公共图书馆中心馆—总分馆建设服务规范》《佛山市联合图书馆体系建设管理规范》等地方性管理制度相继出台，同时，各地不断深化图书馆总分馆服务体系建设实践，形成了"嘉兴模式""苏州模式"等创新实践模式，其中，深圳规划并建设的"图书馆之城"是近年来我国公共图书馆总分馆服务网络建设中最具代表性的成功案例，这些地方性制度的出台以及制度实践的成功案例，从不同角度体现了公共图书馆制度的影响力，也蕴含着公共图书馆制度影响力具有客观性的核心意蕴。第三，公共图书馆制度影响力的客观性可以通过公共图书馆业务水平和服务能力的提高来体现。随着《全民阅读"十三五"时期发展规划》《中华人民共和国公共文化服务保障法》的相继出台，全国公共图书馆也不断提升基础设施水平，释放更高质量的服务效能，由图 3-3 可以看出，全国平均每万人公共图书馆建筑面积和人均图书馆藏书量逐年增长，② 这些稳步增长的客观数据正是公共图书馆制度影响力客观性的有力佐证。

就绝对性而言：一方面，公共图书馆制度对整个行业的影响力是绝对的，虽然图书馆制度对不同个体的影响力表现形式不同，但

49

① 刘双喜. 公共图书馆服务体系阅读推广制度建设思考. [J]图书馆建设，2022(5)：15-23.

② 中华人民共和国文化和旅游部 2022 年文化和旅游发展统计公报[EB/OL]. [2023-07-22]. https://zwgk.mct.gov.cn/zfxxgkml/tjxx/202307/t20230713_945922.html.

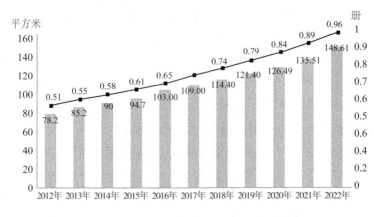

图 3-3 2012—2022 年全国公共图书馆人均资源情况

对推动整体公共图书馆事业的发展具有绝对影响力，换句话说，公共图书馆制度在对图书馆未来事业的规划和规范方面的影响力是绝对的；另一方面，虽然不同公共图书馆制度的内容和目标侧重点不同，但总体上体现了一定时期对社会发展所起到的绝对价值，如现阶段的公共图书馆制度内容主要涉及社会力量参与、全民阅读、数字化服务等方面，反映出现阶段公共图书馆制度对提高全民文化素质、构建学习型社会的绝对影响力。

（2）公共图书馆制度影响力具有主观性与相对性。

首先，公共图书馆制度影响力具有主观性。纵观公共图书馆制度整个实践过程，制度影响力的主观性主要体现在三个方面：第一，公共图书馆制度的制定体现了不同制度目标群体的需求，这些需求带有主观性。另外，制度是制度制定者在把握不同制度需求的基础上做出的制度决策，这一过程也会受到主观价值取向的影响。第二，在制度执行环节，制度落实执行的程度与制度执行者的认知水平、对制度的理解程度密切相关，具有一定的主观性。第三，从制度影响力的具体表现来看，受到制度目标群体自身需求、认知结构、价值取向、情感体验等主观因素差异的影响，公共图书馆制度对不同客体产生的效果不同，影响力的表现方式也不同。

其次，公共图书馆制度影响力具有相对性。具体体现在两个方面：第一，随着时间的推移和社会关系的变化，社会对公共图书馆的需求不断变化，相应地，衡量公共图书馆制度影响力的标准也会随之发生变化，所以，不同时期和不同社会环境下的公共图书馆制度的价值和影响力的表现是不同的，因此，公共图书馆制度影响力具有相对性。第二，公共图书馆制度影响力的客体是多层次、多样化的，包括微观层面的个体、中观层面的公共图书馆，以及宏观层面的人类社会，公共图书馆制度与不同制度对象之间形成了不同的影响力关系，展现出公共图书馆制度影响力不同的表现形式。即使是同一项公共图书馆制度，对不同的地区、不同发展水平的公共图书馆的影响力也不尽相同，从这个角度看，公共图书馆制度影响力同样具有相对性。

综上，从本体论的角度来看，公共图书馆制度影响力兼具了相对性与绝对性、主观性与客观性的特征，体现出公共图书馆制度影响力的复杂性和多面性。因此，对公共图书馆制度影响力的评价，需要综合考虑公共图书馆制度影响力的不同特性，在选择公共图书馆制度影响力评价指标、设计公共图书馆制度影响力评价体系的过程中，既要体现制度影响力的客观性与绝对性，又要兼顾主观性与相对性，只有这样才能对公共图书馆制度影响力作出科学、合理、全面的价值判断和评价。

2. 认识论：公共图书馆制度影响力的三维评价

评价的本质是价值评价，对公共图书馆制度影响力的评价就是判断公共图书馆制度的价值。公共图书馆制度影响力的产生、实现和表现是以制度的生命周期为基础进行的，公共图书馆制度影响力的作用过程也受制度不同过程阶段的影响，所以，对公共图书馆制度影响力的评价也是从制度供给、制度执行、制度效果三个维度展开的。

从制度生命周期的宏观层面看，将公共图书馆制度影响力评价嵌入公共图书馆制度过程的宏观叙述，需要从制度供给维度、制度

51

执行维度、制度效果维度对公共图书馆制度价值展开评价，换言之，对公共图书馆制度影响力的评价就是从制度的制定、制度的执行以及制度的结果三个层面展开的总体评价。首先，公共图书馆制度供给维度的评价，是对制度科学性、有效性以及能够满足制度目标群体实际文化需求程度的评价，因此，在制度供给层面上，具体是从内部制度属性、制度内容、外部制度环境、主体需求方面，对公共图书馆制度影响力的产生环节进行评价。其次，从价值论的角度来看，实践是价值关系的基础，一个不能被实施的制度犹如"空中楼阁"。良好的制度需要充分的落地实施才能彰显效果，只有执行才能将图书馆制度优势转化为图书馆服务效能，真正发挥制度的价值和影响力。因此，需要从制度执行主体、资源配置、运行机制等方面，评价公共图书馆制度执行情况，以此来判断制度影响力产生环节的完成情况。最后，制度效果层面作为制度影响力最直接的体现，对制度效果的评价是公共图书馆制度影响力评价中必不可少的环节，进一步将公共图书馆制度影响力评价的制度效果维度分为具象可观测的事实评价与抽象感知的价值评价两个方面。

从公共图书馆制度影响力作用机理的微观视角来看，公共图书馆制度影响力是由要素层、制度供给层、制度执行层、制度效果层共同作用的结果。概言之，制度过程的每个环节都会产生不同的制度影响力，构成了公共图书馆制度影响力的多元化和复杂性。公共图书馆制度影响力的产生，是当制度决策者因为公共图书馆的存在而作出了相应科学合理的制度产出时发生的，换句话说，制度制定主体依据现实和制度目标群体的需要，设计制定出具有现实指导意义的公共图书馆制度，此刻公共图书馆制度价值已经产生了，或者说已经具备了影响力；下一步则需要制度的贯彻落实来激活制度的影响力，通过公共图书馆制度的有效执行和广泛传播，制度受众产生观点上的认同或是行动上的反应时，公共图书馆制度的影响力得以实现。也就是说，制度执行主体在贯彻落实公共图书馆制度的过程中，不断提高图书馆的服务质量，满足制度目标群体的精神文化需求，公共图书馆制度才产生了价值；经过制度的科学制定和有效执行，最终公共图书馆制度影响力呈现出不同的表现方式。至此，伴随公共图书馆制度制定、执行和结果的不同发展阶段，公共图书馆制度影响力完成了从产生、实现到最终表现的整个作用过程。

总体上，从认识论的角度，制度过程是公共图书馆制度影响力产生的动力、实现的模式、表现的结果，而公共图书馆制度影响力评价则是对制度全过程的判断和评析。公共图书馆制度影响力评价与公共图书馆制度过程、公共图书馆制度影响力作用过程之间的关系，如图 3-4 所示。

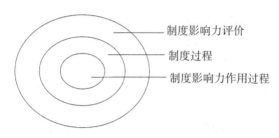

图 3-4　公共图书馆制度影响力评价的认识论层次

3. 方法论：定性与定量相结合

方法是任何学科研究的基础，公共图书馆制度影响力评价的复杂性和多元化更需要使用科学合理的评价方法，以提高评价的真实性和客观性，确保评价结果的长效质量。目前，学界对图书馆制度影响力评价的相关研究，主要聚焦定量方法，如指标的设计、权数的确定、构建模型，而定性评价集中在通过对政策文本的编码，运用 PMC 模型对制度进行评价。基于此，本研究借鉴《信息与文献：图书馆影响力评价的方法与流程》(ISO 16439：2014)，采用定性与定量相结合的评价方法，以事实与价值为标准，构建包含制度供给、制度执行、制度效果维度的公共图书馆制度影响力评价指标体系。

考虑到目前针对公共图书馆制度影响力评价还没有统一标准和方法，对公共图书馆制度影响力评价及提升策略的直接研究成果也较少，而扎根理论这一自下而上的探索性的研究方法，能够在不带任何预设、框架、概念的前提下，"扎根"于实际调查数据之上，得到公共图书馆制度影响力评价的指标范畴和指标体系框架。因此，本研究通过与公共图书馆从业人员和相关学者的访谈，搜集第一手资料，并结合 2000 年后颁布的中央和地方公共图书馆政策文本，综合公共图书馆制度制定者、执行者、研究者对公共图书馆制度影响力评价的解读和观点，探测和挖掘出公共图书馆制度影响力的评价指标。

在定性研究探测出公共图书馆制度影响力评价指标的基础上，进一步采用定量研究的方法构建制度影响力评价指标体系，并对评价指标体系进行检验和应用。力求在一定程度上弥补定性研究的主观性和局限性，提高公共图书馆制度影响力评价结果的客观性、科学性和适切性，并为公共图书馆制度影响力提升策略的制定提供实证依据。

综上，基于公共图书馆制度影响力的客观性、绝对性与主观性、相对性的特征，以定性与定量相结合的评价方法，探测公共图书馆制度影响力评价指标，构建、检验并应用制度影响力评价指标体系，进一步提出有针对性的公共图书馆制度影响力提升策略，是公共图书馆制度影响力评价的内容框架。

三、公共图书馆制度影响力评价的基本路径

本研究从本体论、认识论、方法论三个层面，形成了"认识—理解—识别—构建—检验—应用—提升"的公共图书馆制度影响力评价的基本路径，如图 3-5 所示。

聚焦公共图书馆制度影响力评价，主要涉及两个方面的问题：

第一，公共图书馆制度有什么影响力？公共图书馆制度如何产生和释放它的影响力？这是公共图书馆制度影响力评价的基础问题，由此衍生出如何评价公共图书馆制度影响力的问题。本研究以剖析公共图书馆制度影响力的作用过程为起点，思考"公共图书馆制度影响力如何产生、实现，以及影响力有什么表现"的问题，探讨公共图书馆制度影响力的作用机理，形成了包含"要素层""制度

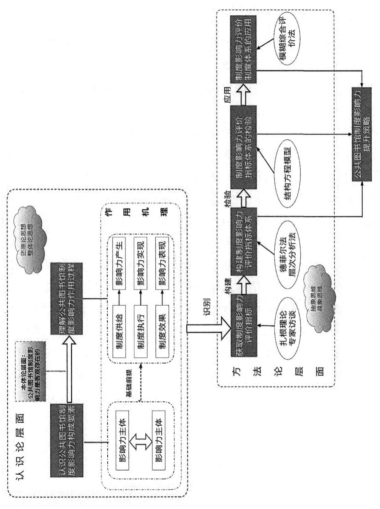

图3-5　公共图书馆制度影响力评价基本路径

供给层""制度执行层""制度效果层"的公共图书馆制度影响力作用机理模型，勾勒出公共图书馆制度影响力作用的构成要素、内外驱动力、实现模式和表现形式。接下来，在制度影响力作用机理模型的基础上，从制度供给、制度执行、制度效果这三个维度展开对"如何评价公共图书馆制度影响力"这一问题的探讨。

第二，在认识公共图书馆制度、了解公共图书馆制度影响力作用过程的基础上，进一步解决公共图书馆制度影响力评价另一个方面的问题：公共图书馆制度影响力的评价指标有哪些？如何构建一个科学合理的评价指标体系？我们运用扎根理论，在收集公共图书馆制度文本和专家访谈资料的基础上，获取公共图书馆制度影响力评价指标，并在"抽象与具象"思维的基础上，搭建公共图书馆制度影响力评价指标分析框架；进而结合价值论，提出"事实与价值"相结合的评价指标体系构建标准，并运用德尔菲法、层次分析法构建公共图书馆制度影响力评价指标体系。接下来，对公共图书馆制度影响力评价指标体系展开实证分析，运用结构方程模型，分析制度影响力评价指标与公共图书馆制度影响力的作用关系和作用路径，进一步验证评价指标体系的科学性。随后，以问卷收集研究数据的形式，通过模糊综合评价法对评价指标体系进行实际应用，以确保评价指标体系的可行性和适切性。最后，作为本研究的落脚点，在充分认识公共图书馆制度影响力的基础上，结合目前我国公共图书馆制度影响力的表现、制度影响力评价指标间的作用关系，以及掣肘公共图书馆制度影响力发挥的实际问题，提出公共图书馆制度影响力提升策略。

第4章 公共图书馆制度影响力
评价指标体系构建

本章旨在构建公共图书馆制度影响力评价指标体系，试图解决"如何构建科学有效的公共图书馆制度影响力评价指标体系"的问题。为此，需要遵循科学的构建标准和规范化的构建流程，搭建一套完整的公共图书馆制度影响力评价指标体系，为下一阶段公共图书馆制度影响力评价的实证分析提供依据。

本章的具体研究思路为：首先，在价值论的指导下，形成"事实"和"价值"的公共图书馆制度影响力评价指标体系构建标准。"事实标准"侧重于评价指标体系中的影响因素类评价指标，"价值标准"指导结果反馈类评价指标。其次，利用德尔菲法，对北京、上海、浙江、江苏、河南、吉林、甘肃、宁夏等地的公共图书馆、高校图书馆和高校的 25 位专家学者进行两轮意见征询，筛选并确定公共图书馆制度影响力评价指标。最后，通过层次分析法，运用 MATLAB软件整理和计算 19 个评价指标矩阵的专家打分，对各项评价指标权重赋值，最终构建公共图书馆制度影响力评价指标体系。

第1节 公共图书馆制度影响力评价指标体系设计

根据公共图书馆制度影响力评价指标的扎根分析结果，对评价指标体系进行初步设计。在价值论的指导下，形成"事实"和"价值"的评价指标体系构建标准，并按照评价指标体系构建思路，初步构建公共图书馆制度影响力评价指标体系。

一、评价指标体系构建标准

美国行政学家西蒙(1988)指出，任何一项制度都包括"事实"成分和"价值"成分。① 著名公共政策学家邓恩(1994)在《公共政策分析导论》中也明确指出，价值要素是制度分析过程中的重要一环②。基于价值论和政策评价理论，遵循从"事实"到"价值"的评价指标体系构建标准，根据制度过程的不同阶段，整合制度影响力的影响因素类评价指标和结果反馈类评价指标，体现出公共图书馆制度影响力从产生、实现到表现的全过程进行判断和评价。

其中，事实标准下的公共图书馆制度影响力评价指标分为制度供给(影响力产生)评价、制度执行(影响力实现)评价，价值标准是评价制度对目标群体及环境产生的影响，即制度实施后引起的与制度相关的一系列社会及经济发展情况的变化，具体评价公共图书馆制度对图书馆事业、公众精神生活和社会文化发展的贡献度，是对公共图书馆制度效果(影响力表现)的考察。

根据制度影响力评价指标体系的结构关系与构建标准，形成公共图书馆制度影响力评价指标框架。参见图4-1。

二、评价指标体系设计思路

58

遵照公共图书馆制度影响力评价指标体系的构建标准，可以构建公共图书馆制度影响力评价指标体系。具体思路参见图4-2。

---

① 赫伯特·西蒙. 管理行为：管理组织决策过程的研究[M]. 杨砾, 韩春立, 徐立, 译. 北京：北京经济学院出版社, 1988：44-45.
② Dunn W N. Public Policy Analysis: An Introduction [M]. Englewood Cliffs, New Jersey: Prentice Hall Inc, 1994.

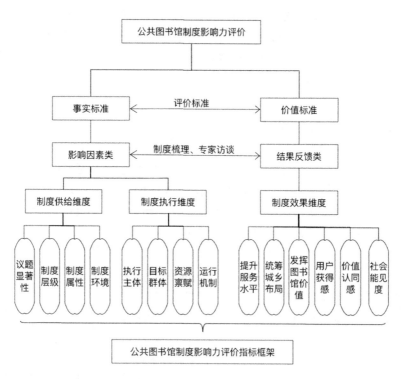

图 4-1　公共图书馆制度影响力评价指标框架

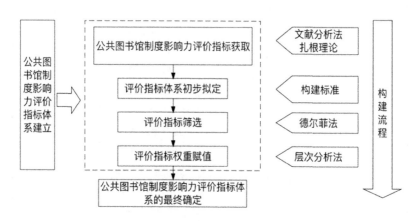

图 4-2　公共图书馆制度影响力评价指标体系设计思路

首先，通过德尔菲法对指标进行科学筛选和重要性打分，确定公共图书馆制度影响力评价指标体系；接着利用层次分析法对评价指标进行一致性检验和权重赋值；最后，形成公共图书馆制度影响力评价指标体系。

三、评价指标体系初步设计

在价值论、政策评价理论、政策过程理论等相关理论的指导下，结合公共图书馆制度影响力作用机理模型和扎根理论分析结果，依据评价指标体系构建标准和思路，初步形成公共图书馆制度影响力的评价指标，参见表4-1。

表4-1　基于理论整合的公共图书馆制度影响力指标设计

标准	理论基础	一级指标	理论基础	二级指标	理论基础及指标来源
事实维度	价值论政策评价理论	制度供给	政策过程理论	议题显著性 制度层级 制度属性 制度环境	政策扩散理论 扎根理论结果
		制度执行		执行主体 目标群体 资源禀赋 运行机制	制度执行理论 扎根理论结果
价值维度		制度效果		提升服务水平 统筹城乡布局 发挥图书馆价值 用户获得感 价值认同感 社会能见度	扎根理论结果

制度供给、制度执行、制度效果三个方面的关键指标是考察公共图书馆制度影响力的重要维度，也是公共图书馆制度影响力评价指标体系的一级指标。具体来看，制度供给是制度影响力产生的根源，包括议题显著性、制度属性、制度层级、制度环境4个二级指标；制度执行从外部参与度、内部融合度两个方面来考察公共图书馆制度执行过程，包括执行主体、目标群体、资源禀赋和运行机制4个二级指标；制度效果从直接表现和间接表现力两方面展开，包括提升服务水平、统筹城乡布局、用户获得感、价值认同感和社会能见度5个二级指标。据此，本研究选取了3个一级指标、14个二级指标和40个三级指标，初步构建了公共图书馆制度影响力的评价指标体系，见表4-2。

表 4-2　公共图书馆制度影响力评价指标体系的初步构建

总目标	一级指标	二级指标	三级指标
公共图书馆制度影响力	D1 制度供给	C1 议题显著性	B1 响应国家战略
			B2 契合时代要求
		C2 制度层级	B3 颁布机构
			B4 制度类型
		C3 制度属性	B5 科学性
			B6 协调性
			B7 可行性
			B8 创新性
		C4 制度环境	B9 政府重视程度
			B10 经济文化水平
	D2 制度执行	C5 执行主体	B11 政府责任落实
			B12 政府部门合作
			B13 图书馆能动性
			B14 馆长综合素质

总目标	一级指标	二级指标	三级指标
公共图书馆制度影响力	D2 制度执行	C6 目标群体	B15 馆员职业素养
			B16 文化需求程度
		C7 资源禀赋	B17 制度参与程度
			B18 财政资金保障
		C8 运行机制	B19 专业人员配置
			B20 宣传推广力度
			B21 完善立法
			B22 实施细则
	D3 制度效果	C9 提升服务水平	B23 监管考核
			B24 切实执行
			B25 核心及拓展业务
			B26 服务延伸及创新
公共图书馆制度影响力	D3 制度效果	C9 提升服务水平	B27 图书馆特色活动
		C10 统筹城乡布局	B28 完善文化设施布局
			B29 城市高质量发展
		C11 发挥图书馆价值	B30 基层基础设施建设
			B31 保障图书馆发展
			B32 实现图书馆功能
		C12 用户获得感	B33 用户满意度
			B34 感知有益性
			B35 资源可达性
		C13 价值认同感	B36 满足公众文化需求
			B37 保障公民文化权益
			B38 图书馆价值认可度
		C14 社会能见度	B39 信息公开
			B40 文化标志

第 2 节 公共图书馆制度影响力评价指标筛选

公共图书馆制度影响力评价指标体系的构建，是在综合相关制度文本与专家意见的基础上，依据价值论、政策评价理论、政策过程理论等相关理论，结合公共图书馆制度影响力的影响因素构建的测评体系，具有一定的主观色彩。为确保整个指标体系具备较高的信度和效度，科学准确地对公共图书馆制度影响力进行测量，有必要通过科学的方法对指标进行筛选，增强评价指标体系的准确性、合理性和可操作性。

一、德尔菲法与专家选择

采用德尔菲法对一级、二级、三级指标进行筛选。德尔菲法（Delphi Method）是一种较为常用的专家意见调查法，是利用专家的专业知识、经验及看法，筛选评价指标，将专家对议题的主观意见进行整合转化为客观意见的过程。具体执行方法是根据所要解决的问题对不同专家进行匿名调查，在征得专家的意见之后，进行归纳整理，再反馈给各专家，重新征求意见，如此往复操作，直至得到一致的意见。

本研究采用自编的"公共图书馆制度影响力专家咨询问卷"作为评价公共图书馆制度影响力的研究工具，共发放两轮专家问卷，两轮问卷的回收率均为 100%。第一轮问卷主要针对指标进行打分，并对指标提出修改完善意见；第二轮问卷是将前一轮的结果汇总整理后反馈给专家，并就修正后的评价指标体系框架再次征询专家意见。本研究向 25 位来自高校、省市级公共图书馆、高校图书馆的专家进行意见征询，参见表 4-3。其中学科理论领域专家 9 位（占比 36%），图书馆实践领域专家 16 位（占比 64%），他们对公共

图书馆制度有着丰富的实践经验和理论基础，对本研究主题的熟悉
程度和专业程度较高。

表 4-3　德尔菲法专家资料汇总表

序号	工作单位	工作年限	学历	职称或职务
1	北京市某公共图书馆	18 年	研究生	副研究馆员
2	河南省某高校	33 年	博士	教授
3	江苏省某公共图书馆	5 年	研究生	助理馆员
4	河南省某高校	7 年	博士	副教授
5	吉林省某公共图书馆	13 年	研究生	副研究馆员
6	河南省某高校	38 年	博士	教授
7	上海某研究所	10 年	研究生	副研究馆员
8	河南省某高校图书馆	5 年	博士	研究馆员
9	甘肃省某公共图书馆	35 年	本科	副馆长
10	河南省某高校	13 年	博士	教授
11	河南省某高校图书馆	29 年	研究生	研究馆员
12	浙江省某公共图书馆	20 年	研究生	副研究馆员
13	河南省某高校	30 年	博士	教授
14	河南省某高校	28 年	博士	教授
15	宁夏回族自治区某公共图书馆	28 年	研究生	副馆长
16	河南省某高校	18 年	博士	教授
17	河南省某高校	28 年	博士	教授
18	江苏省某公共图书馆	12 年	本科	副馆长
19	河南省某高校	38 年	博士	教授
20	河南省某高校图书馆	15 年	本科	馆长
21	河南省某高校	30 年	本科	研究馆员
22	河南省某公共图书馆	38 年	本科	副馆长
23	北京市某高校图书馆	39 年	研究生	副馆长

续表

序号	工作单位	工作年限	学历	职称或职务
24	河南省某公共图书馆	28 年	本科	研究馆员
25	河南省某公共图书馆	12 年	研究生	副研究馆员

二、指标重要性分析

四分位法是德尔菲法中用来判断专家意见集中度的重要方法之一，四分位法的计算公式为 $(Q_+ - Q_-) < a(a_n - a_1)$，$Q_+$ 和 Q_- 分别代表上下四分位数，由于本研究问卷采用五点式量表，最大值 $a_n = 5$，最小值 $a_1 = 1$，$a = 0.45$，由此，本研究的专家意见集中度的基准值为 1.8，$(Q_+ - Q_-)$ 小于 1.8，说明专家对该指标重要性的意见集中度较高；$(Q_+ - Q_-)$ 介于 1.8 和 2 之间，说明重要性意见集中度一般，$(Q_+ - Q_-)$ 大于 2，则表示意见集中度较低，可以考虑删除该指标。[1]

在五点式量表问卷中，专家打分的平均分超过 3.6，可以认定为专家对该指标的重要性达成共识。[2] 经计算，得到公共图书馆制度影响力评价体系的一级指标专家意见集中度，如表 4-4 所示。"制度供给""制度执行"和"制度效果"3 个一级指标的平均数均高于 3.6，集中度均为 1，说明专家对 3 个一级指标的集中度较高；且 3 个一级指标的众数均为 5，说明大部分专家认为以"制度供给""制度执行"和"制度效果"作为评价公共图书馆制度影响力的一级指标是非常适合的。

65

① 李志河，刘芷秀. 高校在线教师教学学术能力的评价指标体系构建[J]. 远程教育杂志，2020(5)：85.

② Osborne J, Collins S, Ratcliffe M, et al. What "Ideas-About-Science" Should Be Taught in School Science? A Delphi Study of the Expert Community[J]. Journal of Research in Science Teaching, 2003, 40(7)：692-720.

表 4-4 公共图书馆制度影响力一级评价指标的专家意见适切度

一级指标	平均数	众数	中位数	Q_-	Q_+	Q_+-Q_-	集中度
D1 制度供给	4.86	5	5	4	5	1	<1.8
D2 制度执行	4.76	5	4	4	5	1	<1.8
D3 制度效果	4.55	5	4	4	5	1	<1.8

二级指标专家意见适切度计算结果如表 4-5 所示。公共图书馆制度影响力评价体系的 14 个二级指标，专家得分平均值均大于 3.6，说明专家对二级指标的重要性达成共识。其中，专家在"资源禀赋"这个二级指标项的（Q_+-Q_-）值为 0，说明专家对"资源禀赋"这个二级指标意见集中度最高，表明所有专家都认为资源禀赋是公共图书馆制度影响力评价体系二级指标中最重要的指标。专家在"议题显著性""制度层级""制度属性""执行主体""目标群体""运行机制""调控具体工作""统筹城乡布局""发挥图书馆价值""用户获得感""价值认同感"和"社会能见度"等 12 个二级指标的（Q_+-Q_-）值为 1，说明专家对这 12 个二级指标意见集中度良好。这一结果表明，这 12 个二级指标是构成公共图书馆制度影响力评价体系相对重要的内容。专家在"制度环境"这个二级指标的（Q_+-Q_-）值为 2，说明专家对"制度环境"这个二级指标意见集中度一般，但还可以接受。综合以上数据，公共图书馆制度影响力评价体系的 14 个二级指标的专家意见咨询结果较好，暂时没有需要删除的指标。

表 4-5 公共图书馆制度影响力二级评价指标的专家意见适切度

二级指标	平均数	众数	中位数	Q_-	Q_+	Q_+-Q_-	集中度
C1 议题显著性	4.36	5	5	5	4	1	<1.8
C2 制度层级	4.36	5	4	5	4	1	<1.8
C3 制度属性	3.76	4	4	4	3	1	<1.8
C4 制度环境	3.88	4	4	3	5	2	>1.8

二级指标	平均数	众数	中位数	Q_-	Q_+	Q_+-Q_-	集中度
C5 执行主体	4.52	5	5	4	5	1	<1.8
C6 目标群体	4.08	4	4	4	5	1	<1.8
C7 资源禀赋	3.8	4	4	4	4	0	<1.8
C8 运行机制	4.24	4	4	5	4	1	<1.8
C9 调控具体工作	4.12	4	4	5	4	1	<1.8
C10 统筹城乡布局	3.88	5	4	5	4	1	<1.8
C11 发挥图书馆价值	4.2	5	4	5	4	1	<1.8
C12 用户获得感	4.36	5	5	5	4	1	<1.8
C13 价值认同感	4.32	5	5	5	4	1	<1.8
C14 社会能见度	4.16	4	4	5	4	1	<1.8

　　在公共图书馆制度影响力评价体系三级指标的专家意见咨询适切度中(参见表 4-6)，40 个三级指标得分平均值均大于 3.6。专家在"经济文化水平""宣传推广力度"和"用户满意度"这 3 个三级指标项的(Q_+-Q_-)值为 0，说明专家对这 3 个三级指标意见集中度最高，表明所有专家都认为这 3 个三级指标对于评价公共图书馆制度影响力来说非常重要。"响应国家战略""政府责任落实""实施细则"等 34 个三级指标项的(Q_+-Q_-)值为 1，说明专家对这 34 个三级指标的意见集中度良好。"文化需求程度""实现图书馆价值"和"资源可达性"这 3 个三级指标项的(Q_+-Q_-)值为 2，说明专家对这 3 个三级指标意见集中度一般，但还可以接受。综合以上分析，公

共图书馆制度影响力评价体系的 40 个三级指标的专家意见适切度较好，暂时不存在需要删除的指标项。

表 4-6 公共图书馆制度影响力三级评价指标的专家意见适切度

三级指标	平均数	众数	中位数	Q_	Q_+	Q_+-Q_	集中度
B1 响应国家战略	4.64	5	5	5	4	1	<1.8
B2 契合时代要求	4.52	5	5	5	4	1	<1.8
B3 颁布机构级别	4.6	5	5	5	4	1	<1.8
B4 制度类型	4.28	5	4	5	4	1	<1.8
B5 科学性	4.44	5	5	5	4	1	<1.8
B6 协调性	4.32	4 和 5	4	5	4	1	<1.8
B7 可行性	4.36	5	5	5	4	1	<1.8
B8 创新性	4.04	4	4	5	4	1	<1.8
B9 政府重视程度	4.6	5	5	5	4	1	<1.8
B10 经济文化水平	3.92	4	4	4	4	0	<1.8
B11 政府责任落实	4.56	5	5	5	4	1	<1.8
B12 政府部门合作	4.12	4	4	5	4	1	<1.8
B13 图书馆能动性	4.28	4 和 5	4	5	4	1	<1.8
B14 馆长综合素质	4.36	5	5	5	4	1	<1.8
B15 馆员职业素养	4.24	4	4	5	4	1	<1.8

续表

三级指标	平均数	众数	中位数	Q_	Q_+	Q_+-Q_	集中度
B16 文化需求程度	3.84	4	4	5	3	2	>1.8
B17 制度参与程度	3.72	4	4	3	4	1	<1.8
B18 财政资金保障	4.16	5	5	5	4	1	<1.8
B19 专业人员配置	4.4	5	4	5	4	1	<1.8
B20 宣传推广力度	4.04	4	4	4	4	0	<1.8
B21 完善立法	4.36	5	5	5	4	1	<1.8
B22 实施细则	4.44	5	5	5	4	1	<1.8
B23 监管考核	4.64	5	5	5	4	1	<1.8
B24 切实执行	4.4	5	5	5	4	1	<1.8
B25 核心及拓展业务	4.16	4	4	5	4	1	<1.8
B26 服务延伸及创新	4.2	4	4	5	4	1	<1.8
B27 图书馆特色活动	3.96	4	4	4	3	1	<1.8
B28 完善文化设施布局	4.12	4	4	4	3	1	<1.8
B29 城市高质量发展	3.88	4	4	5	4	1	<1.8
B30 基层基础设施建设	3.88	4	4	4	3	1	<1.8
B31 保障图书馆发展	4	4	4	5	4	1	<1.8

续表

三级指标	平均数	众数	中位数	Q_-	Q_+	Q_+-Q_-	集中度
B32 实现图书馆功能	4.04	5	4	5	3	2	>1.8
B33 用户满意度	4.4	4	4	4	4	0	<1.8
B34 感知有益性	4.24	4	4	5	4	1	<1.8
B35 资源可达性	4.2	5	4	5	3	2	>1.8
B36 满足公众文化需求	4.28	5	5	5	4	1	<1.8
B37 保障公民文化权益	4.32	5	4	5	4	1	<1.8
B38 图书馆价值认可度	4.32	5	5	5	4	1	<1.8
B39 信息公开	4.2	4	4	5	4	1	<1.8
B40 文化标志	4.28	4 和 5	4	5	4	1	<1.8

三、评价指标筛选

除了专家对评价指标重要性进行打分以外，本研究的德尔菲法问卷还对评价指标的"修改意见"向专家作了征询。

咨询结果如下：

（1）一级评价指标与二级评价指标的修改意见。各位专家对公共图书馆制度影响力评价指标体系中的一级评价指标和二级评价指标的合理性认可度较高，未提出直接修改意见。

（2）三级指标修改意见。专家对部分三级评价指标进行了增减处理，建议合并相关性较高的三级指标。

指标具体修订情况如下：

(1)三级指标"B25 核心及拓展业务"改为"B25 核心服务优化"。

(2)三级指标"B26 服务延伸及创新"与"B27 图书馆特色活动"存在交叉关系，将"B27 图书馆特色活动"删除，在"B26 服务延伸及创新"中加入"图书馆特色活动"这一内涵，并将"B26 服务延伸及创新"改为"B26 服务拓展与创新"。

(3)三级指标"B28 城市高质量发展"与"B29 基层基础设施建设"存在歧义，将"B28 城市高质量发展"改为"B28 城市图书馆高质量发展"；将"B29 基层基础设施建设"改为"B29 乡村图书馆建设水平"。

(4)三级指标"B31 保障图书馆发展"与二级指标"C9 调控具体工作"存在交叉关系，将二级指标"C11 发挥图书馆价值"下属的三级指标"B31 保障图书馆发展"删除。

(5)将"C9 调控具体工作"改为"C9 提升服务水平"。

(6)三级指标"B32 实现图书馆功能"与三级指标"B38 图书馆价值认可度"存在交叉关系，将二级指标"C11 发挥图书馆价值"下属的三级指标"B32 实现图书馆功能"删除，其内涵合并到"B35 图书馆价值认可度"中。

(7)在二级指标"C14 社会能见度"下增加三级指标"B38 公众知晓度"。

综合以上调整和修订意见，得到公共图书馆制度影响力评价的第二轮评价指标体系，由 3 个一级指标、13 个二级指标、38 个三级指标构成，其中一级指标"制度供给"共包含 4 个二级指标、10 个三级指标，一级指标"制度执行"共包含 4 个二级指标、14 个三级指标，一级指标"制度效果"共包含 5 个二级指标、14 个三级指标。

第3节　公共图书馆制度影响力评价指标权重赋值

根据最终确定的公共图书馆制度影响力评价指标体系，本节采用层次分析法对各个指标的权重进行计算。首先，对所采用的层次分析法进行具体说明，包括该方法的基本思路与计算步骤。其次，统计和整理专家和学者对公共图书馆制度影响力评价指标权重的打分情况，采用 MATLAB 软件进行指标权重计算，并对计算过程进行详细分析。

一、层次分析法原理

20 世纪 70 年代，美国运筹学家萨蒂(Saaty)首次提出层次分析法(Analytic Hierarchy Process，AHP)，到了 80 年代，我国学者开始在行为决策、绩效评价等多个学科和领域使用这一方法。公共图书馆制度影响力评价实质是对制度价值的评价，是基于一定主观判断展开的，很多指标无法直接用具体的数据进行观测。层次分析法可以将定量分析方法和定性分析方法有机结合，用数学形式解决主观偏好，将主观思维数理化，尤其适用于系统中某些因素缺乏定量数据或难以用完全定量分析方法处理的政策性较强或带有个人偏好的决策问题。① 其次，公共图书馆制度影响力评价指标体系构建是多层次的，是以复杂组合的形式出现的，层次分析法可以有效地拆解并分析这些"组合拳"，将此类有多准则结构或没有结构特性的复杂问题进行简化，即复杂的问题分解为多个明确的层次和具体的因素。有些指标资料获取难度大且难以直接量化，利用层次分析法

---

① 孙宏才，田平，王连芬. 网络层次分析法与决策科学[M]. 北京：国防工业出版社，2011：6.

可以先按照层次间的支配关系将不同因素或指标归结为不同层次，然后各个层次和各个元素之间构成比较矩阵，将元素进行两两比较，逐次确定最低层次相较于最高层次的重要程度。

公共图书馆制度影响力各评价指标之间具备一定的关联度，但是指标中有硬性指标，也有软性指标，统计性指标的客观数据可以直接被测量，而调查性主观指标却无法直接用定量的方法进行处理，因此需要通过一定的方法将主观思维数理化。其次，由于体系构建的多标准、多层次化决定了使用专家的主观评定法是无法科学客观地进行结果判断的。层次分析法的优势在于可以对公共图书馆制度影响力这一评价目标进行逐层分解，在每一个层次细化测量指标，再将相关指标的评判得分乘以权重最后得出图书馆制度的评价结果，同时该方法中的一致性检验环节可以降低主观干扰、纠正不一致观点，因此通过此方法构建的模型较为固定，适用于分析公共图书馆制度影响力评价指标体系。

二、构建层次结构模型

层次结构模型的构建决定了是否能够高质量完成评估工作。我们运用德尔菲法，通过两轮专家打分，筛选并确定了公共图书馆制度影响力的评价指标体系(参见图4-3)。在该体系中，公共图书馆制度影响力属于最高层级即目标层，一级指标和二级指标可以统称为中间层，其中一级指标也被称为准则层，二级指标属于次准则层，所有三级指标就是指标层或方案层。

根据已经建立的层次结构模型，通过比较影响同一层级的各因素之间的相对重要程度，构建两两比较判断的指标矩阵。采用1-9标度，参见表4-7。公共图书馆制度影响力评价指标体系一共构建了19个判断矩阵，构建矩阵的方法主要采用专家咨询，由25位专家依据自己的专业知识和理论素养对构建的指标矩阵进行打分判定。

74

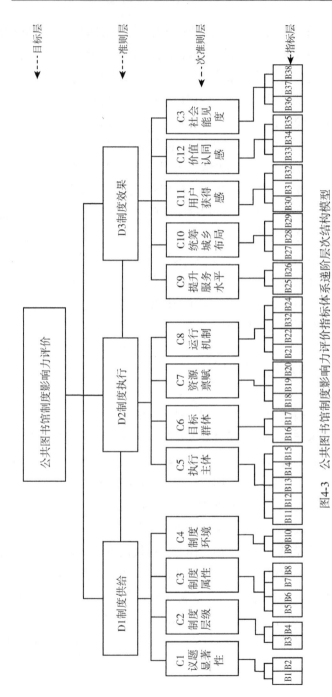

图4-3 公共图书馆制度影响力评价指标体系递阶层次结构模型

表 4-7　评价指标重要性比例标度值

标度	横列指标 i 比竖列指标 j
1	同样重要
3	稍微重要
5	较强重要
7	强烈重要
9	极端重要
2、4、6、8	表示上述相邻判断的中间值
倒数	竖列指标 j 与横列指标 i 的重要性之比为 1/a

三、评价指标权重赋值步骤

通过指标矩阵的构建，我们得出了每一个指标元素对应上一层级的权重值，接下来，根据图 4-3 构建的公共图书馆制度影响力评价指标体系递阶层次结构模型，经过逐层相乘计算，便可获得指标层所有三级指标对于目标层公共图书馆制度影响力的最终权重。

第一步：计算 $CI = \dfrac{\lambda_{max} - n}{n - 1}$

第二步：选定随机一致性指标 RI。对于 $n = 1$，2，3，$\cdots$，10，Saaty 给出了 1–10 阶的判断矩阵的 RI 值，见表 4-8。

表 4-8　平均随机一致性指标 RI 标准值

阶数	1	2	3	4	5	6	7	8	9	10
RI	0.00	0.00	0.58	0.90	1.12	1.24	1.32	1.41	1.45	1.49

第三步：计算一致性比例：$CR = CI \setminus RI$。一般认为，当 CI 的值越大时，表明构建的判断矩阵的一致性越强，越趋于合理。但在

实际操作中，判断矩阵有时候会受到随机偏离的影响，这时必须构建一致性评判指标 CR，将 CI 与随机一致性指标 RI 进行计算比较，以准确分析不同判断矩阵的一致性。当 $CR < 0.1$ 时，表明判断矩阵一致性较好，反之，则表明未通过一致性检验。

以一级评价指标判断矩阵为例（参见表4-9），该权重计算的具体步骤如下：

根据各指标的重要性对比，先计算判断矩阵中每一行元素的乘积：

$$m_{ij} = \prod_{j=1} a_{ij} = [\,2.3541,\ 1.4387,\ 0.2953\,]$$

然后，计算 m_i 的 n 次方根：

$$w_i^* = \sqrt[n]{m_i} = [\,1.3303,\ 1.1289,\ 0.6659\,]。$$

再对向量进行归一化处理得到权重：

$$w_i = w_i^* / \sum_{i=1}^{n} w_i^* = [\,0.4257,\ 0.3612,\ 0.2131\,]$$

其中，最大特征值 $\lambda_{\max}$ 的计算为：

$$\lambda_{\max} = \frac{1}{n} \sum_{i=1}^{n} \frac{(Aw)\,i}{w_i} = 3.0967$$

得到一致性指标 CI 为：

$$CI = \frac{\lambda_{\max} - n}{n - 1} = (3.0967 - 3)/(3 - 1) = 0.0483$$

当判断矩阵为3阶时，RI 为0.58。计算得到平均一致性为：

$$CR = CI/RI = 0.0483/0.58 = 0.0833 < 0.1$$

通过了一致性检验，得到目标层的判断矩阵。$\lambda_{\max} = 3.0967$，$CI = 0.0483$，$RI = 0.58$，$CR = 0.0833$，$CR < 0.1$，符合一致性。

基于所构建的公共图书馆制度影响力评价指标体系，本书共构建了19个指标判断矩阵，计算得出了各指标与所对应层级的相对权重。同时，经过一致性检验得出，所有指标矩阵的 CR 值均小于0.1，表明一致性较好，均通过一致性检验。

表 4-9　公共图书馆制度影响力一级评价指标判断矩阵

	D1 制度供给	D2 制度执行	D3 制度效果	W_i	一致性判断
D1 制度供给	1.00	1.61	1.47	0.4257	λ_{max} = 3.0967
D2 制度执行	0.62	1.00	2.31	0.3612	CI = 0.0483 CR = 0.0833,
D3 制度效果	0.68	0.43	1.00	0.2131	CR < 0.1 符合一致性

四、指标权重合成

通过指标矩阵的构建，我们得出了每一个指标元素对应上一层级的权重值，接下来，根据图 4-3 构建的公共图书馆制度影响力评价指标体系递阶层次结构模型，经过逐层相乘计算，便可获得指标层所有三级指标对于目标层公共图书馆制度影响力的最终权重。各层级指标权重和最终权重如表 4-10 所示。

表 4-10　公共图书馆制度影响力评价指标权重汇总计算结果

一级指标	权重	二级指标	相对权重	权重	排序	三级指标	相对权重	总权重	排序
D1 制度供给	0.4257	C1 议题显著性	0.3849	0.1416	2	B1 响应国家战略	0.6341	0.0898	1
						B2 契合时代发展	0.3659	0.0518	4
		C2 制度层级	0.3090	0.1137	3	B3 颁布机构级别	0.7115	0.0809	2
						B4 制度类型	0.2885	0.0328	10

一级指标	权重	二级指标	相对权重	权重	排序	三级指标	相对权重	总权重	排序
D1 制度供给	0.4257	C3 制度属性	0.1749	0.0644	9	B5 科学性	0.3907	0.0251	14
						B6 协调性	0.2425	0.0156	26
						B7 可行性	0.2390	0.0154	27
						B8 创新性	0.1278	0.0082	38
		C4 制度环境	0.1311	0.0483	11	B9 政府重视程度	0.7842	0.0378	8
						B10 经济文化水平	0.2158	0.0104	32
D2 制度执行	0.3612	C5 执行主体	0.4160	0.1583	1	B11 政府责任落实	0.3909	0.0619	3
						B12 政府部门合作	0.1786	0.0283	12
						B13 图书馆能动性	0.1446	0.0229	15
						B14 馆长综合素质	0.1864	0.029	11
						B15 馆员职业素养	0.0995	0.0157	25
D3 制度效果	0.2131	C6 目标群体	0.1750	0.0666	7	B16 文化需求程度	0.7194	0.0479	5
						B17 制度参与程度	0.2806	0.0187	22
		C7 资源禀赋	0.2132	0.0811	4	B18 财政资金保障	0.5753	0.0467	6

续表

一级指标	权重	二级指标	相对权重	权重	排序	三级指标	相对权重	总权重	排序
D3 制度效果	0.2131	C7 资源禀赋	0.2132	0.0811	4	B19 专业人员配置	0.2817	0.0228	16
						B20 宣传推广力度	0.1430	0.0116	31
		C8 运行机制	0.1958	0.0745	5	B21 完善立法	0.295	0.0220	18
						B22 实施细则	0.2767	0.0206	19
						B23 监管考核	0.2391	0.0178	23
						B24 切实执行	0.1892	0.0141	28
		C9 提升服务水平	0.2684	0.0675	6	B25 核心服务优化	0.5868	0.0396	7
						B26 服务拓展与创新	0.4132	0.0279	13
		C10 统筹城乡布局	0.1488	0.0374	12	B27 完善文化设施布局	0.5277	0.0197	20
						B28 城市图书馆高质量发展	0.2481	0.0093	35
						B29 乡村图书馆建设水平	0.2243	0.0084	37
		C11 用户获得感	0.2642	0.0665	8	B30 用户满意度	0.5179	0.0344	9
						B31 感知有用性	0.2957	0.0197	21
						B32 资源可达性	0.1865	0.0124	30

续表

一级指标	权重	二级指标	相对权重	权重	排序	三级指标	相对权重	总权重	排序
D3制度效果	0.2131	C12价值认同感	0.1926	0.0484	10	B33满足公众文化需求	0.4637	0.0225	17
						B34保障公民文化权益	0.3297	0.0160	24
						B35图书馆价值认可度	0.2066	0.0100	33
		C13社会能见度	0.1260	0.0317	13	B36信息公开	0.4355	0.0138	29
						B37文化标志	0.2956	0.0094	34
						B38公众知晓度	0.2689	0.0085	36

第4节 公共图书馆制度影响力评价指标体系确定

按照上述分析结果，对初步构建的公共图书馆制度影响力评价指标体系进行修正，最终形成了公共图书馆制度影响力评价指标体系。具体包括两个方面：基于事实维度的公共图书馆制度影响力影响因素类指标体系(2个一级指标、8个二级指标、24个三级指标)；基于价值维度公共图书馆制度影响力结果反馈类指标体系(1个一级指标、5个二级指标，14个三级指标)。整个公共图书馆制度影响力评价指标体系共计3个一级指标、13个二级指标、38个三级指标。如图4-4及表4-11所示。

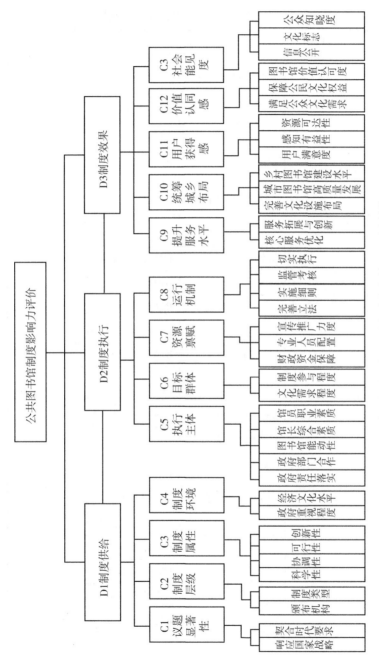

图 4-4　公共图书馆制度影响力评价指标体系的层次结构

<h3 style="text-align:center">表 4-11　公共图书馆制度影响力评价指标体系</h3>

维度	一级指标	二级指标	三级指标
事实维度	D1 制度供给	C1 议题显著性	B1 响应国家战略
			B2 契合时代要求
		C2 制度层级	B3 颁布机构
			B4 制度类型
		C3 制度属性	B5 科学性
			B6 协调性
			B7 可行性
			B8 创新性
		C4 制度环境	B9 政府重视程度
			B10 经济文化水平
	D2 制度执行	C5 执行主体	B11 政府责任落实
			B12 政府部门合作
			B13 图书馆能动性
			B14 馆长综合素质
			B15 馆员职业素养
		C6 目标群体	B16 文化需求程度
			B17 制度参与程度
		C7 资源禀赋	B18 财政资金保障
			B19 专业人员配置
			B20 宣传推广力度
		C8 运行机制	B21 完善立法
			B22 实施细则
			B23 监管考核
			B24 切实执行

续表

维度	一级指标	二级指标	三级指标
价值维度	D3 制度效果	C9 提升服务水平	B25 核心服务优化
			B26 服务拓展与创新
		C10 统筹城乡布局	B27 完善文化设施布局
			B28 城市图书馆高质量发展
			B29 乡村图书馆建设水平
		C11 用户获得感	B30 用户满意度
			B31 感知有益性
			B32 资源可达性
		C12 价值认同感	B33 满足公众文化需求
			B34 保障公民文化权益
			B35 图书馆价值认可度
		C13 社会能见度	B36 信息公开
			B37 文化标志
			B38 公众知晓度

第5章 公共图书馆制度影响力
评价实证分析

基于专家打分构建的公共图书馆制度影响力评价指标体系，虽具有一定的权威性和科学性，但专家样本较少，且打分不可避免受个人主观因素影响。本章旨在进一步扩大调查样本数量和范围，运用定量分析的实证方法，验证和应用所构建的评价指标体系。

具体思路如下：首先，以公共图书馆制度影响力评价指标体系为基础，提出假设，构建公共图书馆制度影响力评价指标假设模型，依据各个测量变量设计调查问卷。面向社会公众投放问卷，借助Amos23.0软件运用结构方程模型（SEM），检验所收集到的数据的信度和效度，验证收集到数据的可靠性和与问卷测量问题的契合性，并对相关假设进行验证，以验证所构建的评价指标体系的科学性，并得到不同评价指标与公共图书馆制度影响力之间的作用关系；其次，选取对公共图书馆制度较为了解的图书馆从业人员、用户和领域专家为调查对象，运用模糊综合评价法，对公共图书馆制度影响力评价指标体系进行实际应用，并得到我国公共图书馆制度影响力的现状；最后，分析实证结果，将制度影响力评价指标的作用关系与制度影响力现状结果进行对比分析，找到目前公共图书馆制度影响力表现的主要矛盾和突出问题，为后续公共图书馆制度影响力提升策略的构建提供实证参考。

第 1 节 公共图书馆制度影响力作用关系分析

本节根据前文构建的公共图书馆制度影响力评价指标体系，提出制度供给、制度执行、制度效果与公共图书馆制度影响力的作用关系路径研究假设，构建研究假设模型。

一、研究假设和模型

1. 研究假设

美国政策学家 T. B. Smith 认为，科学的制度本身是制度执行的前提，如果制度不匹配甚至相悖，制度内容超前或滞后，都会导致制度实施失败或阻塞。[①] 陈美等（2023）在对我国地方政府开放数据制度评价时发现，合理的制度设计能够对制度运行起积极引导作用。[②] 余昕（2017）认为，政策制定过程如果具有较高的民主性、科学性，政策执行效率就会较高，就一定能够收到良好的政策效果，顺利实现图书馆改革目标。[③] 在专家访谈所得的资料中，专家 08 表示，"公共图书馆制度如果是全国人大制定的，那肯定是非常有权威性的，影响力肯定更强一点"；专家 23 表示，"制度的全面性，会对制度影响力的发挥起到一定作用"。

基于上述分析，本研究作出如下假设：

H1：制度供给正向影响公共图书馆制度执行。

① 彭川宇，刘月. 政府数据开放政策三维分析框架构建及实证研究[J]. 图书情报工作，2021(6)：12-22.

② 陈美，郝志豪，曹语嫣. 我国地方政府开放数据制度评价与运行效果研究[J]. 图书情报工作，2023(8)：18-29.

③ 余昕. 我国图书馆政策评估的困境及其突破[J]. 图书馆建设，2017(6)：93-99.

H2：制度供给正向影响公共图书馆制度效果。

H3：制度供给可以提升公共图书馆制度影响力。

制度的生命力在于执行与落实。本研究的制度执行维度具体包括人(执行主体和目标群体)、财物(资源禀赋)和制度工具(运行机制)。其中，公共图书馆制度的执行主体涉及当地政府、各级公共图书馆以及公共图书馆相关工作人员，目标群体是指公众对公共图书馆的需求程度和公共图书馆制度的参与程度。公共图书馆制度执行主体与公共图书馆制度目标群体之间的作用过程是一个相互调适的过程，公共图书馆制度影响力的有效发挥程度取决于他们之间相互调适的程度。资源禀赋是公共图书馆制度得以有效执行的客观条件，包括财物资源、人力资源和宣传推广资源。运行机制是公共图书馆制度执行的重要抓手，李玲等(2022)认为长效的运行机制能够保证各项改革策略顺利实施，并对制度效果产生正向影响。[①] 岳楠等(2018)对公共图书馆绩效评价时发现，市级公共图书馆流通人次的增加受馆内从业人员影响。[②] 在专家访谈中，专家 26 表示，"馆员的职业能力不到位，也会降低制度执行层面的影响力"，"制度执行不到位，可能它影响力就降低"；专家 29 表示，"经费不够，制度是很难落实的"；专家 12 表示，"把制度落实到位，服务质量自然就提升了"。

基于上述分析，本研究作出如下假设：

H4：制度执行正向影响公共图书馆制度效果。

H5：制度执行可以提升公共图书馆制度影响力。

制度效果是制度制定和执行后对制度既定目标实现程度的主要判断标准。本研究分别从公共图书馆自身业务状况、公共图书馆事业布局、公众满意度和公共图书馆社会参与度的角度出发，将公共图书馆制度效果分为：提升服务水平、统筹城乡布局、用户获得

---

① 李玲，孙倩文，黄宸. 民族地区青壮年推普政策执行评估指标体系构建——基于整体性治理理论[J]. 民族教育研究，2022(4)：106-115.

② 傅才武，岳楠. 公共文化服务体系建设中财政增量投入的约束条件——以县级公共图书馆为中心的考察[J]. 中国图书馆学报，2018(4)：19-39.

感、价值认同感和社会能见度。樊莲香（2020）通过实证研究发现，政策本身、执行机关、政策环境、政策对象是影响我国体育服务产业政策效果的主要因素。① 在专家访谈中，专家01表示，"制度实施的效果就是其最直接影响力"；专家21表示，"我理解的制度影响力，是通过图书馆的一些具体的服务来展现的制度影响"。

基于上述分析，本研究作出如下假设：

H6：制度效果可以提升公共图书馆制度影响力。

2. 假设模型

根据研究假设，构建公共图书馆制度影响力假设概念模型，如5-1所示，进一步探讨公共图书馆制度影响力评价指标与公共图书馆制度影响力之间的作用关系。

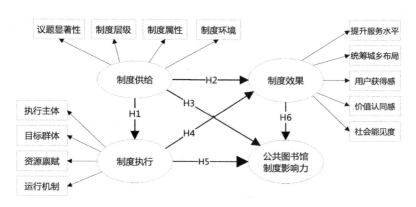

图 5-1　公共图书馆制度影响力评价指标假设模型

二、问卷设计与数据收集

根据研究目标与假设模型，通过向社会公众发放问卷的形式收

---

① 樊莲香，孙传方，庄巍. 治理视域下学校体育政策执行过程机制研究[J]. 体育学刊，2020(6)：75-81.

集数据，以此作为本研究实证分析的数据来源。

1. 调查问卷设计

根据前文专家访谈内容和相关参考文献，在语言表述上进行修改和适度筛选，最终形成公共图书馆制度影响力评价指标作用关系测量量表，参见表 5-1。完整的调查问卷主要由调研对象基本信息、对公共图书馆制度的认知情况、公共图书馆制度影响力评价指标作用关系的假设性描述问题共同组成。问卷共设计 29 个问题，问题中的选项采用李克特五级量表的形式，从"非常不同意"到"非常同意"，分别对应数字 1 至 5，程度逐渐增加。

表 5-1　公共图书馆制度影响力评价指标作用关系量表设计

变量	测量问题	编号	参考文献及专家 访谈原始语句
D1 制度 供给	公共图书馆制度方案越具有必要性，越有利于公共图书馆制度的制定	D11	匡兵（2018）①
	公共图书馆制度层级（包括颁布机构和发文类型）越具有权威性，越有利于公共图书馆制度的制定	D12	章文光（2019）②、谭春辉等（2022）③
	公共图书馆制度内容科学全面，正向影响公共图书馆制度的制定	D13	杨代福和李松霖（2016）④

①　匡兵．耕地休耕政策评估及优化研究[D]．武汉：华中科技大学，2018.

②　章文光，闫蓉．基于三维量化视角的中国创新政策计量分析[J]．上海行政学院学报，2019(5)：58-69.

③　谭春辉，梁远亮，魏温静．基于四维分析视角的我国科技人才评价政策文本计量与优化[J]．情报科学，2022(3)：63-71.

④　杨代福，李松霖．社会政策执行力及其影响因素的定量分析：以重庆市户籍改革为例[J]．社会主义研究，2016(2)：100-108.

续表

变量	测量问题	编号	参考文献及专家访谈原始语句
D1 制度供给	地区政治经济文化水平越高，越有利于公共图书馆制度的制定	D14	Walker J L（1969）①、杨玉珍（2016）②
	公共图书馆制度的制定影响制度的执行	D15	陈美等（2023）③
	公共图书馆制度的制定影响制度效果	D16	余昕（2017）④
	公共图书馆制度的科学制定可以提升制度影响力	D17	羽凡等（2023）⑤
D2 制度执行	执行主体责任落实越到位，越有利于公共图书馆制度执行	D21	汤志伟和敖雪妮（2013）⑥、傅才武和岳楠（2018）⑦

① Walker J L. The Diffusion of Innovations Among the American States［J］. American Political Science Review，1969，63（3）：880-899.

② 杨玉珍. 传统农区三权分置政策执行的风险及影响因素［J］. 中州学刊，2016(12)：36-41.

③ 陈美，郝志豪，曹语嫣. 我国地方政府开放数据制度评价与运行效果研究［J］. 图书情报工作，2023(8)：18-29.

④ 余昕. 我国图书馆政策评估的困境及其突破［J］. 图书馆建设，2017(6)：93-99.

⑤ 于帆等. 我国图书馆文旅融合政策的扩散模式研究［J］. 图书馆建设，2023(3)：59-69.

⑥ 汤志伟，敖雪妮. 网络信息政策执行影响因素的仿真与建模研究［J］. 科技管理研究，2013(22)：233-236，241.

⑦ 傅才武，岳楠. 公共文化服务体系建设中财政增量投入的约束条件——以县级公共图书馆为中心的考察［J］. 中国图书馆学报，2018(4)：19-39.

续表

变量	测量问题	编号	参考文献及专家访谈原始语句
D1 制度 供给	目标群体文化需求度越大，越有利于公共图书馆制度执行	D22	何静（2015）①、杨玉珍（2016）、王玮等（2021）②
	财政支持、制度宣传等措施越到位，越有利于公共图书馆制度执行	D23	郑石明等（2020）③、叶兰（2019）④、杨玉珍（2016）
	实施细则、监管评估等运行机制越完善，越有利于公共图书馆制度执行	D24	丁煌（2002）⑤、杨代福和李松霖（2016）
	贯彻执行公共图书馆制度，有利于发挥制度效果	D25	马静（2021）⑥
	贯彻执行公共图书馆制度，有利于提升制度影响力	D26	专家26：公共图书馆制度执行不到位，影响力就会降低。

①　何静. 学前教育市场化过程中政府责任研究［D］. 成都：西南交通大学，2017.

②　王玮，郑石明. 科技成果转化政策实施的网络分析——以西安光机所为例. 科技管理研究，2021（23）：39-47.

③　郑石明，伍以加，邹克. 科技和金融结合试点政策有效吗？——基于双重差分法的研究［J］. 中国软科学，2020（1）：49-58.

④　叶兰. 国外大学图书馆科研评价服务研究［J］. 大学图书馆学报，2019（1）：105-114.

⑤　丁煌. 提高政策执行效率的关键在于完善监督机制［J］. 云南行政学院学报，2002（5）：33-36.

⑥　马静. 乡村旅游政策演进与执行效力评价研究［D］. 武汉：中南财经政法大学，2021.

变量	测量问题	编号	参考文献及专家访谈原始语句
D3 制度 效果	公共图书馆整体服务水平越高，表明公共图书馆制度影响力越大	D31	雷勇（2022）①、柯平（2019）②
	城乡公共图书馆文化服务布局越完善，表明公共图书馆制度影响力越大	D32	周珏（2012）③
	用户体验感越好，满意度越高，表明公共图书馆制度影响力越大	D33	陈喜强等（2022）④、卢春龙（2014）⑤
	公众对公共图书馆的价值认同感越高，表明公共图书馆制度影响力越大	D34	石亚洲和张方译（2019）⑥
	公共图书馆的社会地位越高，表明公共图书馆制度影响力越大	D35	杜跃平和马晶晶（2016）⑦
	公共图书馆制度效果越好，表明公共图书馆制度影响力越大	D36	专家01：制度实施的效果是公共图书馆制度最直接影响力。

① 雷勇. 全民阅读背景下公共图书馆服务效能提升策略研究[J]. 图书馆，2022(8)：99-104.

② 柯平，张海梅，张蓝. 公共图书馆事业管理的"三驾马车"——政策法律、发展规划与评估定级[J]. 图书馆理论与实践，2019(8)：32-38，69.

③ 周珏. 农村社区公共文化活动建设的政府支持问题探索[J]. 云南行政学院学报，2012(6)：21-22.

④ 陈喜强，姚芳芳，马双. 区域一体化政策、要素流动与居民获得感提升——基于政策文本的量化分析[J]. 经济理论与经济管理，2022(6)：96-112.

⑤ 卢春龙. 我国农民对农村公共文化服务的满意度调查——来自全国九个省市的发现[J]. 中国政法大学学报，2014(2)：59-66.

⑥ 石亚洲，张方译. 多民族国家建构国家认同的关键维度与政策路径[J]. 中央民族大学学报(哲学社会科学版)，2019(4)：16-26.

⑦ 杜跃平，马晶晶. 政府促进创业的公共政策和服务的效果评估与分析——陕西省西安市、宝鸡市、咸阳市创业者调查[J]. 软科学，2016(1)：31-35.

续表

变量	测量问题	编号	参考文献及专家访谈原始语句
D4 公共图书馆制度影响力	公共图书馆制度能够提高全民文化素养	D41	严贝妮和卫玉婷（2021）①
	公共图书馆制度能够促进文化发展及社会发展	D42	李国新（2021）②
	您对公共图书馆制度影响力的整体评价	D43	申晓娟（2015）③

2. 样本数据收集

数据收集以线上线下发放调查问卷调查的方式同时展开，问卷发放时间为 2023 年 3 月至 2023 年 5 月，历时 2 个月。采用随机抽样原则，调研对象主要为公共图书馆从业人员和用户。本次调研累计发放问卷 933 份，回收 879 份，有效问卷 790 份，有效问卷回收率为 89.9%。从整体上来看，样本覆盖全国 27 个省市（见图 5-2），具备一定的多样性和代表性，对于公共图书馆制度影响力的制约因素有较大的解释力度。

在公共图书馆制度影响力评价指标框架中，共有 4 项指标需要通过问卷调查获取数据，调查内容包括"公共图书馆制度供给""公共图书馆制度执行""公共图书馆制度效果"和"公共图书馆制度影响力"。在样本数量选择时，Hair 等学者认为最小样本量至少是测

①　严贝妮，卫玉婷．加拿大公共图书馆参与文化扶贫的研究与启示[J]．图书情报工作，2021（2）：126-136.

②　李国新．健全人民文化权益保障制度，促进公共图书馆高质量发展——《佛山市公共图书馆管理办法》的特色与亮点[J]．图书馆论坛，2021（7）：27-28.

③　申晓娟．面向公共图书馆服务体系建设的图书馆事业政策研究[D]．武汉：武汉大学，2013.

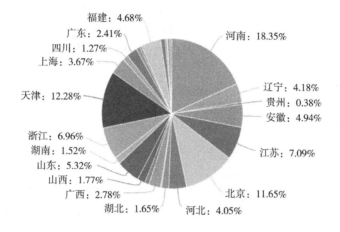

图 5-2　公共图书馆制度影响力结构量表样本地区分布

量题项的 5 倍,① Schwab 提出理想状态下最小样本量应在测量题项的 10~20 倍,② 国内学者吴明隆提出如果追求稳定的结构方程模型分析结果,样本数最好在 200 个以上。③ 公共图书馆制度影响力制约因素调查问卷共 29 项题目,据测算本问卷回收数量应为 200 份以上,实际回收有效问卷 790 份,远超理论样本数量。

为了解受访者基本特征,本节将从受访者性别、年龄、教育程度以及职业等方面对样本概况进行描述(参见表 5-2)。从性别上看,男性占 54.2%,女性占 45.8%,男性比例高于女性。从年龄结构上看,35 岁以下受访者占 59.4%,35~54 岁受访者占 37.9%,55 岁及以上受访者占 2.7%,表明受访者以青年群体为主。从受教育程度上看,专科占 33.5%,本科 35.3%,硕士研究生占 18.5%,博士研究生占 3.9%,其他占 8.97%。受访者以本科学历居多,也

93

①　Hair J F, Black W C, Babin B J, et al. Multivariate Data Analysis[M]. Pearson Education Limited, 2014: 101.

②　Schwab D P. Construct Validity in Organization Behavior: In Research in Organizational Behavior[M]. CT: JAI Press, 1980.

③　吴明隆. 结构方程模型——SIMPLIS 应用[M]. 台北:台北五南图书出版公司, 2006: 7.

不乏具有研究生学历的受访者，整体受教育程度较高。从职业上看，图书馆员占 23.3%，学生占 21.3%，教师占 14.8%，公务员占 12.9%，企业员工及个体工商户占 18.9%，其他占 8.7%。

表 5-2 样本基本信息描述性统计

项目	类别	样本数	百分比(%)
性别	男	428	54.18
	女	362	45.82
年龄	18~24 岁	155	19.62
	25~34 岁	314	39.75
	35~44 岁	224	28.35
	45~54 岁	76	9.62
	55 岁及以上	21	2.66
受教育程度	初中及以下	9	1.14
	高中/中专/技校	60	7.59
	大学专科	279	33.54
	大学本科	265	35.32
	硕士研究生	146	18.48
	博士研究生	31	3.92
职业	教师	117	14.81
	学生	168	21.27
	图书馆馆员	184	23.29
	公务员	102	12.91
	企业员工及个体工商户	150	18.99
	其他	69	8.73

问卷的第二部分设计 2 个题目对公共图书馆制度的社会认知情况进行调查(参见表 5-3)。表 5-3 显示，多数受访者只是大概知道公共图书馆制度但并不十分了解，总体上对公共图书馆制度的了解

程度不高。在对公共图书馆制度了解途径的调查中，"公共图书馆宣传""使用公共图书馆的经历""大众媒体宣传"是公众了解公共图书馆制度的主要途径，说明公共图书馆对自身制度的宣传工作相对到位，后续仍需加强政府宣传，注重提高公共图书馆制度在社会公众中的口碑效应。

表 5-3　公共图书馆制度了解情况统计

项目	类别	样本数	百分比(%)
是否了解公共图书馆制度	十分了解	138	17.47
	知道并清楚	202	25.57
	大概知道	325	41.14
	听说过，但不清楚	125	15.82
	完全不知道	0	0
通过哪些途径了解公共图书馆制度	大众媒体(电视新闻、网络资讯等)	385	48.73
	政府宣传	292	36.96
	公共图书馆宣传	409	51.77
	周围人告知	241	30.51
	工作或学习经历	347	43.92
	使用公共图书馆经历	387	48.99

三、模型检验与分析

借助 Amos 23.0 软件，对变量测量指标做描述性统计分析、信度和效度检验、主成分因子分析和检验性因子分析，对模型进行检验，并对检验结果进行分析，为后续公共图书馆制度影响力提升策略提供实证依据。

1. 描述性统计分析

对变量测量指标的均值进行描述有助于了解指标的集中趋势，对变量测量指标的方差和标准差进行描述有助于了解指标的离散趋势。本研究对各测量指标的描述如表 5-4 所示。Kline 认为，各测量变量的偏度绝对值应均在 2 以下，小于标准值 3；峰度绝对值应均在 1 以下，小于标准值 10。① 可见，本研究的调查样本数据服从正态分布，不存在多重共线性的问题，可进行以下统计分析。从公共图书馆制度影响力 22 个具体测量指标来看，其均值在 3.88—4.219，内部差异相对较小。制度供给维度下，7 个测量指标的均值在 3.984 到 4.18 之间，最高的是"公共图书馆制度的科学制定可以提升制度影响力"，最低的是"公共图书馆制度方案越具有必要性，越有利于公共图书馆制度的制定"。7 个指标的标准差在 0.832 到 1.038 之间。制度执行维度下，6 个测量指标的均值在 4.001 到 4.219 之间，最高的是"贯彻执行公共图书馆制度，有利于提升制度影响力"，最低的是"执行主体责任落实越到位，越有利于公共图书馆制度执行"。6 个指标的标准差在 0.851 到 0.977 之间。制度效果维度下，6 个测量指标的均值在 3.987 到 4.185 之间，最高的是"城乡公共图书馆文化服务布局越完善，表明公共图书馆制度影响力越大"，最低的是"公众对公共图书馆的价值认同感越高，表明公共图书馆制度影响力越大"。6 个指标的标准差在 0.86 到 0.951 之间。制度影响力维度下，3 个测量指标的均值在 3.88 到 4.081 之间，最高的是"公共图书馆制度能够促进文化发展及社会发展"，最低的是"公共图书馆制度能够提高全民文化素养"。3 个指标的标准差在 0.934 到 1.014 之间。

---

① Kline R B. Principles and Practice of Structural Equation Modeling[M]. New York：The Guilford Press，1998.

表 5-4　测量指标描述性统计

变量名	最大值	最小值	平均值	标准差	中位数	方差	峰度	偏度
D11	5	1	3.984	1.038	4	1.078	0.61	-1.036
D12	5	1	4.005	0.985	4	0.971	0.632	-0.959
D13	5	1	3.99	1.006	4	1.011	0.611	-0.999
D14	5	1	4.061	0.932	4	0.868	0.481	-0.913
D15	5	1	4.135	0.869	4	0.756	0.588	-0.892
D16	5	1	4.051	0.906	4	0.821	0.383	-0.817
D17	5	1	4.18	0.832	4	0.693	0.715	-0.915
D21	5	1	4.001	0.977	4	0.954	0.438	-0.886
D22	5	1	4.113	0.894	4	0.8	0.43	-0.862
D23	5	1	4.065	0.928	4	0.861	0.356	-0.853
D24	5	1	4.104	0.903	4	0.816	0.201	-0.827
D25	5	1	4.219	0.851	4	0.724	0.434	-0.929
D26	5	1	4.142	0.859	4	0.738	0.353	-0.83
D31	5	1	4.066	0.922	4	0.85	0.617	-0.909
D32	5	1	4.185	0.86	4	0.739	0.575	-0.941
D33	5	1	4.157	0.872	4	0.761	0.752	-0.953
D34	5	1	3.987	0.951	4	0.905	0.102	-0.745
D35	5	1	4.106	0.883	4	0.78	-0.048	-0.729
D36	5	1	4.047	0.896	4	0.803	0.17	-0.739
D41	5	1	3.88	1.014	4	1.029	0.376	-0.846
D42	5	1	4.081	0.934	4	0.873	0.892	-1.012
D43	5	1	3.946	0.964	4	0.929	0.595	-0.879

2. 信度与效度检验

信度检验的目的在于检验样本数据是否真实可靠。[①] 信度通常代表了测量结果的可靠性程度，即测量量表能否准确测量公共图书馆制度影响力的水平，换言之，就是测量受访者是否真实地回答了调查问卷的各个题项，因而在各类信度分析中，内部一致性信度用于检验量表中各题项是否测量了同一内容，或在多大程度上测量了相同的内容。内部一致性信度是调查问卷信度分析中最常用的方法之一，具体方法是通过计算出 Cronbach's α 来判断量表的信度水平。

一般而言，系数与变量对应的测量题项和样本个数有关，对应的题项越多，样本数量越大时，系数值就越大。学界普遍认为系数在 0.8 以上说明量表具有良好的信度，在 0.7 到 0.8 之间表明量表信度较好，在 0.6 以上都是可以接受的范围。经过数据分析得知（参见表 5-5），公共图书馆制度影响力制约因素量表的系数是 0.933，充分表明量表中 22 个测量条目对于公共图书馆制度影响力的测量具有较高的稳定性和可靠性。

表 5-5　测量量表总体信度检验结果

Cronbach's α 系数	标准化 Cronbach's α 系数	项数	样本数
0.933	0.933	22	790

分别对公共图书馆制度影响力 4 个维度的内部一致性进行信度检验（参见表 5-6），得到公共图书馆制度供给测量量表的系数是 0.840，制度执行测量量表的系数是 0.825，制度效果测量量表的系数是 0.826，制度影响力量表的系数是 0.821，四个维度均达到了 0.8 的检验标准，证明每个维度测量题项的内部一致性具有较高水平。22 个具体测量指标的 CR 值均大于 0.7，证明每个维度测量

---

① 袁方. 社会研究方法教程［M］. 北京：北京大学出版社，2013：139.

题项的内部一致性具有较高水平。

表 5-6　各维度量表的信度检验结果

	删除项后的平均值	删除项后的方差	删除的项与删除项后的总体的相关性	删除项后的 *Cronbach's* α 系数	各维度 *Cronbach's* α 系数
d11	85.519	154.247	0.635	0.93	0.840
d12	85.497	155.467	0.622	0.93	
d13	85.513	155.591	0.602	0.93	
d14	85.442	157.241	0.582	0.931	
d15	85.367	159.041	0.543	0.931	
d16	85.452	157.662	0.581	0.931	
d17	85.323	158.812	0.582	0.931	
d21	85.501	156.529	0.582	0.931	0.825
d22	85.39	157.498	0.598	0.93	
d23	85.438	156.759	0.606	0.93	
d24	85.399	157.632	0.585	0.93	
d25	85.284	158.576	0.579	0.931	
d26	85.361	158.429	0.58	0.931	
d31	85.437	156.578	0.619	0.93	0.826
d32	85.318	158.326	0.585	0.93	
d33	85.346	158.074	0.587	0.93	
d34	85.515	156.339	0.608	0.93	
d35	85.396	157.74	0.595	0.93	
d36	85.456	157.79	0.583	0.931	
d41	85.623	154.093	0.659	0.929	0.821
d42	85.422	155.501	0.658	0.929	
d43	85.557	155.091	0.654	0.929	

效度分析是检验测量量表的题项是否准确有效，其目的在于检验量表题项是否能够有效地测量研究者所需要测量的变量，效度越高，表明测量结果越能显示测量内容的真正特征。[1] 在使用探索性因子分析法进行效度分析时，通常情况下 KMO 值>0.7，且 Bartlett 球形检验中 $p<0.05$，表示量表达到显著水平，说明可以进一步作因子分析。本研究利用 Amos23.0 进行公共图书馆制度影响力的探索性因子分析（参见表 5-7），共 22 项测量项，其 KMO 值为 0.943，大于 0.70，近似卡方值为 8087.62，Bartlett 球形检验的显著性水平为 0.000，（P<0.01），表明样本数据具有较好的结构效度，本研究量表适合进行因子分析。

表 5-7　*KMO* 和 *Bartlett* 球形检验

KMO 检验和 *Bartlett* 的检验		
KMO 取样适切性量数	0.943	
Bartlett 球形度检验	近似卡方	8087.62
	自由度（df）	231
	显著性（Sig.）	0.000 ***

注：$^{*}p<0.05$, $^{**}p<0.01$, $^{***}p<0.001$。

3. 因子分析

采用主成分分析法提取公因子。公因子载荷反映测量项与各公因子的关联强度，是公因子对测量项变异量的解释程度。参见表 5-8。各因子最大载荷值均大于 0.5 表示非常显著，且各测量题项跨因素载荷值均小于 0.4，表明量表具有良好的聚合效度和区别效度。公共图书馆制度影响力各个测量指标在四个维度上的标准化因子载荷系数分布于 0.715 到 0.818 之间，22 个题项的标准化因子

---

① 风笑天. 社会研究方法 [M]. 北京：中国人民大学出版社，2018：108.

载荷系数均大于 0.5，证明 22 个题项对所在维度都具有较高的解释力，说明问卷效度较好。同时，各维度的聚敛效度一般通过 AVE 值来反映，当 AVE 值>0.5 时，说明被潜在变量误差较小，具有良好的收敛效度，由表 7-7 可以看出，AVE 值均在标准值 0.5 以上，说明本研究量表具有较好的聚敛效度。

表 5-8　因子分析结果

变量	测量题项	标准化因子载荷	CR	AVE
公共图书馆制度供给	D11	0.812	0.840	0.530
	D12	0.818		
	D13	0.785		
	D14	0.723		
	D15	0.793		
	D16	0.715		
	D17	0.735		
公共图书馆制度执行	D21	0.762	0.825	0.539
	D22	0.765		
	D23	0.788		
	D24	0.767		
	D25	0.742		
	D26	0.752		
公共图书馆制度效果	D31	0.779	0.826	0.542
	D32	0.752		
	D33	0.765		
	D34	0.775		
	D35	0.767		
	D36	0.751		

101

变量	测量题项	标准化因子载荷	*CR*	*AVE*
公共图书馆制度影响力	D41	0.784	0.821	0.604
	D42	0.766		
	D43	0.781		

　　其次，按照划分的维度提取公因子，得到累积方差解释结果，参见表 5-9。累计方差解释率达到 57.517%，符合学术界大于 50% 的最低标准的规定，说明提取保留的因素较为理想。因此，可以得出本次调查问卷获取的数据的因子分析结果与起初设计的划分为公共图书馆制度供给、公共图书馆制度执行、公共图书馆制度效果三个维度的公共图书馆制度影响力评价指标体系基本吻合，因此，调查问卷中各个变量之间的结构设计是合理的，模型建构效果在可接受范围内。

表 5-9　公共图书馆制度影响力结构模型量表解释的总方差

成分	起始特征值			提取			旋转载荷平方和		
	总计	分比	累加%	总计	分比	累加%	总计	分比	累加%
1	9.172	41.691	41.691	9.172	41.691	41.691	3.857	17.532	17.532
2	1.271	5.777	47.469	1.271	5.777	47.469	3.415	15.521	33.053
3	1.122	5.098	52.567	1.122	5.098	52.567	2.704	12.29	45.343
4	1.089	4.951	57.517	1.089	4.951	57.517	2.678	12.175	57.517
5	0.944	4.292	61.81						
6	0.909	4.13	65.94						
7	0.863	3.924	69.864						
8	0.648	2.946	72.809						
9	0.625	2.84	75.649						
10	0.577	2.623	78.272						

续表

成分	起始特征值			提取			旋转载荷平方和		
	总计	分比	累加%	总计	分比	累加%	总计	分比	累加%
11	0.521	2.369	80.64						
12	0.506	2.298	82.938						
13	0.474	2.153	85.091						
14	0.445	2.024	87.115						
15	0.416	1.889	89.004						
16	0.412	1.871	90.874						
17	0.39	1.774	92.648						
18	0.362	1.646	94.294						
19	0.347	1.575	95.869						
20	0.319	1.452	97.321						
21	0.306	1.39	98.711						
22	0.284	1.289	100						

由上述分析结果可知，本研究采用的公共图书馆制度影响力调查问卷的信效度达到相关要求，可以开展后续的相关研究。

4. 结构模型检验

根据前文对公共图书馆制度影响力评价指标体系的构建，将公共图书馆制度影响力的结构方程模型设置为 22 个外生显变量（D11，D12…D17，D21，D22…D26，D31…D36，D41…D43）对 3 个外生潜变量（D1 制度供给，D2 制度执行，D3 制度效果）来测量 1 个内生潜变量（公共图书馆制度影响力）。根据结构方程模型的设计，模型还应包括各外生潜变量的残差变量及 28 条初始假设路径，这 28 条路径显示了 22 个外生显变量通过个 3 外生潜变量对 1 个内生潜变量产生的影响关系（参见图 5-3），公共图书馆制度影响力的结构方程模型必须基于该路径图才能合理构建。

103

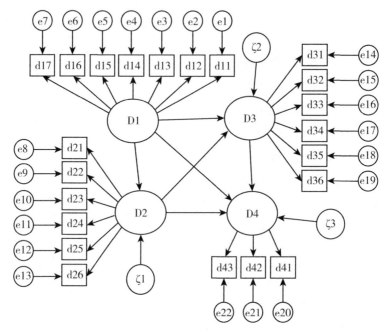

图 5-3　公共图书馆制度影响力评价指标结构方程路径图

利用验证性因子分析的方法（Confirmatory Factor Analysis,
CFA）来检验本研究量表建构效度的真实性，同时检验公共图书馆
制度影响力评价指标假设模型与实际调研数据的契合程度。验证性
因子分析是针对调查数据的分析方法，这种方法主要用于检验某一
因子与对应变量之间关系与研究假设是否符合。其基本思路是以本
研究的理论为基础建立假设并进行阐述，构建变量之间关系的模
型，随后通过验证性因子分析检验各观测变量之间预设关系是否与
调研数据具有一致性。

表 5-10　检验性因子分析模型拟合结果

拟合度指标	关键值（建议值）	模型指标	符合
MLM X^2	越小越好	818.271	
DF	越大越好	203	

续表

拟合度指标	关键值(建议值)	模型指标	符合
X^2/df	$1 < X^2/df < 3$ 最佳	1.4746	符合
CFI	>0.9	0.987	符合
TLI	>0.9	0.972	符合
RMSEA	<0.08	0.062	符合
SRMR	<0.08	0.047	符合

　　检验性因子的模型拟合度指标如表 5-10 所示。当 $1 < X^2/df < 3$ 时，表明模型拟合程度好，本研究中 $X^2/df = 1.4746$，表明理论模型与数据具有较好的契合度；CFI 取值范围为 0 到 1，当 CFI>0.9 时模型可以接受，其值越接近于 1，模型的拟合程度越高，本研究中 CFI = 0.987；非标准化拟合指数 TLI，当 TLI>0.9 时，表明模型拟合度较好，本研究 TLI = 0.972；近似误差均方根 RMSEA，RMSEA 的双侧置信区间上限在 0.08 以下，说明模型拟合的较好，本研究中 RMSEA = 0.062；标准化均方根误差 SRMR 的取值范围为 0 到 1，数值越小表明模型的拟合程度越好，一般认为小于 0.08 的 SRMR 值是一个好的拟合指标，本研究中 SRMR = 0.047。因此，模型的拟合度指标较好。

　　基于结构模型图，对各个变量之间的关系通过路径系数及其显著性检验结果，模型计算后的潜在变量的系数估计结果参见表 5-11。结果显示，公共图书馆制度影响力模型支持了所有假设检验，其路径系数的显著性检验都是 $p < 0.001$ 水平下显著(用*** 表示)，C. R. 的绝对值均大于参考值 1.96，说明所有假设均得到了支持。

　　公共图书馆制度影响力结构方程模型证实了公共图书馆制度影响力评价指标要素对公共图书馆制度影响力的重要地位，且结构方程模型的各项拟合指标符合评价标准。模型最终的结构方程路径及路径系数如图 5-4 所示。

表 5-11 公共图书馆制度影响力结构模型假设检验结果

			Estimate	S.E.	C.R.	P
D2 制度执行	←	D1 制度供给	0.857	0.062	13.816	***
D3 制度效果	←	D1 制度供给	0.553	0.081	6.797	***
D3 制度效果	←	D2 制度执行	0.486	0.076	6.376	***
D4 制度影响力	←	D1 制度供给	0.433	0.112	3.849	***
D4 制度影响力	←	D3 制度效果	0.472	0.099	4.788	***
D4 制度影响力	←	D2 制度执行	0.337	0.105	3.207	0.001
D1 制度供给	←	D14 制度环境	1.099	0.074	14.931	***
D1 制度供给	←	D13 制度属性	1.305	0.081	16.119	***
D1 制度供给	←	D12 制度层级	1.339	0.08	16.707	***
D1 制度供给	←	D11 议题显著性	1.4	0.084	16.6	***
D2 制度执行	←	D24 运行机制	1.076	0.067	15.972	***
D2 制度执行	←	D23 资源禀赋	1.142	0.07	16.395	***
D2 制度执行	←	D22 目标群体	1.062	0.067	15.93	***
D2 制度执行	←	D21 执行主体	1.155	0.073	15.869	***
D3 制度效果	←	D32 提升服务质量	0.895	0.055	16.289	***
D3 制度效果	←	D33 统筹城乡规划	0.926	0.056	16.577	***
D3 制度效果	←	D34 用户获得感	1.026	0.061	16.81	***
D3 制度效果	←	D35 价值认同感	0.94	0.057	16.623	***
D3 制度效果	←	D36 社会能见度	0.932	0.057	16.281	***
D4 制度影响力	←	D42 提高文化素养	0.901	0.042	21.436	***
D4 制度影响力	←	D43 促进文化发展	0.947	0.043	21.873	***

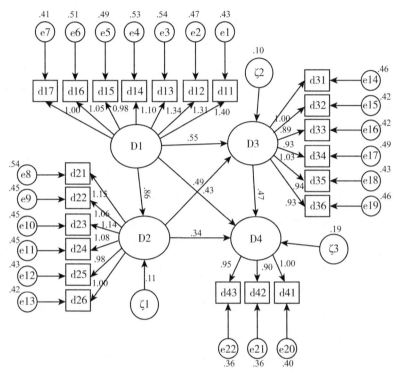

图 5-4　公共图书馆制度影响力评价指标路径系数图

　　总体影响方面：D3 制度效果>D1 制度供给>D2 制度执行，作用的路径系数分别是 0.472、0.433、0.337，并且显著性都达到了 0.001 的显著水平。说明制度效果维度对公共图书馆制度影响力的正向影响作用最显著，其次为制度供给维度和制度执行维度。假设"H3：制度供给可以提升公共图书馆制度影响力""H5：制度执行可以提升公共图书馆制度影响力""H6：制度效果可以提升公共图书馆制度影响力"均得到了验证。

　　公共图书馆制度供给维度方面：依据数据结果，在一级指标的相互关系中，D1 制度供给与 D2 制度执行、D1 制度供给与 D3 制度效果之间均存在显著的正相关关系，作用的路径系数分别是 0.857 和 0.553，并且显著性都到达了 0.001 的显著水平。说明制度供给维度对制度执行维度的正向影响作用最显著。假设"H1：制度供给正向影响公共图书馆制度执行""H2：制度供给正向影响公共图书馆制度效果"均得到了验证。在二级指标对一级指标的关系中，按照对公共图书馆 D1 制度供给的影响大小进行排序：C1 议题显著性>C2 制度层级>C3 制度内容>C4 制度环境，作用的路径系数分别是 1.40、1.34、1.31、1.10，并且显著性都达到了 0.001 的显著水平。

公共图书馆制度执行维度方面：在一级指标的相互关系中，D2 制度执行与 D3 制度效果之间存在显著的正相关关系，作用的路径系数是 0.486，并且显著性到达了 0.001 的显著水平。说明制度执行维度对制度效果维度具有正向显著影响。假设"H4：制度执行正向影响公共图书馆制度效果"得到了验证。在二级指标对一级指标的关系中，按照对公共图书馆 D2 制度执行的影响大小进行排序：C5 执行主体>C7 资源禀赋>C8 运行机制>C6 目标群体，作用的路径系数分别是 1.15、1.14、1.08、1.06，并且显著性都达到了 0.001 的显著水平。

公共图书馆制度效果维度方面：依据数据结果，在二级指标对一级指标的关系中，按照对公共图书馆 D3 制度效果的影响大小进行排序：C12 价值认同感>C9 提升服务水平>C13 社会能见度>C11 用户获得感>C10 统筹城乡布局，作用的路径系数分别是 1.03、1.00、0.94、0.93、0.89，并且显著性都达到了 0.001 的显著水平。

第 2 节　公共图书馆制度影响力现状评价

本小节运用模糊综合评价法对评价指标体系的应用效果、可靠性、普适性进行检验，同时对公共图书馆制度影响力现状进行综合评价，得出制度影响力具体分数，并对结果进行分析，以全面了解我国公共图书馆制度影响力的现状及水平。

一、模糊综合评价法及适用性

模糊综合评价法(Fuzzy Comprehensive Evaluation, FCE)具有结果清晰、系统性强的特点。模糊综合评价法通过模糊集合来确定各因素的隶属度,将难以量化的指标通过隶属度进行定量量化并形成模糊判断矩阵,再由模糊运算得到综合评判结果。公共图书馆制度影响力评价过程较为复杂,指标具有多源化的特征,数据获取有一定的难度。具体表现为:有些指标缺少科学、规范和统一的数据支持,难以衡量,具有极强的模糊性,其中还涉及很多主观性数据,这些指标受主体认知、思维判断的影响较重,无法得到具体的数值,数据获取的困难和主观性感知使得公共图书馆制度影响力评价具有一定的模糊性,很难对其进行精准的评价。另外,公共图书馆制度的影响力具有动态发展性的特点,其制定、执行和效果是不断发展变化的,影响力指标好坏与否没有严格的数学界定。利用模糊综合评价法能够解决公共图书馆制度影响力评价指标难以量化、数据难以采集等问题。进一步将模糊综合评价与层次分析法相结合,通过对指标隶属度的分析,对受到多种因素制约的事物或对象进行模糊综合评判,可以进一步优化指标体系。

二、公共图书馆制度影响力现状评价与分析

对所构建的公共图书馆制度影响力评价指标体系进行实际应用,以检验评价指标体系的适切性,同时可得到我国公共图书馆制度影响力的实况表现。

1. 数据收集

考虑到部分社会公众对公共图书馆制度的了解和熟悉程度不高,为提高评价结果的科学性和可信性,本研究选取公共图书馆用户、图书馆员和专家为调查对象。原因如下:其一,图书馆学专家深耕图书馆专业,甚至一些图书馆学家参与并制订了公共图

书馆制度的前期设计工作，对公共图书馆制度理解较深，能够全局性地明晰图书馆制度目标，了解公共图书馆制度设计的初衷，从而站在专业的角度对公共图书馆制度进行全面、系统的评价；其二，图书馆馆员是制度执行主体，在具体的实践过程中对公共图书馆制度的实施细则等方面有更深层次的理解，且对各项制度的实施情况和具体效果较为了解，能够进行明确的打分。其三，公共图书馆用户是重要的制度参与者，对各项制度在图书馆内的实施情况有着较为准确的实际感受，能够反映公众的真实需求，具有广泛代表性。

正式调研通过线上调查的方式，向河南、江苏、浙江、北京、天津、广东和湖北等地区的公共图书馆用户、馆员和专家发放问卷。基于公共图书馆制度影响力评价指标体系，问卷共设计 41 个问题，第一部分为受访者基本信息，第二部分为受访者对公共图书馆制度影响力的感知，由受访者根据主观感受，对公共图书馆制度影响力在不同维度的表现进行"优秀、良好、一般、差、非常差"的打分，并将每一个选项赋予 1～5 分。本研究问卷收集时间为 2023 年 6 月至 2023 年 8 月，共收集问卷 395 份，剔除无效问卷后，最终获得有效问卷 381 份，问卷回收率为 96.5%。数据样本的基本信息参见表 5-12。

表 5-12　公共图书馆制度影响力模糊综合评价数据样本信息统计

类别	选项	受访人数	占比
性别	男	153	40.16%
	女	228	59.84%
年龄	18～24 岁	53	13.91%
	25～34 岁	204	53.54%
	35～44 岁	95	24.93%
	45～54 岁	23	6.05%
	55 岁及以上	6	1.57%

类别	选项	受访人数	占比
受教育程度	初中及以下	9	2.36%
	高中/中专/技校	60	15.75%
	大学专科	99	25.98%
	大学本科	91	23.88%
	硕士研究生	101	26.52%
	博士研究生	21	5.51%
职业	教师	35	9.19%
	学生	107	28.08%
	图书馆馆员	118	30.97%
	公务员	69	18.11%
	企业员工及个体工商户	24	6.30%
	其他	28	7.35%

2. 评价步骤

首先确定问题中被评判的对象，建立对象集 $X = \{X_1, X_2, X_3, \cdots, X_n\}$；其次确定被评判对象的因素集合 $U = \{U_1, U_2, U_3, \cdots, U_n\}$ 和评价集合 $V = \{V_1, V_2, \cdots, V_n\}$；然后通过层次分析法计算因素集合的判断矩阵权向量 A；确定每个对象的隶属度矩阵，通过隶属度矩阵与权向量矩阵得到模糊综合评价结果 B，$B = A * R$，(U, V, A, R) 便构成了综合评判模型。模糊综合评价公共图书馆制度影响力现状的具体实施步骤如下：

（1）确定对象集 X：

$$X = \{X_1, X_2, X_3, \cdots, X_n\}$$

（2）确定因素集 U：

$$U = \{U_1, U_2, U_3, \cdots, U_n\}$$

（3）确定评价集 V：

111

$$V = \{V_1, \ V_2, \ V_3, \ V_4, \ V_5\}$$

（4）确定评价因素的权向量：

根据层次分析法计算，评价因素的权向量：$A = \{A_1, \ A_2,$ $A_3, \cdots, \ A_n\}$。

（5）建立隶属度矩阵 R：

确定不同对象的模糊评价隶属度，得到每个对象的隶属度矩阵。

$$R = \begin{Bmatrix} r_{11} & r_{12} & \cdots & r_{1n} \\ r_{21} & r_{22} & & r_{2n} \\ \vdots & & \ddots & \vdots \\ r_{n1} & r_{n1} & \cdots & r_{nn} \end{Bmatrix} \tag{5-1}$$

其中，r_{ni} 矩阵中，b_{i1} 至 b_{i5} 代表对五个评价等级的隶属度。

$$r_{ni} = \begin{Bmatrix} b_{i1} \\ b_{i2} \\ b_{i3} \\ b_{i4} \\ b_{i5} \end{Bmatrix} \tag{5-2}$$

（6）计算各指标得分：

为了避免使用最大隶属度原则导致信息丢失、评价结果出现误差的情况，本研究使用加权平均的方法求隶属等级，并根据等级对多个评价对象进行排序。

$$B = A * R = (w_1 \ w_2 \cdots w_n) * \begin{bmatrix} r_{11} & r_{12} & \cdots & r_{1n} \\ r_{21} & r_{22} & & r_{2n} \\ \vdots & & \ddots & \vdots \\ r_{n1} & r_{n1} & \cdots & r_{nn} \end{bmatrix} = (b_1, \ b_2, \ \cdots, \ b_n)$$

$$\tag{5-3}$$

其中 b_i 表示该隶属度矩阵对应的对象对 V_j 等级模糊子集的隶属程度。计算出的 B 即为模糊评价的结果。

3. 评价结果

对公共图书馆制度影响力的现状进行评价，将一级评价因素集记为 U，则有：

$U = \{U_1, U_2, U_3\}$ =（制度供给，制度执行，制度效果）

评语集为 $V = \{V_1, V_2, V_3, V_4, V_5\}$ = {非常差，差，一般，良好，优秀}，结合回收问卷结果，数据参见表 5-13。

表 5-13　公共图书馆制度影响力模糊综合评价问卷数据统计结果

指标层	非常差	差	一般	良好	优秀
B1 响应国家战略	2	13	66	162	138
B2 契合时代发展	1	13	101	154	112
B3 颁布机构	1	16	80	161	123
B4 制度类型	0	17	101	160	103
B5 科学性	2	19	62	161	137
B6 协调性	1	12	105	160	103
B7 可行性	1	16	88	169	107
B8 创新性	2	26	101	139	113
B9 政府重视程度	5	17	85	138	136
B10 经济文化水平	4	19	99	174	85
B11 政府责任落实	4	15	83	148	131
B12 政府部门合作	1	22	109	153	96
B13 图书馆能动性	3	23	84	156	115
B14 馆长综合素质	1	13	89	167	111
B15 馆员职业素养	3	12	91	166	109
B16 文化需求程度	2	17	78	140	144
B17 制度参与程度	4	29	118	131	99
B18 财政资金保障	3	16	69	176	117

113

指标层	非常差	差	一般	良好	优秀
B19 专业人员配置	1	26	100	154	100
B20 宣传推广力度	1	28	106	150	96
B21 完善立法	1	22	89	138	131
B22 实施细则	3	16	131	139	92
B23 监管考核	1	19	111	149	101
B24 切实执行	0	13	111	156	101
B25 核心服务优化	3	12	91	143	132
B26 服务拓展与创新	4	13	119	161	84
B27 完善文化设施布局	5	17	84	150	125
B28 城市图书馆高质量发展	3	18	109	156	95
B29 乡村图书馆建设水平	5	30	109	143	94
B30 用户满意度	2	16	71	156	136
B31 感知有用性	1	14	117	150	99
B32 资源可达性	0	16	95	152	118
B33 满足公众文化需求	2	22	76	148	133
B34 保障公民文化权益	1	16	110	156	98
B35 图书馆价值认可度	1	11	99	154	116
B36 信息公开	3	14	80	139	145
B37 文化标志	4	11	105	156	105
B38 公众知晓度	4	28	103	141	105

各指标的计算结果如表 5-14 所示。

表 5-14　模糊综合评价三级评价指标隶属度及得分

指标层	非常差	差	一般	良好	优秀	得分
B1 响应国家战略	0.0052	0.0341	0.1732	0.4252	0.3622	4.10

指标层	非常差	差	一般	良好	优秀	得分
B2 契合时代发展	0.0026	0.0341	0.2651	0.4042	0.2940	3.95
B3 颁布机构	0.0026	0.0420	0.2100	0.4226	0.3228	4.02
B4 制度类型	0.0000	0.0446	0.2651	0.4199	0.2703	3.92
B5 科学性	0.0052	0.0499	0.1627	0.4226	0.3596	4.08
B6 协调性	0.0026	0.0315	0.2756	0.4199	0.2703	3.92
B7 可行性	0.0026	0.0420	0.2310	0.4436	0.2808	3.96
B8 创新性	0.0052	0.0682	0.2651	0.3648	0.2966	3.88
B9 政府重视程度	0.0131	0.0446	0.2231	0.3622	0.3570	4.01
B10 经济文化水平	0.0105	0.0499	0.2598	0.4567	0.2231	3.83
B11 政府责任落实	0.0105	0.0394	0.2178	0.3885	0.3438	4.02
B12 政府部门合作	0.0026	0.0577	0.2861	0.4016	0.2520	3.84
B13 图书馆能动性	0.0079	0.0604	0.2205	0.4094	0.3018	3.94
B14 馆长综合素质	0.0026	0.0341	0.2336	0.4383	0.2913	3.98
B15 馆员职业素养	0.0079	0.0315	0.2388	0.4357	0.2861	3.96
B16 文化需求程度	0.0052	0.0446	0.2047	0.3675	0.3780	4.07
B17 制度参与程度	0.0105	0.0761	0.3097	0.3438	0.2598	3.77
B18 财政资金保障	0.0079	0.0420	0.1811	0.4619	0.3071	4.02
B19 专业人员配置	0.0026	0.0682	0.2625	0.4042	0.2625	3.86
B20 宣传推广力度	0.0026	0.0735	0.2782	0.3937	0.2520	3.82
B21 完善立法	0.0026	0.0577	0.2336	0.3622	0.3438	3.99
B22 实施细则	0.0079	0.0420	0.3438	0.3648	0.2415	3.79
B23 监管考核	0.0026	0.0499	0.2913	0.3911	0.2651	3.87
B24 切实执行	0.0000	0.0341	0.2913	0.4094	0.2651	3.91
B25 核心服务优化	0.0079	0.0315	0.2388	0.3753	0.3465	4.02
B26 服务拓展与创新	0.0105	0.0341	0.3123	0.4226	0.2205	3.81
B27 完善文化设施布局	0.0131	0.0446	0.2205	0.3937	0.3281	3.98

续表

指标层	非常差	差	一般	良好	优秀	得分
B28 城市图书馆高质量发展	0.0079	0.0472	0.2861	0.4094	0.2493	3.85
B29 乡村图书馆建设水平	0.0131	0.0787	0.2861	0.3753	0.2467	3.76
B30 用户满意度	0.0052	0.0420	0.1864	0.4094	0.3570	4.07
B31 感知有用性	0.0026	0.0367	0.3071	0.3937	0.2598	3.87
B32 资源可达性	0.0000	0.0420	0.2493	0.3990	0.3097	3.98
B33 满足公众文化需求	0.0052	0.0577	0.1995	0.3885	0.3491	4.02
B34 保障公民文化权益	0.0026	0.0420	0.2887	0.4094	0.2572	3.88
B35 图书馆价值认可度	0.0026	0.0289	0.2598	0.4042	0.3045	3.98
B36 信息公开	0.0079	0.0367	0.2100	0.3648	0.3806	4.07
B37 文化标志	0.0105	0.0289	0.2756	0.4094	0.2756	3.91
B38 公众知晓度	0.0105	0.0735	0.2703	0.3701	0.2756	3.83

根据表 5-14 可以得到 C1 议题显著性的模糊矩阵：

$$R_{C1} = \begin{bmatrix} 0.0052 & 0.0341 & 0.1732 & 0.4252 & 0.3622 \\ 0.0026 & 0.0341 & 0.2651 & 0.4042 & 0.2940 \end{bmatrix}$$

其权重 $A_{C1} = (0.6341, 0.3659)$

根据公式(5-3) 可得：

$B_{C1} = (0.0043, 0.0341, 0.2068, 0.4175, 0.3372)$

议题显著性得分为 $F_{C1} = B_{C1} * V^T = 4.05$

同理可得各个二级指标的隶属度及得分，参见表 5-15。

表 5-15　模糊综合评价二级评价指标隶属度及得分

指标层	非常差	差	一般	良好	优秀	得分
C1 议题显著性	0.0043	0.0341	0.2068	0.4175	0.3372	4.05
C2 制度层级	0.0015	0.0461	0.2356	0.4207	0.2961	3.96

指标层	非常差	差	一般	良好	优秀	得分
C3 制度属性	0.0040	0.0459	0.2195	0.4196	0.3111	3.99
C4 制度环境	0.0126	0.0458	0.2310	0.3826	0.3281	3.97
C5 执行主体	0.0070	0.0439	0.2354	0.4078	0.3058	3.96
C6 目标群体	0.0067	0.0535	0.2342	0.3608	0.3448	3.98
C7 资源禀赋	0.0056	0.0539	0.2179	0.4359	0.2866	3.94
C8 运行机制	0.0036	0.0470	0.2888	0.3788	0.2818	3.89
C9 提升服务水平	0.0090	0.0326	0.2692	0.3949	0.2944	3.93
C10 统筹城乡布局	0.0118	0.0529	0.2515	0.3935	0.2903	3.90
C11 用户获得感	0.0035	0.0404	0.2338	0.4028	0.3194	3.99
C12 价值认同感	0.0038	0.0466	0.2414	0.3986	0.3096	3.96
C13 社会能见度	0.0094	0.0443	0.2456	0.3794	0.3213	3.96

结合问卷数据，通过模糊统计，确定各个一级指标对评价集的隶属度，可分别建立三个一级指标制度供给、制度执行、制度效果的模糊关系矩阵如下：

$$R_{D1} = \begin{bmatrix} 0.0043 & 0.0341 & 0.2068 & 0.4175 & 0.3372 \\ 0.0015 & 0.0461 & 0.2356 & 0.4207 & 0.2961 \\ 0.0040 & 0.0459 & 0.2195 & 0.4196 & 0.3111 \\ 0.0126 & 0.0458 & 0.2310 & 0.3826 & 0.3281 \end{bmatrix}$$

$$R_{D2} = \begin{bmatrix} 0.0070 & 0.0439 & 0.2354 & 0.4078 & 0.3058 \\ 0.0067 & 0.0535 & 0.2342 & 0.3608 & 0.3448 \\ 0.0056 & 0.0539 & 0.2179 & 0.4359 & 0.2866 \\ 0.0036 & 0.0470 & 0.2888 & 0.3788 & 0.2818 \end{bmatrix}$$

$$R_{D3} = \begin{bmatrix} 0.0090 & 0.0326 & 0.2692 & 0.3949 & 0.2944 \\ 0.0118 & 0.0529 & 0.2515 & 0.3935 & 0.2903 \\ 0.0035 & 0.0404 & 0.2338 & 0.4028 & 0.3194 \\ 0.0038 & 0.0466 & 0.2414 & 0.3986 & 0.3096 \\ 0.0094 & 0.0443 & 0.2456 & 0.3794 & 0.3213 \end{bmatrix}$$

以 R_1 为例，$[0.0043\ \ 0.0341\ \ 0.2068\ \ 0.4175\ \ 0.3372]$ 代表 0.0043 的人认为二级指标议题显著性非常差、0.0341 的人认为差、0.2068 的人认为一般、0.4175 的人认为良好、0.3372 的人认为优秀。

在得出一级指标模糊关系矩阵的基础上，可根据公式 $B = A * R$ 得到各一级指标的模糊子集向量。

其中各一级指标的权重分别为：

$A_{D1} = (0.3849,\ 0.3090,\ 0.1749,\ 0.1311)$

$A_{D2} = (0.4160,\ 0.1750,\ 0.2132,\ 0.1958)$

$A_{D3} = (0.2684,\ 0.1488,\ 0.2642,\ 0.1926,\ 0.1260)$

故制度供给、制度执行、制度效果的模糊子集向量分别为：

$B_{D1} = (0.0045,\ 0.0414,\ 0.2211,\ 0.4143,\ 0.3187)$

制度供给得分为 $F_{D1} = 4.00$

$B_{D2} = (0.0060,\ 0.0483,\ 0.2419,\ 0.3999,\ 0.3039)$

制度执行得分为 $F_{D2} = 3.95$

$B_{D3} = (0.0070,\ 0.0419,\ 0.2489,\ 0.3955,\ 0.3067)$

制度效果得分为 $F_{D3} = 3.95$

根据上述计算结果，得到公共图书馆制度影响力总体的评价矩阵：

$$R = \begin{bmatrix} 0.0045 & 0.0414 & 0.2211 & 0.4143 & 0.3187 \\ 0.0060 & 0.0483 & 0.2419 & 0.3999 & 0.3039 \\ 0.0070 & 0.0419 & 0.2489 & 0.3955 & 0.3067 \end{bmatrix}$$

其权重 $A = (0.3680,\ 0.3804,\ 0.2516\ )$

采用乘法计算，获得最终总体模糊评价集：

$M = (0.0057,\ 0.0442,\ 0.2360,\ 0.4041,\ 0.3101)$

因此，可以得出公共图书馆制度影响力现状最终得分：

$$F = 1 * 0.0057 + 2 * 0.0442 + 3 * 0.2360 + 4 * 0.4041 +$$
$$5 * 0.3101 = 3.97$$

结果显示，公共图书馆制度影响力现状总体得分 3.97 分，处于一般水平(3 分)，接近于良好(4 分)，总体水平有待提高。

第 3 节　公共图书馆制度影响力实证结果对比分析

总的来说，基于评价指标体系提出的研究假设均通过检验，并通过对评价指标体系的实际应用，得到了一个较为可信的评价结果，说明我们提出的公共图书馆制度影响力评价指标体系具有一定科学性、可操作性和实用性。经进一步对比剖析，可得出以下五项主要结论。

一、制度效果(D3)是影响公共图书馆制度影响力的关键维度，但得分最低

按照对公共图书馆制度影响力的作用大小进行排序：制度效果(D3)>制度供给(D1)>制度执行(D2)，作用的路径系数分别是0.472、0.433、0.337。模糊综合评价结果显示：制度供给(D1)得分(4.00)高于制度执行(D2)得分(3.95)、制度效果(D3)得分(3.95)，表明目前我国公共图书馆制度供给(D1)水平整体高于制度执行(D2)和制度效果(D3)。

这一结果显示，制度供给(D1)得分最高，说明公共图书馆制度的制定符合国家文化战略要求和时代发展要求，制度的科学性、可行性、协调性和创新性方面表现良好。而对公共图书馆制度影响力作用关系最显著的制度效果(D3 得分)并不高，与制度执行(D2)得分持平，处于一般水平。这说明目前我国公共图书馆制度效果总体水平有待提高，想要进一步提升公共图书馆制度影响力，必须进一步强化公共图书馆制度效果的表现，既要重视制度对公共图书馆

119

的直接表现，又要关注制度对社会和公众的间接表现，从加强地方政府和各级公共图书馆对制度的贯彻落实入手，切实贯彻好、执行好、落实好公共图书馆制度，才能更好体现公共图书馆制度效果，彰显公共图书馆价值。

二、议题显著性（C1）对制度供给（D1）的影响较为显著，得分最高

按照对公共图书馆制度供给（D1）的影响大小进行排序：议题显著性（C1）>制度层级（C2）>制度属性（C3）>制度环境（C4），作用的路径系数分别是 1.40、1.34、1.31、1.10。模糊综合评价结果显示："C1 议题显著性"（4.05 分）、"C3 制度属性"（3.99 分）、"C4 制度环境"（3.97 分）、"C2 制度层级"（3.96 分）。

这一结果显示，议题显著性（C1）对制度供给（D1）的影响最显著，且得分最高，说明目前我国公共图书馆制度论证相对充分，不管是从国家战略的理论层面还是时代发展要求的实践层面，都对公共图书馆制度的建构进行了全方位思考与现实关怀，以敏锐审视、深入理解和精准定位对公共图书馆制度作出了科学拟定。制度层级（C2）对制度供给（D1）的影响较为显著，但得分最低，这说明《中华人民共和国公共图书馆法》的宣传普及度还不够高，尽管该法律的层级较高，但人们仍然认为公共图书馆制度的层级较低，这就是人们认识水平与实际制度的偏差，需要进一步提升公共制度的权威性、强制性和普及程度，健全完善《中华人民共和国公共图书馆法》的配套法律法规和政策，以提高制度影响力的强度和广度。

三、执行主体（C5）对制度执行（D2）的影响较为显著，得分最高

按照对公共图书馆制度执行（D2）的影响大小进行排序：执行主体（C5）>资源禀赋（C6）>运行机制（C7）>目标群体（C8），作用的路径系数分别是 1.15、1.14、1.08、1.06。模糊综合评价结果显

示："C6 目标群体"(3.98 分)、"C5 执行主体"(3.96 分)、"C7 资源禀赋"(3.94 分)、"C8 运行机制"(3.89 分)。

这一结果显示，执行主体(C5)对制度执行(D2)的影响最显著，得分相对较高，说明目前我国公共图书馆制度的执行人员的专业素质和综合水平较高，接下来可以进一步完善图书馆专业人才队伍建设，进一步凸显制度执行人员对制度影响力发挥的重要作用。资源禀赋(C6)对制度执行(D2)的影响也较为显著，但得分低于公共图书馆制度影响力总体得分(3.97)，说明政府对公共图书馆制度建设的重视程度和财政资金保障程度仍需进一步提高。"C8 运行机制"(3.89 分)得分最低，说明我国公共图书馆制度在具体实施细则、监管考核以及相关立法等运行机制方面仍需完善，需进一步加强支撑公共图书馆制度发展的体制机制，更好激发制度价值的释放。

四、提升服务水平(C9)对制度效果(D3)的影响较为显著，但得分较低

按照对公共图书馆制度效果(D3)的影响大小进行排序：价值认同感(C12)>提升服务水平(C9)>社会能见度(C13)>用户获得感(C11)>统筹城乡布局(C10)，作用的路径系数分别是 1.03、1.00、0.94、0.93、0.89。模糊综合评价结果显示："C11 用户获得感"(3.99 分)、"C12 价值认同感"(3.96 分)、"C13 社会能见度"(3.96 分)、"C11 提升服务水平"(3.93 分)、"C10 统筹城乡布局"(3.90 分)。

这一结果显示，价值认同感(C12)对制度效果(D3)的影响最显著，且得分最高，说明公共图书馆制度在保障公民文化权益方面表现良好，公众对公共图书馆制度的价值认可度也较高，为进一步提升公共图书馆制度在公众中的影响力打下了良好的基础。提升服务水平(C9)对制度效果(D3)的影响也较为显著，但总体得分偏低。公共图书馆服务水平是公共图书馆制度影响力最基础、最直接的体现，下一阶段要加强公共图书馆制度对公共图书馆服务水平的

引导和监督，提高公众对公共图书馆服务的满意度。"C10 统筹城乡布局"（3.90 分）在制度效果（D3）维度中得分最低，说明提高基层公共图书馆建设水平，不断完善城乡图书馆布局，以及东中西部公共文化事业和配套设施建设是目前提高公共图书馆制度影响力亟须解决的问题，也是真正实现公共图书馆事业的健康可持续发展必须要考虑的问题。

五、"实施细则""制度参与程度""乡村图书馆建设水平"等指标今后需要重点考虑

三级评价指标层中，得分最高的是"B1 响应国家战略"（4.10 分）、"B5 科学性"（4.08 分）、"B16 文化需求程度"（4.07 分）、"B30 用户满意度"（4.07 分）和"B36 信息公开"（4.07 分），说明公共图书馆制度在响应国家公共文化发展战略顶层设计、制度的科学性与合理性、制度满足公众文化需求、用户对制度的满意度、制度信息公开透明程度五个方面表现良好。三级评价指标中，得分后三位的分别为"B22 实施细则"（3.79 分）、"B17 制度参与程度"（3.77 分）、"B29 乡村图书馆建设水平"（3.76 分），说明这三方面是下一阶段公共图书馆制度安排需要着重改进的部分。

为此，一方面，需要将宏观的公共图书馆制度细分为具体的实施措施和手段，帮助公共图书馆制度切实执行和有效落地；另一方面，面对公众制度参与度不高的问题，要强化制度目标群体的参与意识，提升目标群体的参与能力，鼓励引导公众参与公共图书馆制度建设和实施过程中。尤其值得注意的是，现阶段存在公共图书馆制度信息公开程度高与公众制度参与程度差的矛盾现象，说明公共图书馆制度信息的公开透明并没有很好地激发公众参与制度工作的热情，接下来还需进一步打破公共图书馆与公众的认知壁垒，公共图书馆只有真正走入社会，真正走进公众的日常生活中，才能加深公众对公共图书馆制度重要性的认知。此外，各级政府仍需加大对公共图书馆事业的经费投入力度，扶持力度尤其要向西部地区、农村等基层地区倾斜，缩短城乡间的数字鸿沟。

第6章　高校图书馆政策影响力评价指标体系构建

由于我国至今尚未颁布《中华人民共和国高校图书馆法》，国家对高校图书馆事业的调控主要依托一些政策文件，如《普通高等学校图书馆规程》（2015）等，因此我们对高校图书馆制度影响力的评价只宜针对高校图书馆政策。本章着力构建高校图书馆政策影响力评价指标体系。

高校图书馆政策是指国家机关、党（团和工会）组织、图书馆行业组织及其相关组织，为调控和引导高校图书馆系统的运行和发展，按照一定的程序所制定的行为规范、准则或行动计划，不包括各高校图书馆制定的微观图书馆政策。

高校图书馆政策影响力评价，是指对高校图书馆政策制定及其实施对用户、高校图书馆本身及社会的成效、价值和影响进行评价，注重受众的感受以及高校图书馆与外部环境发生的密切关系。

第1节　指标体系的构建原则

一、系统性

指标间应存在一定逻辑关系，高校图书馆政策影响力的评价指标体系是个完整系统，所以要从不同的角度加以设计。指标体系构建应具有层次性和自上而下性，由宏观向微观逐层递进，构成密不可分的评价体系。从指标选取过程来看，应以该指标体系的总体目标为依据，在确保指标之间没有交叉的前提下，整个评价指标体系能够较好地体现出各项指标间的逻辑关系，才能保证系统性。

二、科学性

在设计评价指标体系和筛选评价指标时，一定要遵循科学性原则，能够客观、真实地反映出高校图书馆政策影响力的现状，能够具体、全面地反映各项指标间的真实关系。每项评价指标都要有典型的代表性，不可太多、太细，使得指标太过烦琐且互相交叉，指标也不可太少、太简单，要避免指标信息的漏报、差错与不实。

三、目的性

目的性原则是指从具体指标的甄别到指标体系总体建构过程中，所要坚持的一项原则，旨在为高校图书馆的政策影响力评价提供指标体系构建准绳。选择评价指标要符合评价目标，评价目标即评价的起点与终点。在评价指标的选择上，首先需确定评价的对象，基于评价目标确定评价指标，最后确保评价结论确实反映了评价意图。

四、综合性

124

评价指标应具有综合性，即评价指标应该能够全面反映评价对象的各个方面，不能"扬长避短"。在对高校图书馆政策影响力进行评价时，应全面考虑经济、社会、个人等诸多影响因素，确定相对应的评价层级并形成一套比较完整的评价指标体系，从而对高校图书馆政策进行综合全面的评价和分析。

第 2 节　评价指标选取依据

高校图书馆政策影响力评价指标的选取依据主要来自两个方面：第一，对现有高校图书馆政策进行梳理，这是建立评价指标的重要基础；第二，相关文献中采用的政策评价指标可作为参考依据。

一、现有相关政策提供直接依据

我们可通过梳理高校图书馆相关政策文本来选取指标。我国高等学校分为教育部直属高校、中央部委所属高校、地方所属高校，但高校图书馆政策的发布机构主要是教育部以及省(市)教育厅(委员会)。为保证样本采集查准率与查全率，借助法律数据库"北大法宝"与"北大法意"，以"高校图书馆""高等院校图书馆""大学图书馆"为关键词进行检索，再综合政策文本的相关性以及本研究的需要，检索并筛选出 19 份现行有效的国内相关政策文本，参见表6-1。

表 6-1　我国高校图书馆相关政策文件

颁发单位	颁发名称	颁发时间
国家发展和改革委员会	《关于"十五"期间加强"211 工程"项目建设的若干意见》	2019 年
国家教育委员会	《关于进一步加强高等学校社会主义精神文明建设的若干意见》	2018 年
国务院	《国家教育事业发展"十三五"规划》	2017 年
国务院	《"十三五"国家知识产权保护和运用规划》	2016 年

颁发单位	颁发名称	颁发时间
教育部	《普通高等学校图书馆规程》(2015 年修订)	2015 年
科技部	《科研条件发展"十二五"专项规划》	2012 年
教育部	《全国高职高专院校图书馆建设指南》	2011 年
教育部	《高等学校图书馆数字资源计量指南》	2007 年
教育部	《高等学校中长期科学和技术发展规划纲要》	2004 年
教育部	《普通高等学校基本办学条件指标(试行)》	2004 年
教育部	《关于在高等学校开设文献检索与利用课的意见》	1984 年
北京市教育委员会	《北京高等教育本科人才培养质量提升行动计划(2022—2024 年)》	2021 年
福建省人民政府	《福建省新型基础设施建设三年行动计划(2020—2022 年)》	2020 年
浙江省人民政府	《进一步增强科技自主创新能力促进经济增长方式转变的意见》	2017 年
湖北省教育厅	《湖北省全民阅读促进办法》	2015
安徽省教育厅	《2014 年工作要点》	2014 年
山东省教育厅	《山东省普通本科高等学校图书馆建设指标体系》	2013 年
六安市人民政府	《六安城区高校和省示范高中图书馆向社会免费开放》	2013 年
江苏省教育厅	《关于进一步加强全省高等学校图书馆工作的意见》	2012 年

表 6-1 显示，我国高校图书馆政策包括国务院、国家发改委、教育部、科技部等发布的规范性文件，以及各地方政府、教育厅所颁

布的高校图书馆政策。通过对 19 份文件内容进行梳理，高校图书馆政策大概包含目标战略、外部服务、内部管理三类，（参见表 6-2）。

表 6-2　高校图书馆政策内容

政策内容	政策类型	政策描述
目标战略	建设战略	高校图书馆建设的目标、建设规划、关键行动等
	行业交流	建立高校图书馆联盟，实施资源共享
外部服务	社会服务	促进社会文化建设，开展社会服务
	人员服务	信息服务、阅读推广、信息素质教育
内部管理	用户规范	读者使用图书馆资源、设备、空间等的管理制度
	经费设备	各项配置合理协调
	管理职能	开展统计工作、业务评估

基于上文的政策内容分析，我们从多层级政策主体模块、政策内容模块和政策影响力评价模块三个维度构建了高校图书馆政策体系框架，参见图 6-1。高校图书馆政策主体是指负责制定、执行和监督评估高校图书馆政策的多层级政府组织机构。政策影响力评价是以是否达到预期目标为标准，因此高校图书馆政策客体是指政策的作用对象，即社会、图书馆和用户三个方面。

通过对高校图书馆政策影响力概念的界定以及高校图书馆政策体系的梳理，可以看出高校图书馆政策的主要作用对象是用户、高校图书馆本身以及社会三个方面。因此，初步设定高校图书馆政策影响力评价的一级指标为"用户影响力""图书馆影响力"和"社会影响力"。

二、既有研究成果提供间接依据

国内学者已发表一些关于图书馆评价、图书馆服务评价以及政

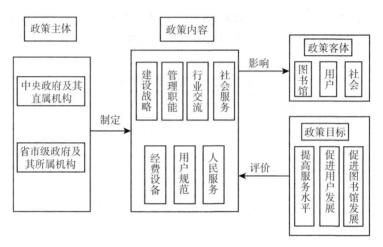

图 6-1　高校图书馆政策体系框架

策评价方面的研究成果(参见表 6-3),构建高校图书馆政策影响力评价指标体系时,可选择其作为相应参考。

表 6-3　相关文献中的评价指标

作者	研究内容	指标分类	具体指标
钟新辉, 2012①	公共图书馆政策评价	政策效果 政策效应	政策对图书馆、馆员和读者的影响效果 公平性、适宜性、回应性
赵伟等, 2013②	图书馆服务影响评价	用户精神、行为、学术 社区及社会影响	关注度、依赖度、行为举止变化、对提高用户学习科研水平的影响 与其他机构的合作程度、信息辐射度、利益获得度

① 钟辉新.公共图书馆免费开放政策评估刍议[J].图书与情报,2012(2):49-53.

② 赵伟,张秀华.基于遗传神经网络的图书馆成效评估研究[J].情报理论与实践,2013,36(12):94-98.

续表

作者	研究内容	指标分类	具体指标
余昕，2017①	探讨图书馆评价的困境及突破	图书馆影响	图书馆服务影响、图书馆发展影响
丁志隆，2017②	政策解读《福建省档案事业发展规划》	政策影响	政策导向性、政策推动性
张媛，2019③	立法前，对法律法规的内容及影响进行评价	政策评价	效率性、有效性、公平性
张廷君等，2020④	制度对员工积极性的影响评价	情感与服务影响	制度知晓度、制度满意度、制度公平感、制度期望度
常莉等，2021⑤	图书馆服务影响评价	用户影响 社会影响	知识技能提升 社会包容与认同
张义川等，2022⑥	政策影响力评价研究	政策研究指数	政策传播、政策关注、是否吸引政策相关者参与

　　① 余昕．我国图书馆政策评估的困境及其突破[J]．图书馆建设，2017(6)：93-99.

　　② 丁志隆．指标驱动　项目带动　政策推动——《福建省档案事业发展"十三五"规划》解读[J]．中国档案，2017(3)：16-17.

　　③ 张媛．地方立法前评估机制研究[J]．法制与社会，2019(7)：22-23.

　　④ 徐海霞，张廷君．职务职级并行制度对公务员工作积极性的影响评估——基于湖北的调查[J]．中国人事科学，2020(9)：17-30.

　　⑤ 常莉，张豪．公共图书馆服务成效评估指标体系构建[J]．图书馆理论与实践，2021(3)：10-15，39.

　　⑥ 张义川，赵聪聪，伍军红，等．期刊政策影响力评价方法研究[J]．图书情报工作，2022(22)：95-105.

以上指标在选取角度、广度方面都有一定的差别，比如有的指标偏向综合评价，而有的指标反映某一方面的具体水平，这也为高校图书馆政策影响力评价提供了参考借鉴。

第3节 指标筛选

一、指标初选

遵循科学性、系统性的原则，并结合本研究主题以及上文介绍的指标选取依据，初步从"用户影响力""图书馆影响力"和"社会影响力"三个维度设计初级评价指标体系，参见表6-4。

表6-4 初级评价指标体系

一级指标	二级指标	三级指标	指标描述
用户影响力	学术影响	知识技能提升	用户信息搜集能力、文献检索能力等提升
		学习、科研水平提高	用户科研水平、信息素养提高
	情感影响	政策关注度	(1)用户对高校图书馆政策的知晓度 (2)用户了解高校图书馆的职能和所提供的服务
	行为影响	政策满意度	用户对高校图书馆政策的合理性、完备性满意
		政策支持	用户行为遵循高校图书馆政策
		政策传播	用户向他人宣传高校图书馆政策
		政策外溢	高校图书馆政策对用户的非图书馆活动具有潜移默化的影响

续表

一级指标	二级指标	三级指标	指标描述
图书馆影响力	图书馆服务影响	规范性	高校图书馆政策规范馆员的行为
		效率性	高校图书馆政策提高工作效率
		激励性	高校图书馆奖惩政策激励馆员提供更好的服务
	图书馆发展影响	导向性	高校图书馆政策为图书馆事业的发展提供方向
		推动性	高校图书馆政策促进图书馆事业的发展
社会影响力	社会服务影响	社区建设和服务	高校图书馆政策辐射度，对高校所在地社区的影响
		社区效益增长	高校图书馆政策对当地社区经济的拉动作用
	社会价值影响	社会资源共享	高校图书馆与其他社会机构的合作与资源共享
		社会包容性	高校图书馆政策规定提供均等的学习机会，促进社会的教育公平
		社会公益性	高校图书馆政策提供免费的阅读机会

　　我们采用德尔菲法对指标进行优化，德尔菲法首先构建初步评价指标体系，然后运用专家咨询法进行研究，充分发挥资深专家的知识储备和工作经验，对初级评价指标体系进行科学筛选，补充指标，这样就得到了一个比较完善的评价指标体系。①

131

————————

　　①　邓芳. 采用德尔菲法构建精神卫生立法评价指标框架[D]. 长沙：中南大学，2014.

二、咨询专家的组成

本部分的咨询专家多为图书馆学、情报学领域的专家，共选取来自北京大学、武汉大学、中山大学、南京大学、华中师范大学、中国矿业大学、郑州大学、郑州轻工业大学、新乡医学院等高校的11 位专家学者，他们或任职于高校图书情报类教研单位，或任职于高校图书馆，其身份涉及教授、研究馆员、图书馆馆长，11 位专家多年从事图书情报专业教学研究或高校图书馆管理工作，熟悉高校图书馆政策，治学态度严谨，并对本次研究很感兴趣。

三、第一轮专家咨询结果

以邮件的形式给 11 位图书情报领域的专家、教授发放第一轮调查问卷，问卷回收周期是 1 周，问卷完全收回后，作者根据各专家提出的建议，对初级评价指标体系作了有针对性的修订，结果如下。

1. 对指标体系的评价

4 位专家认为"非常合理"，其余 7 位专家均认为"比较合理"。

2. 专家第一轮评分

专家第一轮评分情况参见表 6-5。

3. 评价指标体系调整

依据问卷调查结果和专家反馈意见，将指标体系进行了如下调整：

(1)有专家认为一级指标是单维度的，只考虑到政策实施的对象和结果，因此在一级指标中加入"政策制定与执行"这一项，从宏观角度讨论政策制定者和政策内容对高校图书馆的影响力。

表 6-5 专家第一轮打分结果统计表

一级指标	二级指标	三级指标	最高分-最低分-众数
用户影响力 9(27%)3 (18%) 8	学术影响力 9(27%)5(9%) 7	知识技能提升	9(27%)4(9%) 9, 6
		学习、科研水平提高	9(18%)4(9%) 7
	情感影响力 9(18%)5(36%) 5	政策关注度	9(27%)4(9%) 5
		政策满意度	9(27%)4(9%) 9, 5
	行为影响力 9(18%)5(55%) 8	政策支持	9(27%)4(9%) 7
		政策传播	9(18%)4(9%) 8
		政策外溢	9(18%)3(9%) 7
图书馆影响力 9(64%)6 (19%) 9	图书馆服务影响 9(36%)7(18%) 8	规范性	9(55%)5(9%) 9
		效率性	9(36%)4(9%) 9
	图书馆发展影响 9(64%)7(9%) 9	激励性	9(18%)4(9%) 8
		导向性	9(73%)7(9%) 8
		推动性	9(64%)8(36%) 9
社会影响力 9(18%)2 (9%) 7	社会服务影响 9(55%)5(9%) 9	社区建设和服务	9(64%)5(36%) 9
		社区效益增长	9(64%)3(18%) 7
	社会价值影响 8(55%)3(9%) 8	社会资源共享	9(27%)4(9%) 8
		社会包容性	9(36%)3(9%) 9
		社会公益性	9(36%)5(9%) 9, 8

（2）有专家认为"学术影响"的提法太窄且三级指标含义相同，难以测评。讨论后保留"学术影响"的命名，并且删除三级指标"学习、科研水平提高"，增加"资源获取便利"和"学术交流丰富"两个三级指标。"资源获取便利"从高校图书馆政策是否提供了各类资源的获取指引与使用方法，帮助用户更好地使用来评价；"学术交流丰富"从高校图书馆年度召开讲座数量、高校图书馆数据库数量、高校图书馆阅读推广政策等方面衡量。最终"学术影响"下三

133

级指标共有三个，分别是"知识技能提升""资源获取便利""学术交流丰富"。

(3)有专家认为"社会价值影响"的三级评价指标难以测评。因此将原有指标"社会包容性"和"社会公益性"合并为"社会公平"，从保障知识自由传播和用户平等获取知识、平等享受服务两个方面评价。新增对"社会教育"的影响评价，指标描述为高校图书馆是否向社会公众免费开放，公众是否可以免费使用线上图书馆资源，以此来评价能否推动社会教育和全民阅读。

(4)有专家认为"图书馆服务影响"三级指标还应该包含满意度、图书馆的整体服务能力、政策的宣传执行力以及服务创新影响力等。由于"规范性""效率性""激励性"三个三级指标描述已包含对图书馆整体服务的影响力，满意度指标则在一级指标"用户影响力"下体现，政策宣传执行力在一级指标"政策制定和执行"下体现。因此，目前对于"图书馆服务影响"三级指标没有调整，还保持原样。

对评价指标进行调整后，得到新的评价指标体系(修改版)，详情参见表6-6。

表6-6 高校图书馆政策影响力评价指标体系(修改版)

一级指标	二级指标	三级指标	指标描述
政策制定和执行	政策制定	权威性	政策制定是否合法，政策制定者是否有权威
		目标性	政策内容对预期目标的可实现程度
		完整性	政策内容是否完整，满足受众需求
	政策执行	强制性	受众是否严格遵守政策规定
		有效性	政策执行是否有利于受众的长远发展

续表

一级指标	二级指标	三级指标	指标描述
用户影响力	学术影响	知识技能提升	用户信息搜寻能力、文献检索能力等提升
		资源获取便利	高校图书馆政策是否提供了各类资源的获取指引与使用方法，帮助用户更好地使用
		学术交流丰富	高校图书馆年度召开讲座数量 高校图书馆数据库数量 高校图书馆阅读推广政策
	情感影响	政策关注度	用户对高校图书馆政策的知晓度 用户了解高校图书馆的职能和所提供的服务
		政策满意度	用户对高校图书馆政策的合理性、完备性满意
	行为影响	政策支持	用户行为遵循高校图书馆政策
		政策传播	用户向他人宣传高校图书馆政策
		政策外溢	高校图书馆政策对用户的非图书馆活动具有潜移默化的影响
图书馆影响力	图书馆服务影响	规范性	高校图书馆政策规范馆员的行为
		效率性	高校图书馆政策提高工作效率
		激励性	高校图书馆奖惩政策激励馆员提供更好的服务
	图书馆发展影响	导向性	高校图书馆政策为图书馆事业的发展提供方向
		推动性	高校图书馆政策促进图书馆事业的发展

135

一级指标	二级指标	三级指标	指标描述
社会影响力	社会服务影响	社区建设和服务	高校图书馆政策辐射度，对高校所在地社区的影响
		社区效益增长	高校图书馆政策对当地社区经济的拉动作用
	社会价值影响	社会资源共享	高校图书馆与其他社会机构的合作与资源共享
		社会公平	高校图书馆政策保障知识、信息传播的自由开放存取； 高校图书馆政策尊重读者信念的自由表达，平等获取知识，平等地享受各种服务
		社会教育	高校图书馆是否向社会公众免费开放，线上图书馆资源公众是否可以免费使用

四、第二轮专家咨询结果

经过首轮指标筛选与增补，得出新评价指标体系(修改版)，笔者再次向上述 11 位专家发放调查问卷，统计各专家意见，得到以下结果。

1. 对指标体系的评价

关于一级指标设置是否合理，认为"非常合理"的专家有 5 位，认为"比较合理"的专家有 6 位。与首轮调查相比较，专家们对第二轮指标体系总体认可度显著提高。

2. 专家第二轮评分情况

专家第二轮评分情况参见表6-7。

表 6-7　专家第二轮评分结果统计表

一级指标	二级指标	三级指标	最高分—最低分—众数
政策制定和执行 9(73%)6(9%) 9	政策制定 9(73%)6(9%) 9	权威性	9(73%)6(9%) 9
		目标性	9(45%)5(9%) 9
		完整性	9(36%)5(18%) 9
	政策执行 9(73%)7(9%) 9	强制性	9(36%)4(9%) 9
		有效性	9(45%)6(18%) 9
用户影响力 9(9%)2(9%) 7	学术影响 9(45%)5(9%) 9	知识技能提升	9(36%)5(9%) 9
		资源获取便利	9(54%)5(9%) 9
		学术交流丰富	9(18%)4(9%) 8, 7
	情感影响 9(9%)2(9%) 7	政策关注度	9(27%)4(9%) 8
		政策满意度	9(18%)5(18%) 8
		政策支持	9(55%)4(18%) 9
	行为影响 9(45%)3(9%) 9	政策传播	9(9%)4(18%) 8
		政策外溢	9(9%)3(9%) 8, 7
图书馆影响力 9(9%)6(18%) 8	图书馆服务影响 9(45%)6(9%) 9	规范性	9(36%)7(9%) 8
		效率性	9(18%)6(9%) 7
	图书馆发展影响 9(64%)5(9%) 9	激励性	9(36%)4(9%) 9
		导向性	9(64%)7(9%) 9
		推动性	9(36%)7(9%) 8
社会影响力 8(36%)4(9%) 8	社会服务影响 9(55%)5(18%) 9	社区建设和服务	9(27%)2(9%) 8
		社区效益增长	8(18%)2(18%) 7
	社会价值影响 9(36%)4 (9%) 9, 8	社会资源共享	9(27%)5(9%) 8
		社会公平	9(18%)5(9%) 9
		社会教育	9(45%)3(9%) 9

3. 评价指标体系修改

基于第二轮问卷调查统计结果并结合 2 位专家的意见，对指标体系进行了如下调整：

(1)对"政策执行"的两个三级指标的描述进行修改。"强制性"指标是判断政策强制执行还是推荐执行；"有效性"指受众是否严格遵守政策规定，政策执行是否有利于受众的长远发展。

(2)把"学术影响"下的三级指标"学术交流丰富"改为"学术交流开放"，指用户通过高校图书馆开放获取政策、高校图书馆阅读推广政策等进行学术交流。此外，把三级指标"资源获取便利"描述修改为"用户更快捷、全面地找到所需资源，提高学术水平"。

通过调整评价指标得到新的评价指标体系(最终版)，详情参见表 6-8。

表 6-8　最终版评价指标体系

一级指标	二级指标	三级指标	指标描述
政策制定和执行	政策制定	权威性	政策制定是否合法，政策制定者是否有权威
		目标性	政策内容对预期目标的可实现程度
		完整性	政策内容是否完整，满足受众需求
	政策执行	强制性	评价政策是强制执行还是推荐执行
		有效性	受众是否严格遵守政策规定，政策执行是否有利于受众的长远发展。
用户影响力	学术影响	知识技能提升	用户信息搜寻能力、文献检索能力等提升
		资源获取便利	用户更快捷、全面地找到所需资源，提高学术水平

续表

一级指标	二级指标	三级指标	指标描述
用户影响力	学术影响	学术交流开放	用户通过高校图书馆开放获取政策、高校图书馆阅读推广政策等进行学术交流
	情感影响	政策关注度	用户对高校图书馆政策的知晓度用户了解高校图书馆的职能和所提供的服务
		政策满意度	用户对高校图书馆政策的合理性、完备性满意
	行为影响	政策支持	用户行为遵循高校图书馆政策
		政策传播	用户向他人宣传高校图书馆政策
		政策外溢	高校图书馆政策对用户的非图书馆活动具有潜移默化的影响
图书馆影响力	图书馆服务影响	规范性	高校图书馆政策规范馆员的行为
		效率性	高校图书馆政策提高工作效率
		激励性	高校图书馆奖惩政策激励馆员提供更好的服务
	图书馆发展影响	导向性	高校图书馆政策为图书馆事业的发展提供方向
		推动性	高校图书馆政策促进图书馆事业的发展
社会影响力	社会服务影响	社区建设和服务	高校图书馆政策辐射度，对高校所在区域的影响
		社区效益增长	高校图书馆政策对当地社区经济的拉动作用
		社会资源共享	高校图书馆与其他社会机构的合作与资源共享

续表

一级指标	二级指标	三级指标	指标描述
社会影响力	社会价值影响	社会公平	高校图书馆政策保障知识、信息传播的自由开放存取；高校图书馆政策尊重读者信念的自由表达，平等获取知识，平等地享受各种服务
		社会教育	高校图书馆是否向社会公众免费开放，公众是否可以免费使用线上图书馆资源

　　根据 11 位专家对评价指标体系(修改版)的总体评价及各个指标的打分情况可以看出，各位专家对于修订后的评价指标体系认可度显著提升，对各指标评分分值较首轮评分结果也明显提高，由于在第二轮调研过程中各位专家提出的建议比较明确，因此在下文中将评价指标体系(最终版)当作最终结果，开展指标权重计算工作。

第 4 节　采用层次分析法对指标权重进行计算

　　利用层次分析法得出评价指标的权重，是要求各位专家采用 Satty 提出的 9 分位重要性成对比较矩阵，对同一层次的指标两两比较其相对重要程度。陈敬全[1]在对科研评价方法进行讨论时，对该评价法进行了优化，评分表无须专家赋值，仅需将比较指标填入相应代码即可，再把回收数据转化为一个比较矩阵。吴建华等[2]对调查表进一步优化，专家仅需按被评指标相对重要程度在相应位置

---

①　陈敬全. 科研评价方法与实证研究[D]. 武汉：武汉大学，2004.
②　王岑曦，吴建华. 基于用户体验的档案网站检索平台评价指标体系研究[J]. 浙江档案，2014(7)：8-11.

进行标注，按标注把专家的意见转化为比较矩阵。本书中采用吴建华观点来设计专家咨询表，然后将回收数据转化为比较矩阵，最后，利用 Matlab 软件对比较矩阵中最大特征根以及相应特征向量进行了计算，最终得出各指标所占权重。本书以 1 号专家打分结果为例，详细描述了指标权重计算过程。将专家咨询表转换为 1 个一级指标比较表、4 个二级指标比较表和 9 个三级指标比较表，通过变换形成 14 个比较矩阵。

一、计算单层次排序权重

根据专家填写的相对重要性评分表，运用 1–9 标度法构造成对比较矩阵，参见表 6-9 和表 6-10。

表 6-9　1–9 标度法

标度	含　义
1	表示两个因素相比，具有同样的重要程度
3	表示两个因素相比，前者比后者略重要
5	表示两个因素相比，前者比后者重要
7	表示两个因素相比，前者比后者很重要
9	表示两个因素相比，前者比后者非常重要
2，4，6，8	表示上诉相邻判断的中间值
1–9 的倒数	表示相应两因素交换继续比较的重要性

表 6-10　1 号专家一级指标比较矩阵表

	A	B	C	D
A	1	2	4	6
B	1/2	1	3	5
C	1/4	1/3	1	3
D	1/6	1/5	1/3	1

将比较矩阵输入到 Matlab 软件中进行计算，计算出该矩阵的最大特征值和特征向量为：

$\lambda_{max} = 4.0310$

$W_0 = [0.4826, 0.8235, 0.2787, 0.1661]^T$

由于 $\lambda_{max} > n$，下面需要进行一致性检验：

$$CI = \frac{|\lambda_{max} - n|}{n - 1} = 0.0103$$

因此，$CR = CI/RI = 0.0116 < 0.1$，一致性检验通过。

对特征向量进行归一化处理，得到一级指标的权重向量为：

$W = [0.2756, 0.4703, 0.1592, 0.0949]^T$

按照同样的方法，计算出 4 个二级指标和 9 个三级指标比较矩阵的权重向量。

"政策制定和执行"维度的二级指标权重向量及一致性检验：

$WA = [0.75, 0.25]^T$，且 $\lambda_{max} = 2$

因此，$CR = CI/RI = 0 < 0.1$，一致性检验通过。

"用户影响力"维度的二级指标权重向量为：

$WB = [0.6, 0.2, 0.2]^T$，且 $\lambda_{max} = 3$

因此，$CR = CI/RI = 0 < 0.1$，一致性检验通过

"图书馆影响力"维度的二级指标权重向量为：

$WC = [0.25, 0.75]^T$，且 $\lambda_{max} = 2$

因此，$CR = CI/RI = 0 < 0.1$，一致性检验通过

"社会影响力"维度的二级指标权重向量为：

$WD = [0.25, 0.75]^T$，且 $\lambda_{max} = 2$

因此，$CR = CI/RI = 0 < 0.1$，一致性检验通过

"政策制定"维度的三级指标权重向量为：

$WA1 = [0.6370, 0.2583, 0.1047]^T$，且 $\lambda_{max} = 3.0385$

因此，$CR = CI/RI = 0.037 < 0.1$，一致性检验通过

"政策执行"维度的三级指标权重向量为：

WA2 = $[0.25, 0.75]^T$，且 $\lambda_{max} = 2$

因此，$CR = CI/RI = 0 < 0.1$，一致性检验通过

"学术影响"维度的三级指标权重向量为：

WB1 = $[0.6370, 0.1047, 0.2583]^T$，且 $\lambda_{max} = 3.0385$

因此，$CR = CI/RI = 0.037 < 0.1$，一致性检验通过

"情感影响"维度的三级指标权重向量为：

WB2 = $[0.75, 0.25]^T$，且 $\lambda_{max} = 2$

因此，$CR = CI/RI = 0 < 0.1$，一致性检验通过

"行为影响"维度的三级指标权重向量为：

WB3 = $[0.6370, 0.2583, 0.1047]^T$，且 $\lambda_{max} = 3.0385$

因此，$CR = CI/RI = 0.037 < 0.1$，一致性检验通过

"图书馆服务影响"维度的三级指标权重向量为：

WC1 = $[0.6370, 0.2583, 0.1047]^T$，且 $\lambda_{max} = 3.0385$

因此，$CR = CI/RI = 0.037 < 0.1$，一致性检验通过

"图书馆发展影响"维度的三级指标权重向量为：

WC2 = $[0.75, 0.25]^T$，且 $\lambda_{max} = 2$

因此，$CR = CI/RI = 0 < 0.1$，一致性检验通过

"社会服务影响"维度的三级指标权重向量为：

WD1 = $[0.6370, 0.2583, 0.1047]^T$，且 $\lambda_{max} = 3.0385$

因此，$CR = CI/RI = 0.037 < 0.1$，一致性检验通过

"社会价值影响"维度的三级指标权重向量为：

WD2 = $[0.75, 0.25]^T$，且 $\lambda_{max} = 2$

因此，$CR = CI/RI = 0 < 0.1$，一致性检验通过

143

二、计算层次总排序权重

1 号专家的层次总排序权重系数参见表 6-11。

表 6-11 依据 1 号专家的打分情况计算的指标权重系数

一级指标	权重	二级指标	权重	三级指标	层次单排序权重	层次总排序权重
政策制定和执行	0.2756	政策制定	0.75	权威性	0.6370	0.1317
				目标性	0.1047	0.0216
				完整性	0.2583	0.0178
		政策执行	0.25	强制性	0.75	0.0517
				有效性	0.25	0.0172
用户影响力	0.4703	学术影响	0.6	知识技能提升	0.6370	0.1797
				资源获取便利	0.1047	0.0295
				学术交流开放	0.2583	0.0729
		情感影响	0.2	政策关注度	0.75	0.0705
				政策满意度	0.25	0.0235
				政策支持	0.6370	0.0599
		行为影响	0.2	政策传播	0.2583	0.0243
				政策外溢	0.1047	0.0098
图书馆影响力	0.1592	图书馆服务影响	0.25	规范性	0.6470	0.0258
				效率性	0.2583	0.0103
				激励性	0.1047	0.0042
		图书馆发展影响	0.75	导向性	0.75	0.0896
				推动性	0.25	0.0299
社会影响力	0.0949	社会服务影响	0.25	社区建设和服务	0.6370	0.0151
				社区效益增长	0.2583	0.0061
				社会资源共享	0.1047	0.0025
		社会价值影响	0.75	社会公平	0.75	0.0534
				社会教育	0.25	0.0178

对指标权重总排序的一致性检验，计算公式如下：

$$CR = \frac{\sum\limits_{i=1}^{n} w_{ai} CI_i}{\sum\limits_{i=1}^{n} w_{ai} RI_i}$$

每一个比较矩阵的 $CI = 0$、$CR = 0$，因此层次总排序的一致性检验通过。

三、计算群组决策结果

群决策是对参与专家咨询的 11 位专家的结果进行集合，能够在一定程度上降低专家的主观性。对 11 位专家的计算结果进行等权重合成，最后形成的权重系数参见表 6-12。

表 6-12　高校图书馆政策影响力评价指标权重表

一级指标	权重	二级指标	权重	三级指标	权重	层次总排序权重
政策制定和执行	0.4535	政策制定	0.5385	权威性	0.4710	0.1150
				目标性	0.2919	0.0713
				完整性	0.2371	0.0496
		政策执行	0.4615	强制性	0.5448	0.1140
				有效性	0.4552	0.0953
用户影响力	0.2014	学术影响	0.4359	知识技能提升	0.4247	0.0373
				资源获取	0.4340	0.0381
				学术交流开放	0.1413	0.0124
		情感影响	0.2232	政策关注度	0.6313	0.0284
				政策满意度	0.3687	0.0166
		行为影响	0.3409	政策支持	0.4885	0.0335
				政策传播	0.3015	0.0207
				政策外溢	0.2100	0.0144

一级指标	权重	二级指标	权重	三级指标	权重	层次总排序权重
图书馆影响力	0.2203	图书馆服务影响	0.5252	规范性	0.4796	0.0555
				效率性	0.2967	0.0343
				激励性	0.2237	0.0259
		图书馆发展影响	0.4748	导向性	0.6118	0.0640
				推动性	0.3882	0.0406
社会影响力	0.1248	社会服务影响	0.5823	社区建设和服务	0.4599	0.0334
				社区效益增长	0.22	0.0160
		社会价值影响	0.4177	社会资源共享	0.3201	0.0233
				社会公平	0.5262	0.0274
				社会教育	0.4738	0.0130

通过上述计算过程，最终计算出各个评价指标的最终权重值，评价指标体系的构建过程完毕。

四、权重结果分析

从指标权重评价结果可以得出，4个一级指标占比最大的是政策制定和执行，权重占比超过45%，由此可以看出科学而全面地制定高校图书馆政策是图书馆发挥其作用的根本，可以保证高校图书馆的服务质量和效率，而政策的有效执行和实施是决定政策影响力的关键之一，因此图书馆政策的制定与执行是高校图书馆政策影响力评价最需要关注的指标。其次是图书馆影响力和用户影响力，用户与高校图书馆本身都是高校图书馆政策最主要、最直接的作用对象，高校图书馆政策制定是否科学合理直接影响高校图书馆服务水平以及是否能够长远发展，而用户作为高校图书馆政策的服务对象，是高校图书馆政策制定和实施的出发点与落脚点。最后是社会影响力，与公共图书馆相比，高校图书馆的主要服务还是面对校内师生，甚至有些高校图书馆不对社会开放，对社会服务与贡献相对较少，因此专家团队将其重要性置于稍低一点的位置。

从政策制定与执行指标分析，5 个三级指标中，高校图书馆政策的权威性和强制性层次总排序权重较高，这是因为这两个指标是公共政策实施所必需的条件，政策的实施需要强制性措施加以保证，故专家团队将其放在首位。政策有效实施是高校图书馆政策发挥功能的前提，专家们将其排在第二位。最后是目标性与完整性稍低，目标性是衡量政策制定是否符合高校图书馆的办馆宗旨与理念，政策制定完整性权重最低，主要体现了政策制定人员的局限性，图书馆馆员作为图书馆政策的第一接收者，却只有很少一部分有机会参与图书馆政策的制定，从侧面反映了高校图书馆政策制定的局限性。

从用户影响力指标分析，共包括 3 个二级指标、8 个三级指标。其中，学术影响权重占比第一位，高校图书馆政策的主要服务对象是在校师生，学术影响指标下的知识技能能否提升、资源获取是否便利、学术交流是否开放都是师生最为关注的问题，特别是前两个是师生对高校图书馆的主要需求。排在第二位的是用户行为影响，根据制度影响行为理论，政策可以影响甚至控制目标对象的行为，最直接的第一反应为是否遵循，然后是向他人宣传，甚至在进行其他活动时都会被所遵循过的规范影响。最后是情感影响，包括政策关注度和政策满意度，政策关注度占比相对稍高，因政策自身的权威性和强制性，受众在情感上处于弱势地位，在学术需求指引下会遵循图书馆政策，但情感上可能会产生抗拒，专家团队将其排在最后。

从图书馆影响力指标分析，两个二级指标权重占比相当，图书馆作为图书馆政策实施的载体，图书馆政策是图书馆正常运行的前提和基础，对图书馆的服务和发展都具有指导意义，馆员也很重视高校图书馆政策且按照政策规定提供服务，因此专家团队对两个二级指标都非常重视。三级指标中，规范性和导向性层次总排序权重最高，其次是推动性、效率性，激励性评分最低，是由于政策自身所带属性，相对而言强制性、规范性较多，而激励性较少。

从社会影响力指标分析，社会服务影响是首先需要考虑的重点指标。其实我们在高校图书馆政策的收集整理中发现，国家非常重视高校图书馆政策的社会影响力，多次发文鼓励学校图书馆向社会公众开放，各高校图书馆也加强与公共图书馆等各类图书馆的协作，利用资源和专业优势，为社会用户提供服务。其次是社会价值方面，高校图书馆政策规定保障知识信息自由开放传播，对促进社会公平和社会教育都有重大意义。但是，图书馆场地不足、供需不对称、图书馆管理难度增加等问题仍然严重，与公共图书馆相比，高校图书馆的社会影响力仍然较低。

第5节　评价指标体系解读

一、政策制定和执行

政策的制定和执行是政策影响力评价的基础。具体来看，高校图书馆政策制定和执行过程评价主要包括政策制定主体权威性、政策目标明确性、政策内容完整性、执行过程强制性、执行结果有效性五个方面。

政策制定主体的权威性表现为政策制定主体的选取方式，对政策制定主体综合素质水平的需求。在对政策内容进行评价时，一方面要关注政策制定的目标性，考察政策内容与目标匹配与否，能否反映该馆办馆宗旨及服务理念；另一方面要注意政策的内容是否全面、详尽。对政策执行过程的评价主要表现在评价政策是强制执行还是推荐执行；政策主体的实施能力、相关部门间的协调能力是否能保证政策有效执行。

二、用户影响力

由于用户群体是图书馆政策的主要作用对象，因此在讨论图书馆政策影响力评价时用户影响力极为重要，笔者从学术、情感、行为三个角度对高校图书馆政策对用户层面的影响力进行评价。

学术影响力是判断高校图书馆对用户使用价值的重要指标。高校图书馆政策能够更好地指导用户进行学术研究，主要表现在高校图书馆政策指导用户可以更便利地获取学术资源，提高学术技能水平、参与开放式学术交流。情感影响力表现为用户对高校图书馆政策的情绪体验。政策关注度和政策满意度，指用户对高校图书馆政策在许多方面所给予的重视程度与满意程度，从多个角度审视，总体上体现了用户对于高校图书馆政策的满意度。行为影响力表现为政策指导着用户的言行，涉及用户参与政策的内在倾向，政策支持即用户行为遵循高校图书馆政策；政策传播指用户向他人宣传高校图书馆政策；政策外溢指高校图书馆政策对用户的非图书馆活动具有潜移默化的影响。

三、图书馆影响力

衡量高校图书馆政策的价值标准是推动图书馆发展和用户发展两个维度，因此可选高校图书馆服务影响和高校图书馆发展影响这两个指标来进行评价。两个方面的评价具体包括规范馆员的行为、提高馆员工作效率，激励馆员提供更好的服务，促进图书馆事业的发展，为图书馆事业的发展提供方向等。

四、社会影响力

国际标准化组织(ISO)于 2014 年制定了《信息与文献——图书馆影响力的评估方法与步骤》，该标准将"影响力"定义为图书馆及其服务对于个人以及(或)社会的影响，并根据图书馆影响力的不同面向，把影响力分为三类，即对个体的影响、在图书馆所属机构或者社区中的影响力，以及图书馆在社会中的作用。同样，高校图书馆政策也会促进图书馆所属机构或者社区发展，具体表现为社区的建设与服务、社区效益提高、实现社会资源共享、维护社会公平、社会教育等方面。

第7章 高校图书馆政策影响力评价指标体系应用

在构建了高校图书馆政策影响力评价指标体系之后，需要对其进行应用性检验，从而完成对样本高校图书馆政策影响力的评价工作。

第1节 高校图书馆政策影响力评价数据获取

一、问卷设计

本书中的高校图书馆政策是宏观意义上的，即由国家机关、党（团和工会）组织、图书馆行业组织及其相关组织所制定的行为规范、准则或行动计划，不包括各高校图书馆制定的微观图书馆政策。根据前文构建的高校图书馆政策影响力评价指标体系，可设计调查问卷，指标体系分为政策制定和执行、用户影响力、图书馆影响力和社会影响力四方面，不同的指标类别在获取数据的过程中面向的对象不同，高校图书馆政策客体是用户、社会居民和高校图书馆。据此将调查问卷所涵盖的调查对象划分为：高校图书馆用户；高校图书馆工作人员；受到高校图书馆政策影响的社会居民。

在各方大力支持下，我们尽可能多地向高校师生、图书馆馆员和社会居民发放问卷，调查范围涉及浙江大学、武汉大学、南开大学、郑州大学、山西大学、北京工业大学、湖北工业大学、天津外国语大学、浙江工商大学、山西财经大学、郑州轻工业大学、浙江工商大学、新乡医学院、长治医学院、忻州师范学院、中原工学院、河南医学高等专科学校、河南广播电视大学、黄河水利职业技术学院等，涵盖双一流高校、非双一流本科高校和专科学校，涉及综合类、理工类、医学类、财经类、师范类等，这样可以排除学校水平和专业方向差异性带来的影响，确保研究样本具有一定的代表性。

针对三类群体，我们设计了用户调查问卷、馆员调查问卷和社会居民调查问卷。问卷主要包含两部分内容，一是被调查者的基本信息，如性别、年龄、学历、职称等；二是根据各个指标分别设计相对应的问题，用户影响力一级指标下的三级指标对应用户调查问卷，政策制定和执行、图书馆影响力两个一级指标下的三级指标对应馆员调查问卷，社会影响力一级指标下的三级指标对应社会居民调查问卷。

调查问卷均采用李克特 5 级量表[①]，除基本信息外，均为态度量表问题，每个指标都划分为五个区间，相应的 5 个选项分别为：非常不符合、不符合、一般、符合、非常符合。本研究的调查问卷是利用问卷星上的问卷调查网站进行编制的，采取线上调研的方式进行。

二、数据回收

152

本次调查问卷共回收 996 份，对问卷进行筛选后，共获得有效问卷 926 份(用户调查问卷 422 份，馆员调查问卷 164 份，社

---

① 徐海霞，张廷君. 职务职级并行制度对公务员工作积极性的影响评估——基于湖北的调查[J]. 中国人事科学，2020(9)：17-30.

会居民调查问卷 340 份)，问卷有效率 92.4%。无效问卷 70 份，无效问卷筛选标准是答题时间远小于平均正常答题时间，馆员调查问卷答题时间少于 50 秒，用户调查问卷和社会居民调查问卷少于 35 秒。

第 2 节　高校图书馆政策影响力评价数据处理

我们先对问卷的信度和效度进行分析，然后采用层次分析法和模糊综合评价法对问卷数据进行处理。

一、问卷信效度分析

分析问卷信度和效度，是进行问卷分析的首要环节，也是问卷是否合格的标准，只有通过信度效度分析才能确保问卷的价值。信度分析(Reliability Analysis)考量所研究数据的真实性和可靠性，又称"可靠性分析"，通俗地说就是研究样本是否真实回答问题，测试被调查者是否好好答题。具体而言，在以问卷的形式重复测量调研对象的过程中，得到的结果是否一致。通常情况下信度分析均只能针对量表题进行分析。合理的调查问卷要稳定可靠，测量得到的结果越高、一致程度越好，问卷信度也越高；而测量结果偏低则表明一致性程度低，测量信度不高。

现有信度测量方法很多，常用的信度系数包括 Cronbach's α 系数和折半系数，其中除了人口统计学变量外，本研究的问卷都是关于态度量表的题目，各个问项的测评指标均可以转化为李克特五级量表，选项从"非常不符合"到"非常符合"分别代表分数 1 到 5。当前学界普遍认为，信度系数应在 0~1，如果量表的信度系数大于 0.9，说明问卷信度很高，在 0.8~0.9 表示信度比较好，0.7~0.8 表示信度可以接受，0.6~0.7 表示信度有问题需要修改，而低于 0.6

时，说明部分项目需要放弃或者重新设计问卷。本研究采用 SPSS 处理和分析调查问卷的数据，在 SPSS 运算的信度统计表中，用户调查问卷、馆员调查问卷、社会居民调查问卷的 Cronbach's α 系数均大于0.8，说明问卷有良好的信度，问卷一致可靠，参见表 7-1。

表 7-1　信度分析表

变量	项数	*Cronbach's α*
用户调查问卷	7	0.857
馆员调查问卷	10	0.920
社会居民调查问卷	9	0.894

效度分析(Validity Analysis)在于研究题项是否有效地表达研究变量或者维度的概念信息，通俗地说就是研究题项设计得合适与否，即检验调查者对问题设计的科学性，或者题项表示某一变量是否合适。本书使用探索性因子分析进行结构效度分析测量，测量结果与测量内容成正比，越符合越一致，效度越高。通过 *KMO* 检验和 *Bartlett* 检验测量问卷的效度。由表 7-2 可知，*KMO* 和 *Bartlett* 合乎要求，且各测量项因子载荷值大于 0.5，各题项均有效，皆可保留。

表 7-2　效度分析表

变量	项数	*KMO*	*Bartlett* 检验(显著性)
用户调查问卷	7	0.929	1252.194
			0.000
馆员调查问卷	10	0.936	875.253
			0.000
社会居民调查问卷	9	0.793	667.821
			0.000

二、基于模糊综合评价法的指标分数确定

1. 模糊综合评价模型

在利用层次分析法确定指标权重的基础上，运用模糊综合评价法，使用调查问卷所得的数据对高校图书馆政策影响力进行评分。该综合评价法依据模糊数学的隶属度理论，将定性评价变成定量评价，即利用模糊数学来对受诸多因素约束的事物或者物体进行整体评价。在评价指标应用环节，运用模糊综合评价法，通过构造评分等级，将评价指标进行量化并进行综合分析，即将最终确定的指标体系通过调查问卷取得的原始数据进行量化，对高校图书馆政策影响力进行综合评分。

模糊综合评价法可对单因素和多因素进行综合评价，由于指标体系模型构建时将指标细化到单因素，为此选用单因素的计算方法，其中，单因素综合评价具体步骤如下：

（1）确定评价对象评分等级集。

在利用模糊综合评价法评价高校图书馆政策影响力的过程中，指标可采用 9 级标度法测量，结合采集的资料，以 5 标度的形式进行，故在确定评价对象评分等级集时延续 5 标度法，设 $V = \{V_1,\ V_2,\ \cdots,\ V_n\} = \{$优，良，中，低，差$\}$，针对评价者可能针对评价对象作出的多种评价结果而形成的评价等级集合，其中 V_j 代表了第 j 个评价结果，$j = 1,\ 2,\ \cdots,\ n$，n 为总的评价结果等级个数，并为其赋值 $\{100,\ 80,\ 60,\ 40,\ 20\}$。

（2）进行单因素评价。

经过评价等级集和各个指标权重的设定，每个因素（t_i）的量化评分指标，量化结果的值反映因素对子集隶属程度，设判断矩阵为 $R = (R \mid t_i)$，另已知指标权重（W），可知模糊评判集（X）的计算公式是 $X = W \times R$，政策影响力评分可以用 $F = X \times V^{\mathrm{T}}$ 来表示。

2. 指标处理

高校图书馆政策影响力评价指标的数据由问卷调查采集得到，

155

根据各个指标分别设计相对应的问题，用户影响力一级指标下的三级指标对应用户调查问卷，政策制定和执行、图书馆影响力两个一级指标下的三级指标对应馆员调查问卷，社会影响力一级指标下的三级指标对应社会居民调查问卷，指标评分由调查问卷的数据概括而得，对调查问卷回收整理后得到表 7-3 的评价汇总。

表 7-3　被调查者对高校图书馆政策影响力的评价汇总

指标层	非常不符合	不符合	一般	符合	非常符合
权威性	3	14	32	81	34
目标性	2	8	39	84	31
完整性	6	10	31	87	30
强制性	2	21	43	58	40
有效性	1	12	48	67	36
知识技能提升	22	50	89	140	121
资源获取便利	23	36	85	174	104
学术交流开放	23	42	76	169	112
政策关注度	18	37	92	158	117
政策满意度	21	30	91	177	103
政策支持	29	38	88	136	131
政策传播	25	48	73	161	115
政策外溢	27	41	69	171	114
规范性	1	13	36	70	44
效率性	2	12	44	73	33
激励性	3	11	44	64	42
导向性	3	8	47	74	32
推动性	3	9	41	76	35
区域建设和服务	26	37	69	126	95
区域效益增长	21	40	70	138	84

指标层	非常不符合	不符合	一般	符合	非常符合
社会资源共享	24	38	87	111	93
社会公平	29	36	78	123	87
社会教育	23	37	79	124	90

结合前文构建的综合评价模型，可对每个指标进行量化评分，设政策制定的隶属矩阵为 R，其中权威性为 R_{A11}、目标性 R_{A12}、完整性 R_{A13}，公式如下所示：

$$R_{A1} = \begin{bmatrix} R_{A11} \\ R_{A12} \\ R_{A13} \end{bmatrix}$$

根据表 7-3 可知，$R_{A11} = (0.02, 0.09, 0.2, 0.49, 0.21)$，$R_{A12} = (0.01, 0.05, 0.24, 0.51, 0.19)$，$R_{A13} = (0.04, 0.06, 0.19, 0.53, 0.18)$，则政策制定隶属矩阵为：

$$R_{A1} = \begin{bmatrix} 0.02 & 0.09 & 0.20 & 0.49 & 0.21 \\ 0.01 & 0.05 & 0.24 & 0.51 & 0.19 \\ 0.04 & 0.06 & 0.19 & 0.53 & 0.18 \end{bmatrix}$$

通过第 6 章第 4 节指标权重的计算，可知 $W_{A1} = (0.4710, 0.2919, 0.2371)$

则政策制定的模糊评价集 $X_{A1} = W_{A1} \times R_{A1} = (0.0208, 0.0689, 0.2061, 0.5079, 0.1962)$

政策制定评分可表示为 $F_{A1} = X_{A1} \times V^{T}$，根据前文赋值，可得

$F_{A1} = (0.0208, 0.0689, 0.2061, 0.5079, 0.1962) \times (20, 40, 60, 80, 100)^{T} = 75.79$

同理可得 $FA11 = (0.01, 0.10, 0.28, 0.39, 0.23) \times (20, 40, 60, 80, 100)^{T} = 75.73$

$F_{A12} = (0.01, 0.07, 0.28, 0.43, 0.20) \times (20, 40, 60, 80, 100)^{T} = 76.34$

$F_{A13} = (0.02, 0.08, 0.25, 0.47, 0.18) \times (20, 40, 60,$

$80，100)^{T} = 75.24$

按照同样的方法，可计算出其他指标的评分，参见表 7-4。

表 7-4　高校图书馆政策影响力评价汇总

	一级指标	二级指标	评分	三级指标	评分
高校图书馆政策影响力 74.42	政策制定和执行 75.12	政策制定	75.79	权威性	75.73
				目标性	76.34
				完整性	75.24
		政策执行	74.45	强制性	73.78
				有效性	75.24
		学术影响	74.01	知识技能提升	73.65
				资源获取便利	74.22
				学术交流开放	74.45
	用户影响力 74.4	情感影响	74.98	政策关注度	75.12
				政策满意度	74.74
				政策支持	74.31
		行为影响	74.20	政策传播	73.89
				政策外溢	74.41
	图书馆影响力 75.92	图书馆服务影响	76.39	规范性	77.44
				效率性	75
				激励性	75.98
		图书馆发展影响	75.45	导向性	75.12
				推动性	75.98
	社会影响力 72.24	社会服务影响	72.03	区域建设和服务	72.69
				区域效益增长	71.95
				社会资源共享	71.50
		社会价值影响	72.46	社会公平	72.52
				社会教育	72.41

第 3 节　高校图书馆政策影响力评价应用结果分析

经过前文对高校图书馆政策影响力进行评分，发现高校图书馆政策影响力得分为 74.42 分，结合模糊综合评价模型的构建，可以找到评分对应的评级区间。最终评分高于 60 分，低于 80 分，高校图书馆政策影响力评价指标体系的总体评价等级为良，表明评价指标在应用上具有可行性，并且取得了较好的成效，但仍有提升空间，同时高校图书馆政策的发展潜力与挑战并存。

指标验证部分评分结果与第 6 章指标权重结果大致相同，政策制定与执行、图书馆服务和发展作为高校图书馆政策影响力的重要关注点，权重和评分都排在首位，用户影响力次之、社会影响力排在最后。一级指标"政策制定和执行""用户影响力""图书馆影响力""社会影响力"，其得分分别为 75.12、74.4、75.92 和 72.24，均在 70 分以上，可见调查对象对大部分高校图书馆政策的影响力评价较高。其中，图书馆影响力、政策制定和执行评分较高，用户影响力评分稍低，社会影响力评分最低，分值总体相差不大。政策制定与执行在前文权重最高，但在应用评分中略低于图书馆影响力，由于数据依据为调查问卷评分，无法避免主观因素产生的误差，但也反映了在实际应用评价指标时更关注高校图书馆政策对高校图书馆本身的影响，更关注高校图书馆政策能否使馆员更好地提供服务，促进图书馆的发展。

社会影响力维度评分最低，主要由于前几年疫情防控对高校图书馆的开放和服务产生了很大的影响。由于疫情的暴发和传播，高校图书馆需要采取一系列措施来保障师生的健康和安全，比如限制人员进出、消毒、测量体温等，这些措施可能会导致高校图书馆的社会服务受到限制或延迟。

政策制定与执行维度评分较高，但完整性、强制性评分相对较

159

低。这是由于我国现行的高校图书馆政策主要是教育部制定的《普通高等学校图书馆规程》，该规程不属于法律范畴，也没有相应的实施细则，缺少一部与《中华人民共和国公共图书馆法》具有相似效力的全国性高校图书馆专门法律。

用户影响力维度总体评分稍低，其中知识技能提升、资源获取便利、政策传播评分相对较低。图书馆政策内容多为用户需遵守的规范，具有一定的强制性，资源获取方式不够明了，而且图书馆服务一般是被动性服务，宣传力度较弱。

图书馆影响力维度总体评分最高，其中图书馆服务影响下属的效率性、激励性权重结果相对较低，说明图书馆员作为图书馆政策的第一接收者，同时也是图书馆政策的传播者和捍卫者，馆员的服务水平高低折射出高校图书馆政策是否科学完善，但部分馆员存在服务效率不高、态度不积极等问题，缺乏一套完善的监督反馈体系。

三级指标层中整体评分最高的指标为高校图书馆政策对高校图书馆服务规范性的影响，而评分最低的指标为社会资源共享，分差为6分，说明高校图书馆政策对图书馆员服务足够重视且执行力度较好，但在向社会开放共享资源方面明显不足。

第8章 高校图书馆政策效力的
影响因素

　　高校图书馆政策效力，是指高校图书馆政策实施后对高校图书馆活动主体(高校图书馆主管部门、高校图书馆、高校图书馆员、高校图书馆用户、高校所在社区)产生的影响力或作用力。可见，"高校图书馆政策效力""高校图书馆政策影响力"与"高校图书馆政策作用力"，三者没有实质性区别，可视为同义语。为了表述简便，本章采用"高校图书馆政策效力"。

　　本章将借鉴相关研究成果，同时结合高校图书馆政策和高校图书馆相关主体的特点，从中筛选能够对高校图书馆政策效力产生影响的因素，构建高校图书馆政策效力的影响因素指标体系。该影响因素指标体系能否对高校图书馆政策效力产生作用，有待验证。因此，本章通过问卷调查法进行实证研究，使用 SPSS 分析问卷数据，验证这些因素是否能作为高校图书馆政策效力的影响因素。

📚第1节　影响因素指标体系的构建

一、构建高校图书馆政策效力影响因素指标体系的依据

　　高校图书馆政策效力的影响因素构建将参考米特-霍恩模型、

政策执行综合模型和史密斯模型，并结合相关研究成果进行初步构建。以上三个模型是多数研究者分析公共政策执行效果的影响因素时常用的理论参考模型，亦是构建高校图书馆政策效力影响因素的理论基础。米特-霍恩模型和政策执行综合模型作为第一代自上而下的政策执行模式的典型代表，符合我国高校图书馆政策上级制定、下级执行的情况，模型中提到的影响公共政策执行的因素对高校图书馆政策效力也有一定影响；政策执行综合模型关注政策执行过程中的变量，这些变量在高校图书馆政策执行中也较为常见，如该模型提出的政策执行人员的职业道德，职业道德越强，政策效力越好，在高校图书馆政策执行中同样适用；史密斯模型在公共政策执行效果的影响因素研究中具有广泛的应用，相关成果数量多且成熟，适合分析高校图书馆政策效力的影响因素。

二、初步构建高校图书馆政策效力影响因素指标体系

在参考上述模型及相关研究成果的基础上，初步构建的高校图书馆政策效力影响因素指标体系参见表 8-1。该指标体系将高校图书馆政策效力的影响因素分为政策因素、执行因素、用户因素和环境因素四个维度。

1. 政策因素

指的是高校图书馆政策本身所具备的特点能够对政策效力产生影响，该因素维度划分为 5 个二级影响因素。比如不同的政策形式对政策执行者有不同的约束力和威慑力，这将导致政策效力有所不同。

162

2. 执行因素

指政策执行过程中参与政策执行的机构和角色对政策效力的影响，该因素又细分为 12 个能够对高校图书馆政策效力产生影响的因素，如执行机构的结构越合理越利于高校图书馆政策执行。

3. 用户因素

指高校图书馆用户对高校图书馆政策效力的影响，该因素可细分为 7 个二级因素。

4. 环境因素

指的是客观环境对高校图书馆政策效力的作用，该因素包含 5 个二级因素。如自然环境对政策效力的影响，藏书政策需要特定的温度和湿度，此时自然环境就可能影响藏书政策的执行。

各二级因素的含义说明详见表 8-1。

表 8-1　高校图书馆政策效力影响因素指标体系(初版)

一级影响因素	二级影响因素	含义说明
政策因素 P	形式 P1	高校图书馆政策以规程、指南等形式出现，不同的政策形式具有不同的政策效力
	目标明确性 P2	高校图书馆政策具有明确的长、中、短期目标
	科学合理性 P3	在制定高校图书馆政策时，充分考虑到不同类型、层次高校的实际情况
	配套性 P4	具有一系列与高校图书馆政策执行相配套的政策
	可操作性 P5	高校图书馆政策具有规范的顶层设计和具体的指导细则，具有可执行性
执行因素 A	执行机构的结构 A1	执行机构组织结构、部门设置的合理性
	执行机构的执行方案和能力 A2	执行组织为政策实施制定的方案以及该组织实现方案的总体能力

一级影响因素	二级影响因素	含义说明
执行因素 A	执行机构的资源 A3	执行机构能够获得的支持政策执行的各种资源支持，如资金支持
	执行机构与政策制定或执行的联系 A4	执行机构与政策制定或执行的联系越密切，越有利于政策的执行
	执行机构内自由沟通的程度 A5	执行机构内部横向和垂直沟通的自由度
	执行者的规模和能力 A6	执行者的人员数量以及质量
	执行者的职业道德 A7	良好的职业道德以及对工作的热爱能够促进政策的顺利执行
	执行者的知识素养 A8	执行者具备的知识意识、知识能力和知识能力水平
	执行者的政策认知 A9	执行者对高校图书馆政策的了解程度
	执行者的政策认同度 A10	执行者对高校图书馆政策的态度，支持、中立还是反对
	执行者的政策回应速度 A11	一项新的高校图书馆政策颁布之后，执行者能否快速作出回应
	执行者对政策的反馈 A12	执行者对现有高校图书馆政策的改进建议
用户因素 U	用户的知识素养 U1	用户的知识意识、知识能力和知识伦理水平
	用户群体的规模 U2	用户群体的规模大小可能会影响政策执行，通常来说，用户规模越小，越利于政策执行

续表

一级影响因素	二级影响因素	含义说明
用户因素 U	用户的政策认知 U3	用户对政策的了解程度
	用户的政策认同 U4	用户对高校图书馆政策的支持、认可程度
	用户对高校图书馆的信任度 U5	用户对高校图书馆的信任程度，用户越信任高校图书馆越有利于政策执行
	用户对高校图书馆员的信任度 U6	用户对高校图书馆员的信任程度，用户越信任馆员，越有利于政策执行
	用户的政策反馈 U7	用户对现有高校图书馆政策的改进建议
环境因素 E	适宜的自然环境 E1	适宜的湿度温度，比如藏书发展政策对馆藏量有具体要求，纸质图书的收藏需要适宜的温湿度
	政治环境的稳定 E2	国内政局、政治制度的稳定
	经济发展水平 E3	国家或地区整体的经济发展水平对高校图书馆经费拨款的影响，可能影响各项政策的执行
	信息技术发展水平 E4	信息技术在高校图书馆政策的执行、宣传过程中发挥的作用
	外部组织(个人)对高校图书馆的支持 E5	除国家或政府以外，高校图书馆获得的来自其他组织(个人)的各种援助资源，如资金捐赠

三、确立高校图书馆政策效力影响因素指标体系

为了确保指标体系的科学合理，本研究通过专家咨询法修改完善指标体系。我们共找到 15 位图情领域专家，既有高校教授，又有图书馆馆长和研究馆员，具备丰富的科研经验和工作经验，能够对本研究提出指导性建议。在初版指标体系的基础上设计高校图书馆政策效力的影响因素专家咨询表，请专家为各个二级因素对高校图书馆政策效力的影响程度进行打分。0 代表"没有影响"，1 代表"很弱影响"，2 代表"弱影响"，3 代表"强影响"，4 代表"很强影响"。

对专家打分数据和建议进行整合，得到高校图书馆政策效力的影响因素指标体系(终版)，如表 8-2 所示。

现对指标修改情况作以说明：(1)一级指标。有两位专家反馈高校图书馆政策的执行机构主要是高校图书馆，高校在政策执行中可能起辅助作用，而高校主管部门主要起监督作用。因此，笔者将"执行因素"修改为"图书馆因素"。(2)二级指标。①凡是出现专家认为某一因素对高校图书馆政策效力"没有影响"的情况，则考虑删除该因素。笔者删除了"政策的配套性""执行机构与政策制定或执行的联系""用户群体的规模""用户对高校图书馆员的信任度"四个因素。②综合专家建议修改了某些指标。将"执行机构的自由沟通程度"改为"图书馆的工作氛围"，指高校图书馆内部自由沟通程度及人员之间的信任度；"执行者的政策回应速度"和"工作人员的政策反馈"合并为"工作人员的政策回应"，指高校图书馆对高校图书馆政策的回应情况；将"执行机构的资源"和"外部组织(个人)对高校图书馆的支持"合并为"资源支持"，归类在"环境因素"下，该指标指高校图书馆获得的来自国家、政府和其他组织(个人)的各种资源支持，如外部机构(个人)对图书馆的捐赠、图书馆之间的馆际协作等。

表 8-2　高校图书馆政策效力影响因素指标体系(终版)

一级影响因素	二级影响因素	来源①②③④⑤
政策因素 P	形式 P1	胡吉明等
	目标明确性 P2	Sabatier P 等、翟运开等
	科学合理性 P3	翟运开等
	可操作性 P4	翟运开等
图书馆因素 L	高校图书馆的结构 L1	Smith T B
	高校图书馆的方案和能力 L2	Smith T B
	高校图书馆的工作氛围 L3	Van Meter D S 等
	工作人员的职业道德 L4	Sabatier P 等、胡吉明等
	工作人员的知识素养 L5	胡吉明等
	工作人员的政策认知 L6	胡吉明等
	工作人员的政策认同度 L7	SabatierP 等
	工作人员的政策回应 L8	Van Meter D S

①　胡吉明，曹兰梦，谭必勇. 档案公共服务政策执行效果的关键影响因素识别研究[J]. 档案学研究，2019(5)：22-28.

②　Sabatier P, Mazmanian D. The Implementation of Public Policy: A Framework of Analysis[J]. Policy Studies Journal, 1980, 8(4): 538-560.

③　翟运开，郭柳妍，路薇，等. 远程医疗政策执行效果的关键影响因素识别研究——基于模糊 DANP 法[J]. 中国卫生政策研究，2022，15(3)：45-52.

④　Smith T B. The Policy Implementation Process[J]. Policy Sciences, 1973, 4(2): 197-209.

⑤　Van Meter D S, Van Horn C E. The Policy Implementation Process: A Conceptual Framework[J]. Administration & Society, 1975, 6(4): 445-488.

续表

一级影响因素	二级影响因素	来源
用户因素 U	用户的知识素养 U1	胡吉明等、翟运开等
	用户的政策认知 U2	翟运开等
	用户的政策认同度 U3	Smith T B
	用户的机构信任 U4	胡吉明等
	用户的政策反馈 U5	翟运开等
环境因素 E	适宜的自然环境 E1	/
	政治环境的稳定 E2	Smith T B
	经济发展水平 E3	Smith T B、Van Meter D S
	信息技术发展水平 E4	Sabatier P 等
	资源支持 E5	Sabatier P 等

为展示各个指标的重要性，我们依据专家打分均值绘制了影响因素重要性图，参见图 8-1。由图 8-1 可知，得分在 3 以上的因素有 7 个，其中政策因素 3 个，即政策的可操作性、政策的科学合理性、政策的目标明确性；图书馆因素 4 个，即工作人员的政策认同度、工作人员的政策认知、工作人员的知识素养，表明政策本身的质量以及政策的实际执行情况对政策能否发挥作用及发挥作用的程度至关重要。用户因素各项得分在 2.5~2.73，表明用户因素对高校图书馆政策效力有一定影响。环境因素各项中，除资源支持外，其他因素对政策效力的影响都较弱。综上，专家咨询结果表明：政策因素、图书馆因素和用户因素对高校图书馆政策效力有重要影响，环境因素对政策效力的影响较为微弱。这与国内外现有研究结论基本一致。董新宇等①运用因子分析得出了政策执行者因子、政

---

　　① 董新宇，马林妍. 治理视角下"一村一品"政策执行影响因素的实证研究——基于高陵县的调查[J]. 统计与信息论坛，2014，29(9)：99-106.

策对象因子能很好地解释"一村一品"政策执行效果的变化机理。翟运开等①通过模糊 DANP 法发现在因素重要性排名中，政策目标群体和政策执行机构在远程医疗政策执行中扮演重要角色。Peg Allen 等②发现影响卫生政策执行结果的决定性因素中，实施准备度、组织氛围与文化出现频率很高，即执行因素被认为是影响卫生政策的关键因素。因此，我们将设计图书馆问卷和用户问卷对高校图书馆工作人员和用户展开调查，分析用户因素和图书馆因素对高校图书馆政策效力的影响情况。考虑到图书馆工作人员相比用户更加了解高校图书馆政策，因而在图书馆问卷中加入了政策因素和环境因素的调查，以确定政策因素和环境因素对政策效力的影响。

第 2 节　图书馆因素对高校图书馆政策效力的影响

一、图书馆问卷设计

为明确图书馆因素对高校图书馆政策效力的影响情况，本研究选择问卷调查表作为研究工具。依照前文影响因素指标体系中的图书馆因素，参考相关研究，编制了图书馆问卷，发放对象为高校图书馆工作人员，包括图书馆员和管理者。图书馆问卷共包含两个部分：一是被调查对象的背景信息，如性别、年龄、工作年限等；二是量表题项，共 7 个维度，图书馆的结构和能力、图书馆的工作氛

169

①　翟运开，郭柳妍，路薇，等．远程医疗政策执行效果的关键影响因素识别研究——基于模糊 DANP 法[J]．中国卫生政策研究，2022，15(3)：45-52.

②　Allen P，Pilar M，Walsh-Bailey C，et al. Quantitative Measures of Health Policy Implementation Determinants and Outcomes：A Systematic Review [J]．Implementation Science，2020，15(1)：1-17.

图 8-1　影响因素重要性排名

围、工作人员的能力、工作人员的政策认知、工作人员的政策认同和工作人员的政策回应 6 个维度是自变量，高校图书馆政策效力为因变量。

1. 图书馆问卷自变量设计

自变量按照图书馆因素的二级指标设计，考虑到问卷题项的数量要适度，且每个维度的题项在 3~7 个为宜，将"图书馆的结构"和"图书馆的方案和能力"两个指标合并为"图书馆的结构和能力"，将"工作人员的职业道德"和"工作人员的知识素养"合并为"工作人员的能力"。具体题项见表8-3。

表 8-3　图书馆问卷自变量的题项信息

自变量维度	题　　　项
图书馆的结构和能力	高校图书馆的部门设置合理
	高校图书馆具备制定政策执行方案的能力
	高校图书馆制定的政策执行方案具有可操作性
图书馆的工作氛围	同事之间沟通自由
	上下级之间沟通自由
	同事之间相互信任
	上下级之间相互信任
工作人员的能力	工作中能够做到遵纪守法、爱岗敬业、尊重读者
	工作中能够做到言谈得体、诚实守信、仪表端庄
	具备良好的知识获取意识、辨别意识、共享意识
	具备良好的知识获取、加工、分析和利用的能力
	在信息活动中能够遵循道德伦理规范和知识安全规范
工作人员的政策认知	关注新发布的高校图书馆政策
	关注高校图书馆行业动态
	了解高校图书馆政策
	了解高校图书馆政策的具体内容
工作人员的政策认同	认为高校图书馆政策的目标明确
	认为高校图书馆政策的内容科学合理
	认为高校图书馆政策具有可操作性

171

自变量维度	题 项
工作人员的政策回应	按照政策要求开展图书馆资源建设工作
	按照政策要求开展图书馆基础设施建设工作
	按照政策要求营造图书馆的环境氛围
	按照政策要求开展图书馆服务工作
	按照政策要求进行学术研究
	能够在较短时间内对高校图书馆政策作出回应
	对高校图书馆政策提出意见或建议

2. 图书馆问卷因变量设计

因变量——高校图书馆的政策效力的测量,可用高校图书馆政策对各个指标的作用测量政策效力。题项包括高校图书馆政策对图书馆的资源建设水平、图书馆的基础设施水平、图书馆的环境氛围、工作人员的服务水平和工作人员的科研水平的作用,具体题项参见表 8-4。

表 8-4　图书馆问卷的因变量题项信息

因变量	题项描述
政策效力	高校图书馆政策对本馆资源丰富度的作用
	高校图书馆政策对本馆基础设施完备度的作用
	高校图书馆政策对本馆环境氛围的作用
	高校图书馆政策对本馆工作人员提供的服务的作用
	高校图书馆政策对本馆工作人员科研水平的作用

此外,图书馆问卷还设计了多选题,由图书馆工作人员判断政策因素和环境因素中哪些因素会对高校图书馆政策产生影响,参见表 8-5。

表8-5 图书馆问卷的多选题信息

题 项	选 项
您认为下列哪些政策因素会影响高校图书馆政策效力？	政策的形式
	政策的科学合理性
	政策的目标明确性
	政策的可操作性
您认为下列哪些环境因素会影响高校图书馆政策效力？	适宜的自然环境
	稳定的政治环境
	经济发展水平
	信息技术发展水平
	外部资源支持

二、图书馆问卷的信效度分析

1. 信度分析

为检验量表的可靠性，需对量表各维度与总量表的信度加以检验，结果如表8-6所示。问卷整体 Cronbach's α 系数为0.919，高于0.9，且各个维度的 Cronbach's α 系数在0.7~0.8，表明图书馆问卷量表的整体和各个维度的信度都较高，问卷数据值得信赖。

173

表8-6 图书馆问卷的信度分析

变量类型	变量名称	项数	Cronbach's α
自变量	图书馆的结构和能力	3	0.784
	图书馆的工作氛围	4	0.84
	工作人员的能力	5	0.872

变量类型	变量名称	项数	*Cronbach's α*
自变量	工作人员的政策认知	4	0.803
	工作人员的政策认同	3	0.748
	工作人员的政策回应	7	0.854
因变量	政策效力	5	0.847
	整体	31	0.919

2. 效度分析

效度检验主要是对调查问卷内容的合理性、有效性进行检验。*KMO* 值越大，说明数据越适合进一步分析。我们采用 *KMO* 检验以及 *Bartlett* 球型检验进行效度分析。一般情况下，*KMO* 值大于 0.8，说明问卷效度非常高。因子分析 *Bartlett* 检验的 P 值小于 0.05 时，说明显著性较高，问卷内容之间的差异性较强。图书馆问卷的整体效度为 0.903，说明问卷题项设计合理，适合后续研究。参见表 8-7。

表 8-7　图书馆问卷的效度分析

KMO 值		0.903
Bartlett 检验	近似卡方	3490.123
	自由度	465
	P 值	0.000

三、图书馆问卷的基本信息

在数据收集阶段，调查方式采取线上通过问卷星以滚雪球的方式发放。确保能够覆盖不同地区和高校类别的样本，使样本具有较强的代表性。共发放调查问卷 231 份，其中有效问卷 231 份。图书馆问卷的基本信息包含性别、年龄、学历、工作年限、身份和高校类别等维度，样本的背景信息参见表 8-8。

表 8-8　调查样本基本信息表

背景信息	类别	频数	百分比(%)
性别	男	68	29.4
	女	163	70.6
年龄	20~30	64	27.7
	31~40	82	35.5
	41~50	54	23.4
	51~60	31	13.4
学历	专科	9	3.9
	本科	78	33.8
	硕士研究生	116	50.2
	博士研究生	28	12.1
工作年限	0~5 年	44	19.0
	6~10 年	75	32.5
	11~15 年	52	22.5
	16~20 年	31	13.4
	21 年以上	29	12.6
身份	高校图书馆管理者	54	23.4
	高校图书馆员	177	76.6
高校类别	专科	64	27.7
	本科	167	72.3

四、图书馆问卷变量的描述性统计

本研究使用的图书馆量表共包含 7 个维度，由于每个维度设置了 3~7 个题项，为准确获得各个维度的测量值，本研究对各个维度进行题项求和并求得平均值，以便对各变量进行描述性统计分析。表 8-9 呈现了高校图书馆因素及高校图书馆政策效力的得分情况。评判标准为对比各项均值与中立值 3，大于 3 则说明该项变量处于较高水平，均值越大则水平越高。

1. 图书馆问卷自变量的统计分析

由表 8-9 可知，高校图书馆的结构和能力、工作氛围均值最高，都大于 3.9，说明高校图书馆部门设置的合理性、高校图书馆制定政策执行方案的能力及高校图书馆的工作氛围都处于较高水平。从均值来看，高校图书馆工作氛围的提升空间较大。其后依次是工作人员的能力和政策回应，均值分别是 3.81 和 3.71，说明高校图书馆的工作人员能力普遍较强，且能够对高校图书馆政策作出回应。得分最低的两项是政策认知和政策认同，为 3.63，说明高校图书馆工作人员对高校图书馆政策的了解程度和认同程度有待加强。

2. 图书馆问卷因变量的统计分析

由表 8-9 可知，因变量——高校图书馆政策效力的均值为 4.02，说明高校图书馆政策效力处于较高水平。该值由图书馆工作人员评价，可以看出图书馆工作人员认为高校图书馆政策对高校图书馆建设水平的影响较强，高校图书馆政策在指导图书馆业务工作方面发挥了较大作用。高校图书馆工作人员作为政策的执行者，对政策效力有较高评价，代表其对自身工作的认可。用户作为图书馆建设水平的检验者，后续需要结合用户问卷的政策效力水平，分析高校图书馆政策效力的具体情况。

表 8-9　高校图书馆因素和政策效力的描述性统计

变量类型	变量	均值	标准差	最小值	最大值
自变量	图书馆的结构和能力	4.0029	0.86755	1.00	5.00
	图书馆的工作氛围	3.9502	0.85638	1.00	5.00
	工作人员的能力	3.8130	0.87058	1.00	5.00
	工作人员的政策认知	3.6288	0.93304	1.00	5.00
	工作人员的政策认同	3.6306	0.93310	1.00	5.00
	工作人员的政策回应	3.7143	0.78042	1.43	4.86
因变量	政策效力	4.0234	0.86294	1.20	5.00

五、图书馆因素对高校图书馆政策效力的相关分析

在探究图书馆因素对高校图书馆政策效力的影响之前，先运用 Pearson 积差相关进行相关分析。Pearson 相关系数是反映满足线性相关条件的变量间相关密切程度的统计指标，一般用字母 r 表示。在统计学上，变量间的相关性首先需要通过显著性检验，当 P 值小于 0.05，表明两个变量间的相关性达到显著。随后，通过相关系数 r 的正负判断变量间呈正相关或负相关，通过相关系数的绝对值判断变量间相关程度的强弱，绝对值越接近 1，表示相关性越强。

1. 图书馆因素和高校图书馆政策效力的相关分析

对高校图书馆因素和高校图书馆政策效力进行相关分析，结果如表 8-10 所示。由表 8-10 可知，图书馆各因素与政策效力之间都存在较强的显著正相关。观察相关性系数可知，相关性最强的是工作人员的政策认知与政策效力，其相关性系数 r = 0.534[**]，其次是工作人员的政策回应与政策效力，其相关性系数为 0.496[**]，接近 0.5。再次是图书馆的工作氛围、工作人员的政策认同、工作人员

177

的能力，三者与政策效力的相关系数分别是 0.461^{**}、0.446^{**}、0.434^{**}。图书馆的结构和能力与政策效力的相关性系数为 0.415^{**}，相关性最弱。因此，工作人员的政策认知和政策回应可能是影响高校图书馆政策效力的关键因素，有待后续回归分析验证。

表 8-10　图书馆因素与高校图书馆政策效力的相关分析

	政策效力
图书馆的结构和能力	0.415^{**}
图书馆的工作氛围	0.461^{**}
工作人员的能力	0.434^{**}
工作人员的政策认知	0.534^{**}
工作人员的政策认同	0.446^{**}
工作人员的政策回应	0.496^{**}

2. 图书馆因素之间的相关分析

对图书馆因素两两之间进行相关分析，结果如表 8-11 所示。由表可知，图书馆因素两两之间都呈现或强或弱的显著正相关。总体来看，相关性最强的是工作人员的政策认知和政策认同，相关性系数为 0.490^{**}。这符合普遍认知，即对政策越了解则越认可政策。其次，图书馆的结构和能力与图书馆的工作氛围的相关系数 $r=0.476^{**}$。从单一维度看，工作人员的能力与政策认知、政策认同的相关性较强，相关性系数分别是 0.308^{**} 和 0.336^{**}，理论上来讲，工作人员的能力可能影响工作人员的政策认知和政策认同，有待回归分析验证；工作人员的政策认知和政策认同与政策回应的相关性系数分别是 0.363^{**} 和 0.324^{**}，相关性较强。

表 8-11　图书馆因素和工作人员因素的相关分析

	图书馆的结构和能力	图书馆的工作氛围	工作人员的能力	工作人员的政策认知	工作人员的政策认同	工作人员的政策回应
图书馆的结构和能力	1					
图书馆的工作氛围	0.476**	1				
工作人员的能力	0.169*	0.160*	1			
工作人员的政策认知	0.249**	0.292**	0.308**	1		
工作人员的政策认同	0.196**	0.239**	0.336**	0.490**	1	
工作人员的政策回应	0.276**	0.294**	0.255**	0.363**	0.324**	1

六、图书馆相关因素对高校图书馆政策效力的回归分析

相关分析仅能表明变量间的相关性强弱，无法确定变量间关系的方向，揭示其内在的因果关系。因此，我们进一步运用回归分析法明确变量关系的方向。

在进行回归分析前，要先明确回归分析的判断标准及步骤。第一，看 F 值对应的 P 值是否小于 0.05，若小于 0.05，说明某一自变量对因变量存在影响关系。第二，观察 R 平方、$D-W$ 值和 VIF，判断模型的拟合情况。通常认为，R 平方越大说明回归模型的拟合度越好；$D-W$ 值需要在 2 附近，满足则说明无自相关性；VIF 小于 5 说明没有多重共线性。第三，观察自变量对因变量的 P 值，若小于 0.05 说明自变量对因变量之间存在影响关系。第四，观察标准化系数 β，β 的正负代表自变量对因变量的影响方向，β 的大小表

明影响程度的强弱。

1. 图书馆因素对政策效力的回归分析

为进一步探索图书馆因素对政策效力的具体影响情况，将图书馆因素的子维度作为自变量，政策效力作为因变量进行多元线性回归分析，结果参见表 8-12。由表 8-12 可知，回归模型的 F 值通过了显著性检验，观察 R 平方、D-W 值和 VIF 值可得，模型的拟合度较优。在该回归模型中，图书馆的工作氛围、工作人员的能力、工作人员的政策认知、工作人员的政策回应四项的 t 值达到了显著性水平，表明图书馆的工作氛围、工作人员的职业道德、政策认知和政策回应四个自变量能够对因变量政策效力产生正向显著影响。观察四者的标准化回归系数可知，工作人员的政策认知对高校图书馆政策效力的影响最大($\beta = 0.308$)，说明高校图书馆工作人员对政策的了解程度越高，越有利于政策执行，政策能更好地发挥作用。其次是工作人员的政策回应($\beta = 0.249$)和工作人员的能力($\beta = 0.237$)，说明工作人员的能力越强，对政策的态度越积极回应越及时，高校图书馆政策的效力越高。图书馆的工作氛围对政策效力的影响程度最小，说明和谐的工作氛围能在一定程度上利于政策执行。与现有研究不同的是，工作人员的政策认同并未对政策效力产生影响。

表 8-12　图书馆因素对政策效力的回归分析

	非标准化系数		标准化系数	t 值	P 值	VIF
	B	标准误差	β			
常量	0.025	0.277	—	0.090	0.929	—
图书馆的结构和能力	0.071	0.074	0.072	0.959	0.339	2.540
图书馆的工作氛围	0.210	0.076	0.209	2.761**	0.006	2.603
工作人员的能力	0.235	0.050	0.237	4.676**	0.000	1.167
工作人员的政策认知	0.285	0.073	0.308	3.923**	0.000	2.809

续表

	非标准化系数		标准化系数	*t* 值	*P* 值	*VIF*
	B	标准误差	*β*			
工作人员的政策认同	−0.020	0.072	−0.022	−0.280	0.780	2.735
工作人员的政策回应	0.276	0.058	0.249	4.774**	0.000	1.240
R 平方	0.507					
D-W 值	1.996					
F 值	38.436**					

考虑到相关分析的结果，其他因素与图书馆的工作氛围、工作人员的职业道德、政策认知和政策回应之间存在一定的相关关系，为明确其他因素对这四个变量的影响关系，下文将做回归分析进行深入探究。其他因素与图书馆工作氛围、工作人员的政策回应满足线性回归，其回归分析如下。

2. 其他因素对图书馆工作氛围的回归分析

对图书馆因素中除工作氛围以外的 5 个变量与图书馆工作氛围进行回归分析，参见表 8-13。结果显示，5 个变量中图书馆的结构和能力的 *t* 值通过了显著性检验，说明图书馆内部结构和能力对图书馆工作氛围有显著正向影响，即高校图书馆的部门设置越合理、制定政策执行方案的能力越强，则高校图书馆的工作氛围越轻松和谐，工作人员的沟通和信任程度越高。因此，图书馆的结构和能力通过影响图书馆的工作氛围，间接影响政策效力。Rajapakshe① 的研究表明，执行机构的能力能够作为中介变量对中小企业发展政策产生影响，与本研究结论有所不同。

181

---

① Rajapakshe W. Factors Affecting Human Resources Management Policy Implementation in Small and Medium Enterprises（SMEs）in Sri Lanka［J］. International Journal of Academic Research in Business and Social Sciences，2017，7（12）：1129-1144.

表 8-13　其他因素对工作氛围的回归分析

	非标准化系数		标准化系数	t 值	P 值	VIF
	B	标准误差	β			
常量	0.511	0.240	—	2.132*	0.034	—
图书馆的结构和能力	0.429	0.043	0.439	16.904**	0.000	1.119
工作人员的能力	−0.009	0.044	−0.009	−0.194	0.846	1.167
工作人员的政策认知	0.070	0.063	0.077	1.109	0.269	2.794
工作人员的政策认同	0.015	0.063	0.016	0.241	0.809	2.734
工作人员的政策回应	0.065	0.050	0.059	1.296	0.196	1.231
R 平方	0.616					
D-W 值	1.845					
F 值	72.136**					

3. 其他因素对工作人员政策回应的回归分析

对图书馆因素中除政策回应以外的 5 个变量与工作人员的政策回应进行回归分析，参见表 8-14。结果显示，工作人员的能力和政策认知的 t 值通过了显著性检验，表明工作人员的能力和政策认知对政策回应有显著的正向影响。

表 8-14　其他因素对政策回应的回归分析

	非标准化系数		标准化系数	t 值	P 值	VIF
	B	标准误差	β			
常量	1.644	0.300	—	5.474**	0.000	—
图书馆的结构和能力	0.082	0.086	0.091	0.954	0.341	2.530
图书馆的工作氛围	0.114	0.088	0.125	1.296	0.196	2.584

续表

	非标准化系数		标准化系数	t 值	P 值	VIF
	B	标准误差	β			
工作人员的能力	0.119	0.057	0.133	2.078*	0.039	1.145
工作人员的政策认知	0.177	0.083	0.211	2.125*	0.035	2.754
工作人员的政策认同	0.055	0.083	0.065	0.660	0.510	2.730
R 平方	0.193					
D-W 值	2.017					
F 值	10.794**					

综上，回归分析结果表明：(1)图书馆的工作氛围、工作人员的能力、政策认知和政策回应能够对高校图书馆政策效力产生正向影响；(2)图书馆的结构和能力对图书馆的工作氛围有正向影响；(3)工作人员的能力和政策认知对工作人员的政策回应有正向影响。根据图书馆因素对高校图书馆政策效力的影响，可将高校图书馆政策效力的影响因素关系绘制成图 8-2。

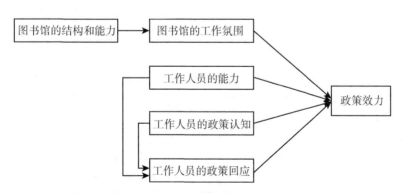

图 8-2　图书馆因素对高校图书馆政策效力的影响关系

183

第 3 节 用户因素对高校图书馆政策效力的
　　　　　　影响分析

一、用户问卷设计

依照影响因素指标体系中的用户因素，参考相关研究，我们编制了用户问卷，发放对象为高校图书馆用户。用户问卷共包含两个部分：一是被调查对象的背景信息，如性别、年龄、访问频率等；二是量表题项，共 6 个维度，用户的知识素养、政策认知、政策认同、机构信任、政策反馈 5 个维度是自变量，政策效力是因变量。

1. 用户问卷自变量设计

自变量题项的设计主要参照指标体系中用户因素的二级指标设计，具体题项信息参见表 8-15。其中，机构信任的题项设置参考了齐向华等①的研究，将用户对图书馆的信任划分为能力信任、情感信任和认知信任，能力信任即用户因为图书馆、图书馆员具备满足其需求的能力而信任图书馆，情感信任即用户基于图书馆提供的服务而信任图书馆，认知信任即用户源于对图书馆的了解而信任图书馆。其余 4 个自变量题项参照图书馆问卷相关题项设计。

表 8-15　用户问卷的自变量题项信息

自变量维度	题 项 描 述
知识素养	具备良好的知识获取意识、辨别意识、共享意识
	具备良好的获取、加工、分析和利用知识的能力
	在信息活动中能够遵循道德伦理规范和知识安全

184

① 齐向华，续晶晶. 高校图书馆用户信任测评模型构建与实证研究[J]. 图书馆学研究，2019(10)：84-89，26.

续表

自变量维度	题 项 描 述
政策认知	了解高校图书馆政策
	了解高校图书馆政策的内容
	了解高校图书馆政策中有关用户的规定
政策认同	认同高校图书馆政策
	认为高校图书馆政策的内容是合理的
	认为高校图书馆政策中有关用户的规定是合理的
机构信任	认为图书馆本身和图书馆员具备满足我信息需求的能力
	认为图书馆及其提供的服务是值得信赖的
	信任高校图书馆源于对其了解和熟悉程度
	总体上，对高校图书馆是信任的
政策反馈	了解高校图书馆政策的反馈渠道
	会对高校图书馆政策提出自己的建议或意见
	会针对高校图书馆政策中与用户有关的规定提出意见或建议

2. 用户问卷因变量设计

对用户问卷中因变量——高校图书馆政策效力的测量，我们使用了用户行为规范度(PU1)和满意度(PU2)两个指标。用户的行为规范度表示政策对用户的约束力，用于评价用户在馆内的行为是否遵守政策规定，因此设置了"遵守高校图书馆政策的相关规定"题项，考虑到用户行为以访问实体图书馆和图书馆网站为主，因此设置了"在高校图书馆内的行为符合政策规定"和"在高校图书馆网站的行为符合政策规定"两个题项。用户满意度表示用户感知到的图书馆建设水平，是从用户感知角度将用户对高校图书馆建设的满意

185

度作为测量政策效力的标准。具体题项参考了关磊①、Martensen
等②的研究，围绕满意度的四个维度：资源满意度、基础设施满意
度、环境满意度和服务满意度进行题项设置。具体题项参见表 8-16。

表 8-16　用户问卷的因变量题项信息

因变量	因变量维度	题 项 描 述
政策效力	行为规范度（PU1）	遵守高校图书馆政策的相关规定
		在高校图书馆内的行为符合高校图书馆政策的规定
		在高校图书馆网站的行为符合高校图书馆政策的规定
	满意度（PU2）	总体来说，对经常访问高校图书馆是满意的
		经常访问的高校图书馆提供的资源能够满足我的需求
		对经常访问的高校图书馆的基础设施是满意的
		对经常访问的高校图书馆提供的服务是满意的
		对经常访问的高校图书馆的环境氛围是满意的

二、用户问卷的信效度分析

1. 信度分析

　　对用户问卷量表题项整体及自变量、因变量的各个维度进行信
度分析，结果如表 8-17 所示。用户问卷整体的信度达到了 0.873，各

---

　　① 　关磊. 高校图书馆持续使用研究——以图书馆用户满意度模型和
TAM 模型为视角[J]. 图书馆，2020(3)：96-104.
　　② 　Martensen A, Grønholdt L. Improving Library Users' Perceived Quality,
Satisfaction and Loyalty：An Integrated Measurement and Management System[J]. The
Journal of Academic Librarianship, 2003, 29(3)：140-147.

个维度的信度都在 0.8 左右，说明问卷信度很好，数据可靠性高。

表 8-17　用户问卷的信度分析

变量类型	变量	项数	*Cronbach's α*
自变量	知识素养	3	0.797
	政策认知	3	0.802
	政策认同	3	0.887
	机构信任	4	0.854
	政策反馈	3	0.866
因变量	政策效力	8	0.887
	整体	24	0.873

2. 效度分析

对用户问卷量表题项采用 *KMO* 检验以及 *Bartlett* 检验进行效度分析，结果如表 8-18 所示。用户问卷的 *KMO* 值为 0.897，*Bartlett* 检验的 *P* 值小于 0.05，说明问卷题项设计得好，内容之间有一定关联性，适合进一步分析。

表 8-18　用户问卷的效度分析

KMO 值		0.897
Bartlett 检验	近似卡方	3959.033
	自由度	276
	显著性	0.000

三、用户问卷的基本信息

调研阶段共收集用户答卷 326 份，其中有效答卷 302 份。用户问卷基本信息包括身份、性别、学历等，详见表8-19。

表 8-19　样本基本信息表

背景信息	类别	频率(次)	百分比%
身份	学生	156	51.7
	教师	82	27.2
	科研工作者	45	14.9
	学校管理型用户	19	6.3
性别	男	149	49.3
	女	153	50.7
学历	专科	67	22.2
	本科	168	55.6
	硕士研究生	43	14.2
	博士研究生	24	7.9
高校层次	双一流	111	36.8
	非双一流	191	63.2
访问图书馆频率	偶尔	16	5.3
	一月一次	19	6.3
	一周一次	51	16.9
	一天一次	117	38.7
	每天多次	99	32.8
访问图书馆网站频率	偶尔	13	4.3
	一月一次	27	8.9
	一周一次	69	22.8
	一天一次	103	34.1
	每天多次	90	29.8

四、用户问卷变量的描述性统计分析

本研究用户问卷量表共包含 6 个维度，每个维度设置了 3~5 个题项，为准确获得各个维度的测量值，对各个维度进行题项求和并求得平均值，以便分析。表 8-20 呈现了高校图书馆因素及高校图书馆政策效力的得分情况。评判标准为对比各项均值与中立值 3，大于 3 则说明该项变量处于较高水平。

1. 用户问卷自变量的统计分析

由表 8-20 可知，用户问卷的自变量均值依次是知识素养、政策认知、机构信任、政策认同、政策反馈，前三个变量的均值都大于 3.5，说明高校图书馆用户的知识素养较高，用户对高校图书馆政策的了解程度较高，用户对高校图书馆的信任水平较高。用户的政策认同和政策反馈两项的均值低于 3，说明用户对高校图书馆政策认可程度不高，用户也较少对高校图书馆政策提出自己的建议或意见。

2. 用户问卷因变量的统计分析

由表 8-20 可知，用户问卷的因变量——政策效力均值为 3.87，说明用户认为高校图书馆政策效力仍有提升空间。与图书馆问卷的政策效力相比，用户问卷政策效力低于图书馆问卷。用户问卷的政策效力，一方面反映用户是否遵守高校图书馆政策，另一方面反映用户对高校图书馆建设水平的满意度。用户问卷政策效力得分较低，反映出政策对用户的约束力不足、用户感知到的高校图书馆建设水平不高。图书馆问卷与用户问卷政策效力的差异表明，图书馆工作人员评价的高校图书馆建设水平与用户感知的图书馆建设水平之间有一定差距，因此，高校图书馆政策效力有待提升。

189

表 8-20　用户问卷自变量和因变量的描述性统计

变量类型	变量	均值	标准差	最小值	最大值
自变量	知识素养	3.8962	0.87640	1.00	5.00
	政策认知	3.7991	0.90898	1.00	5.00
	政策认同	2.8035	1.17138	1.00	5.00
	机构信任	3.6697	0.94137	1.00	5.00
	政策反馈	2.7660	1.13750	1.00	5.00
因变量	政策效力	3.8700	0.81487	1.00	5.00

五、用户因素和高校图书馆政策效力的相关分析

1. 用户因素和政策效力的相关分析

对用户因素和高校图书馆政策效力进行相关分析，结果参见表 8-21。由表 8-21 可知，用户的知识素养、政策认知和机构信任与政策效力呈现显著正相关，用户的政策认同和政策反馈与政策效力之间未达到显著性水平，可以认为不相关。观察相关性系数，知识素养、政策认知、机构信任与政策效力的相关性系数都大于 0.5，表明三者与政策效力之间存在强相关关系。

表 8-21　用户因素和政策效力的相关分析

	政策效力
知识素养	0.556**
政策认知	0.598**
政策认同	−0.052
机构信任	0.525**
政策反馈	−0.073

为明确用户因素对政策效力的具体影响,对用户因素和政策效力的子维度进行相关分析,结果参见表 8-22。

　　用户因素与行为规范度方面,用户的知识素养、政策认知、政策认同和机构信任与用户的行为规范度呈现显著正相关,用户的政策反馈和行为规范度之间无相关关系。观察相关性系数,用户的知识素养与行为规范度之间的相关性最强,相关性系数 $r = 0.429^{**}$,政策认知、机构信任与行为规范度之间的相关性系数分别是 0.426^{**} 和 0.353^{**},政策认同和行为规范度之间的相关性系数为 0.127^{*},相关性最弱。

　　用户因素与满意度方面,用户的知识素养、政策认知、机构信任和满意度之间呈现显著正相关,而用户的政策认同、政策反馈和满意度之间呈现显著负相关。正相关方面,知识素养、政策认知、机构信任和满意度之间的相关性系数均大于 0.5,说明三个因素与满意度之间存在强相关关系,三者的相关性系数为政策认知($r = 0.603^{**}$)>机构信任($r = 0.542^{**}$)>知识素养($r = 0.539^{**}$);负相关方面,政策认同、政策反馈与满意度之间的相关性系数相同,$r = -0.154^{**}$,说明政策认同、政策反馈与满意度之间存在较弱的负相关。政策反馈与满意度之间的负相关符合逻辑与预期,但政策认同与满意度之间的负相关比较意外,有待进一步探究。

表 8-22　用户因素和政策效力子维度的相关分析

	行为规范度	满意度
知识素养	0.429^{**}	0.539^{**}
政策认知	0.426^{**}	0.603^{**}
政策认同	0.127^{*}	-0.154^{**}
机构信任	0.353^{**}	0.542^{**}
政策反馈	0.075	-0.154^{**}

2. 用户因素之间的相关分析

对 5 个用户因素进行两两相关分析，结果参见表 8-23。观察表 8-23 可知：(1)高校图书馆用户的知识素养与政策认知、机构信任存在显著正相关；(2)政策认知与机构信任之间存在较强的显著正相关，相关性系数为 0.429**；(3)政策认同与政策反馈之间存在显著性强正相关，$r = 0.644^{**}$。

表 8-23　用户因素之间的相关分析

	知识素养	政策认知	政策认同	机构信任	政策反馈
知识素养	1				
政策认知	0.455**	1			
政策认同	0.045	0.020	1		
机构信任	0.327**	0.429**	0.072	1	
政策反馈	0.091	−0.011	0.644**	0.009	1

六、用户因素和高校图书馆政策效力的回归分析

1. 用户因素对高校图书馆政策效力的回归分析

回归分析的前提是变量之间存在相关性，前文相关分析结果表明，用户因素中知识素养、政策认知、机构信任与政策效力之间存在相关关系，因此进行回归分析，结果参见表 8-24。由表 8-24 可知，回归模型的 F 值通过了显著性检验，观察 R 平方、D-W 值和 VIF 值可得，模型的拟合度较优。观察回归模型自变量的 t 值，3 个自变量对因变量政策效力均存在显著的正向影响。自变量中，政策认知对政策效力的影响最强，标准化回归系数 $\beta = 0.337$；知识素养对政策效力的标准化回归系数为 0.311；机构信任的标准化回

归系数是 0.278。徐婧婷①、胡吉明等②的研究发现，政策目标群体的政策认知能够对政策效力产生重要影响，这与本研究结论一致。此外本研究还发现，高校图书馆用户的知识素养和机构信任同样对政策效力影响显著。

表 8-24 用户因素对政策效力的回归分析

	非标准化系数		标准化系数	t 值	P 值	VIF
	B	标准误差	β			
常量	0.710	0.180	—	3.953	0.000	—
知识素养	0.289	0.042	0.311	6.817**	0.000	1.296
政策认知	0.302	0.043	0.337	7.060**	0.000	1.419
机构信任	0.241	0.039	0.278	6.189**	0.000	1.260
R 平方	0.521					
$D-W$ 值	2.108					
F 值	108.011**					

2. 用户因素对高校图书馆政策效力子维度的回归分析

对用户因素和行为规范度进行回归分析，结果参见表8-25。由表8-25 可知，回归模型的 F 值通过了显著性检验，观察 R 平方、$D-W$ 值和 VIF 值，模型拟合度较优。观察自变量的 t 值，4 个自变量对因变量政策效力均存在显著的正向影响。自变量中，知识素养对政策效力的影响最强，标准化回归系数 $\beta = 0.278$；政策认知对行为规范度的标准化回归系数为 0.238；政策认同和机构信任的标

① 徐婧婷. 基层社区疫情防控政策执行效果影响因素研究［D］. 杭州：杭州电子科技大学，2021.

② 胡吉明，曹兰梦，谭必勇. 档案公共服务政策执行效果的关键影响因素识别研究［J］. 档案学研究，2019(5)：22-28.

准化回归系数是 0.133 和 0.150。因此，用户的知识素养和政策认知是影响用户行为规范度的重要因素，政策认同和机构信任对行为规范度有一定影响。

表 8-25　用户因素对行为规范度的回归分析

	非标准化系数		标准化系数	t 值	P 值	VIF
	B	标准误差	β			
常量	0.818	0.275		2.977	0.003	
知识素养	0.297	0.060	0.278	4.984**	0.000	1.300
政策认知	0.245	0.060	0.238	4.084**	0.000	1.420
政策认同	0.106	0.039	0.133	2.704**	0.007	1.012
机构信任	0.150	0.055	0.150	2.730**	0.007	1.272
R 平方	0.291					
D-W 值	2.227					
F 值	30.405**					

对用户因素和满意度进行回归分析，结果参见表 8-26。观察回归模型自变量的 t 值，知识素养、政策认知、政策认同、机构信任 4 个自变量对因变量用户满意度存在显著影响。知识素养、政策认知、机构信任三个自变量对满意度呈现正向影响，三者的标准化回归系数分别是 0.271、0.340、0.317，表明用户的政策认知对满意度的正向影响最强，其次是机构信任，知识素养对满意度的正向影响最弱。政策认同对满意度呈现负向影响，其标准化回归系数是 -0.135，表明政策认同对满意度的负向影响较弱。用户的政策认同反向影响满意度的原因可能是，当用户更加认同政策内容时，用户会对图书馆的资源、服务等有更高的期待值，反而降低了满意度。

表 8-26　用户因素对满意度的回归分析

	非标准化系数		标准化系数	t 值	P 值	VIF
	B	标准误差	β			
常量	0.844	0.217	—	3.891**	0.000	—
知识素养	0.277	0.046	0.271	6.073**	0.000	1.309
政策认知	0.336	0.046	0.340	7.306**	0.000	1.426
政策认同	-0.104	0.039	-0.135	-2.632**	0.009	1.734
机构信任	0.302	0.042	0.317	7.183**	0.000	1.277
政策反馈	-0.028	0.040	-0.036	-0.696	0.487	1.730
R 平方	0.549					
D-W 值	1.968					
F 值	72.172**					

　　为探究机构信任的子维度能力信任、情感信任、认知信任对行为规范度和满意度的影响，对机构信任的三个子维度与行为规范度、满意度进行回归分析，结果参见表 8-27。由表 8-27 可知，能力信任和情感信任对行为规范度有显著正向影响，其标准化回归系数是 0.155 和 0.231；能力信任和情感信任对满意度有显著的正向影响，其标准化回归系数分别是 0.282、0.236。可见，当用户对图书馆产生能力信任、情感信任时，用户的行为规范度、满意度会随之提升，情感信任对行为规范度的影响强于能力信任，而能力信任对满意度的影响强于情感信任，认知信任对行为规范度和满意度均无影响。齐向华等①的研究表明，用户更容易对图书馆产生情感信任，因而提升情感信任将成为提升政策效力的可行性路径。

195

---

　　① 齐向华，续晶晶. 高校图书馆用户信任测评模型构建与实证研究[J].
图书馆学研究，2019(10)：84-89，26.

表 8-27　机构信任的子维度对行为规范度、满意度的回归分析

	行为规范度		满意度	
	标准化系数 β	t 值	标准化系数 β	t 值
能力信任	0.155	2.212*	0.282	4.481**
情感信任	0.213	2.891**	0.236	3.573**
认知信任	0.039	0.524	0.113	1.693
R 平方	0.126		0.295	
D-W 值	2.183		1.954	
F 值	14.311**		41.489**	

3. 知识素养、机构信任对政策认知的回归分析

相关分析结果显示，知识素养、政策认知和机构信任三者存在较强的相关关系，对三个变量进行多次回归分析发现，知识素养、机构信任对政策认知的回归模型拟合度最优，回归模型参见表 8-28。由表 8-28 可知，知识素养和机构信任对政策认知呈现显著的正向影响，其标准化回归系数分别是 0.353、0.314，说明知识素养对政策认知的影响强于机构信任。回归模型表明，高校图书馆用户的知识素养是政策认知的基础，用户对高校图书馆的信任是政策认知的桥梁。

表 8-28　知识素养、机构信任对政策认知的回归分析

	非标准化系数		标准化系数	t 值	P 值	VIF
	B	标准误差	β			
常量	1.262	0.231	—	5.459**	0.000	—
知识素养	0.366	0.053	0.353	6.861**	0.000	1.120

续表

	非标准化系数		标准化系数	t 值	P 值	VIF
	B	标准误差	β			
机构信任	0.303	0.050	0.314	6.109**	0.000	1.120
R 平方	0.295					
D–W 值	1.733					
F 值	62.611**					

综上，回归分析结果表明：(1)高校图书馆用户的知识素养、政策认知和机构信任对政策效力有正向影响，用户的知识素养和机构信任正向影响政策认知；(2)用户的知识素养、政策认知、政策认同、机构信任对用户的行为规范度有正向影响；(3)用户的知识素养、政策认知、机构信任对用户满意度有正向影响，其中机构信任的子维度能力信任和情感信任正向影响满意度，用户的政策认同对用户满意度有负向影响。根据用户因素对用户行为规范度和满意度的影响，可将高校图书馆政策效力的影响因素关系绘制成图 8-3（图中实线代表正向影响，虚线代表负向影响）。

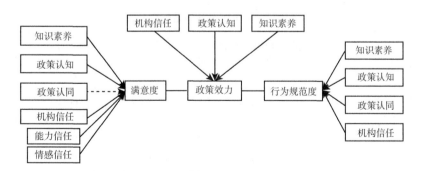

图 8-3 用户因素对高校图书馆政策效力的影响关系

197

第 4 节　其他因素对高校图书馆政策效力的影响分析

图书馆问卷的第三部分设计有多选题，旨在探究政策因素和环境因素对高校图书馆政策效力的影响。通过多重响应分析，可以得到各个选项的响应个案数、响应百分比和个案百分比，其中个案百分比数值越大，说明图书馆工作人员越认同该因素会对高校图书馆政策效力产生影响。

一、政策因素对高校图书馆政策效力的影响

对政策因素进行多重响应分析，结果参见表 8-29。由表 8-29 可知，78.4% 的图书馆工作人员认为高校图书馆政策的形式对政策效力有影响，66.7% 认为政策的科学合理性对政策效力有影响，98.7% 认为政策的目标明确性对政策效力有影响，51.9% 认为政策的可操作性对政策效力有影响。可见，政策的目标明确性和政策的形式对高校图书馆政策效力有重要影响，政策的科学合理性和可操作性对政策效力有一定影响。

表 8-29　政策因素的多重响应分析

	响应个案数	响应百分比	个案百分比
形式	181	26.5%	78.4%
科学合理性	154	22.5%	66.7%
目标明确性	228	33.4%	98.7%
可操作性	120	17.6%	51.9%
总计	683	100.0%	295.7%

二、环境因素对高校图书馆政策效力的影响

对环境因素进行多重响应分析，结果参见表 8-30。由表 8-30 可知，34.6%的图书馆工作人员认为适宜的自然环境对政策效力有影响，27.3%认为稳定的政治环境对政策效力有影响，41.6%认为经济发展水平对政策效力有影响，50.2%的图书馆工作人员认为信息技术发展水平对政策效力有影响，71.9%的图书馆工作人员认为资源支持对政策效力有影响。可见，资源支持是影响高校图书馆政策效力的重要因素，适宜的自然环境、稳定的政治环境、经济发展水平和信息技术发展水平能够在一定程度上影响高校图书馆政策效力。

表 8-30　环境因素的多重响应分析

	响应个案数	响应百分比	个案百分比
适宜的自然环境	80	15.3%	34.6%
稳定的政治环境	63	12.1%	27.3%
经济发展水平	96	18.4%	41.6%
信息技术发展水平	116	22.3%	50.2%
资源支持	166	31.9%	71.9%
总计	521	100.0%	225.5%

第9章　图书馆制度影响力提升策略

前文分析了图书馆制度影响力的作用机理、图书馆制度影响力的助推因素以及图书馆制度影响力发挥过程中存在的问题，本章专门探讨图书馆制度影响力的提升策略，旨在充分扩放图书馆制度的影响力，充分实现图书馆制度的效果，充分实现图书馆制度的社会效益、文化效益、教育效益、科学效益和经济效益。

第1节　夯实图书馆制度影响力的动能

图书馆制度作为生产关系的一种表现形式，它的存在、发展与进步离不开生产力的发展，需要生产力的发展为其提供物质基础。图书馆制度具有相对稳定性，在一定的历史时期内保持相对稳定的形式，代表和维护一定阶级的利益。现阶段图书馆制度代表人民的利益，以满足人民的精神文化需要为目的，提高了社会的文明程度，维护了社会稳定，更新了社会关系（人际关系或信任），客观上促进了社会经济发展和文化繁荣。

一、扩大图书馆制度影响力的根本动力

图书馆制度是生产力发展到一定阶段的产物，是生产关系的一

种表现形式，生产力是图书馆制度发展的根本动力。图书馆制度影响力是指图书馆制度对图书馆事业或图书馆活动的调控力度和效果，图书馆主管部门、图书馆、图书馆员、用户等主体和图书馆活动内容都是图书馆制度作用力的覆盖范围，是一种生产关系。生产关系是社会关系中最基本的关系，而社会关系的存在、发展受社会环境的影响，在长期稳定趋势的基础上有一定的灵活性，以适应时代发展和人民需要。

图书馆制度影响力的扩放需要动力，从根本上来说需要社会生产力的发展。"随着新的生产力的获得，人们改变自己的生产方式"，类似于把蛋糕做大做多，做得越大越多，对社会和人民的满足程度就越高。仓廪实而知礼节，衣食足而知荣辱。社会供给越充足，社会关系就越稳定，文明程度就越高，社会就越和谐。与此同时，为图书馆发展提供的政策、经费、工作人员、场地空间等资源就有保障，职能发挥得越充分，人民的满意程度越高，图书馆制度的影响力就越大。这是一种双向的互相促进关系，为促进图书馆制度影响力扩散起到了重要推进作用。

二、增强图书馆制度影响力的直接动力

恩格斯说："社会一旦有技术上的需要，这种需要就会比十所大学更能把科学推向前进。"社会是一种客观存在，构成社会机构的各个元素各有不同需求，在现有的社会条件下，图书馆制度作用力的覆盖范围是否满足了社会机构各个元素的不同需求，或者满足了大部分元素的需求，体现图书馆制度的价值性，是图书馆制度影响力的直接动力。

需要决定存在，价值决定生死，社会需要是图书馆制度影响力扩放的直接动力。但目前国内实际情况是，以省级公共图书馆为代表的优势图书馆，资源优势远超市、县级公共图书馆。财政拨款最多的省级公共图书馆绩效最低，财政投入最少的县级公共图书馆绩

效最高。省、市、县级公共图书馆间的差异与财政投入政策并不匹配。① 市县级图书馆和社区图书馆呈现出数量长尾、资源长尾和读者长尾三大特征，但图书馆财政拨款长期处于"弱者恒弱，强者恒强"的固化局面，投入效率与财政拨款并不完全匹配。② 而财政投入结构的固化，使得公共图书馆在传统的轨道上不断强化，与公众的消费需求改变之间存在落差。高需求的公众因期望得不到满足、低需求的公众因在公共文化服务获取上相对处于劣势，均对公共文化服务的满意度较低。③

要提高图书馆制度的影响力，就要根据社会需要，结合基层图书馆体系在服务国民精神文明生活中的地位和作用，关注基层图书馆的生存发展状态，改变国内图书馆存在的绩效与财政拨款之间不对等的局面。要改革传统的图书馆财政拨款办法，尊重基层图书馆体系资源长尾和读者长尾现实，尊重基层图书馆体系绩效高于城市图书馆绩效的现实，本着社会需要人人（城市乡村）平等原则，财政拨款适当向基层图书馆倾斜，满足基层图书馆基本服务需求条件，为基层群众提供需要的资源和服务，让人民群众普遍均等受益于国家改革开放和社会发展的红利，总体上发挥图书馆"传承文明服务社会"的初心使命，满足社会对图书馆资源和服务的需要，推进图书馆制度影响力发展。

三、信任是促进图书馆制度影响力的重要动力

信任是人类社会交往的基本准则，是一种态度或主观的倾向。

---

① 岳楠，傅才武. 我国公共图书馆的绩效困境与因应策略[J]. 兰州大学学报(社会科学版)，2024(2)：151-162.
② 周迪. 我国区域公共图书馆公平与效率的马太效应研究[J]. 图书情报工作，2017，61(2)：67-73.
③ 周绍杰，王洪川，苏杨. 中国人如何能有更高水平的幸福感——基于中国民生指数调查[J]. 管理世界，2015(6)：8-21.

信任是图书馆运行的基础,① 是促进图书馆制度影响力发挥的重要因素,是牵引图书馆制度影响力的"马达",为图书馆制度影响力的扩放提供充足的动力。信任关系居于图书馆与读者间关系的核心地位,建立以信任为基础的良好的馆读关系,是实现图书馆资源利用率最大化的关键,② 也是提高图书馆制度影响力的关键。

读者需求无限,获取资源的方式也多元化,如果图书馆与读者之间的信任关系不能建立,读者就可以通过其他方式获取资源和服务,从而造成公共文化资源和服务的浪费,造成读者各类成本损失,进而削弱图书馆制度的保障能力和影响力。图书馆的直接上级主管部门推动了图书馆事业发展,间接管理部门拥有图书馆事业发展需要的条件和手段,对图书馆事业发展起着重要作用。上级主管部门的信任是促进图书馆建设和发展的重要因素,也是图书馆制度影响力发挥的重要推动力量和保障。打铁需要自身硬,图书馆的资源、服务是图书馆发展的根本因素,是形成图书馆制度影响力的主要保障。在信任这个小马达的带动下,图书馆制度在各个方面都突突地健康运转起来,带动图书馆制度影响力不断扩散。

第 2 节　强化对高校图书馆员和用户的激励

前文调查发现,高校图书馆政策效力水平仍然有一定提升空间。同时,图书馆因素和用户因素对政策效力有重要影响,政策因素和环境因素对政策效力有一定影响。因此,本节结合激励理论、信任理论,提出高校图书馆政策效力提升的激励策略。

---

①　Besant L X, Sharp D. Upsize This! Libraries Need Relationship Marketing[J]. Information Outlook, 2000, 4(3): 17-18.

②　赵波. 基于读者信任理论的图书馆服务探析[J]. 兰台世界, 2012 (26): 85-86.

一、强化对高校图书馆员的激励

从心理学角度看，激励是指人的动机系统被激活后，处于一种活跃的状态，对行为有着强大的内驱力，促使人们为期望和目标而努力。激励的基本要素由需要、动机和行为组成。因此，高校图书馆政策效力激励策略的目标就是激发、调动用户和图书馆员的需要、动机和行为，从而实现高校图书馆政策效力的提升。

图书馆因素中图书馆的工作氛围、工作人员的能力、工作人员的政策认知和工作人员的政策回应四个因素能够直接正向影响高校图书馆的政策效力，图书馆的结构和能力则通过影响图书馆的工作氛围间接影响政策效力。因此，本研究主要从图书馆的工作氛围、工作人员的能力、政策认知和政策回应着手，构建政策效力提升策略。

1. 重视图书馆员的沟通和互信，营造良好的图书馆工作氛围

本研究将图书馆的工作氛围划分为两个维度：一是工作人员之间自由沟通的程度；二是工作人员之间的信任程度。自由沟通和信任都包含两个层面：一是同级人员之间，二是上下级之间。Wojciechowska[①]的研究表明，馆员之间的沟通和信任能够促进合作，从而有利于项目的实施。实际上，图书馆工作人员之间的自由沟通与互信两者是相互促进的，越沟通越信任，越信任越沟通。

首先，图书馆同事之间加强沟通和信任，需要图书馆在政策执行中注重部门内部和部门间的联合协作，团队协作不仅能够更快更好地执行政策，而且能够让同事们在协作中沟通、在沟通中产生信任，利于政策执行。

① Wojciechowska M. Trust as a Factor in Building Cognitive Social Capital Among Library Workers and Users. Implications for Library Managers [J]. The Journal of Academic Librarianship, 2021, 47(1): 102300.

其次，图书馆上下级之间加强沟通和信任，这种信任关系需要双方有共同的目标和愿景，共同打造互信的上下级关系。上下级之间的沟通和信任与同级之间不同的是，上下级之间的地位不同，两者很难做到平等对话，这就需要图书馆管理者要首先尊重馆员，聆听馆员对政策执行的反馈，向下属传递一种能够畅所欲言的信号，当管理者尊重平视馆员时，能够让馆员感受认可和关注，从而满足馆员被尊重的需求。在建立沟通和互信模式的初期，可以借鉴学校管理中校长信箱的方式，设立馆长信箱，给馆员提供向上反馈的渠道，一旦馆员感受到来自领导的关注和重视，便会更加认真地开展工作，这种来自馆员的正反馈，能够带给领导者成就感，从而形成上下级沟通和互信的正向循环。

同级和上下级之间关系的改善对图书馆工作氛围的营造大有裨益，能够为政策的顺利执行创造有利的条件。另外，图书馆的结构和能力能够对图书馆的工作氛围产生影响，从而影响政策效力。图书馆的结构指的是图书馆组织机构设置的合理性，图书馆的能力是指图书馆制定政策执行方案的能力。因此，高校图书馆需要保证组织机构设置合理，各部门之间相互联系，便于共同制定执行方案，分工实施，优化图书馆的工作氛围，同时提升政策效力。

2. 激发图书馆员内外动机，提升图书馆员能力

图书馆员的能力包括知识素养和职业道德两个基本点。知识素养反映的是图书馆员获取、加工及利用信息的能力，即图书馆员的专业能力，而职业道德则反映图书馆员对工作的认真负责程度、热爱程度，即图书馆员的职业态度。个体表现出某种行为的动机分为内部动机和外部动机，内部动机如为了个人的发展和成就感，外部动机如金钱、荣誉等物质或精神奖励。提高知识素养可以考虑激发图书馆员的内部动机和外部动机。激发外部动机较易实现，图书馆可以制定合理的知识素养考核制度，定期检验图书馆员的知识素养水平，通过信息检索考试或者软件使用测试等方式进行，对得分高者给予金钱或荣誉奖励。激发内部动机需要图书馆员自身意识到较高的知识素养能够为用户提供更好的服务，且愿意提升自身知识素

养为用户创造更好的使用体验。职业道德的提高则需要重点考虑如
何激发图书馆员的内部动机，只有个体强烈的内部动机才能长久激
励其践行职业精神。这就需要图书馆构建良好的组织文化，向每一
位工作人员传递爱岗敬业、服务用户的工作使命，用精神文化的力
量滋养每一位工作人员，使其真正爱上工作本身，甘于为职业
奉献。

3. 提高图书馆员政策认知，提升政策效力

国家政策是行业未来发展的风向标，能够为行业指明未来发展
方向，因此对于高校图书馆员来说，深入学习高校图书馆政策，透
彻领悟政策内涵，精准把握政策目标对于高校图书馆的发展至关重
要。图书馆员的政策认知不仅是影响其政策回应和高校图书馆政策
效力的重要因素，而且对用户的政策认知起着关键的引导作用。图
书馆员上至高层管理者，下至每一位馆员，他们了解政策一方面是
由于政策类文件本身有一定的权威性、强迫性、指导性，他们必须
熟悉政策内容，以便安排工作，尤其是图书馆管理者，需要根据政
策内容统筹全馆工作；另一方面是出于馆员的个人发展需要，比如
为了晋升或契合岗位要求，从政策内容中找寻自身成长和发展的方
向和空间。

提升图书馆员的政策认知，可以从两个方面激发其了解政策的
动机：首先，针对出于政策服从而必须了解政策的动机而言，增强
政策力度，便能获得更明显的服从度。人们通常对法律的敬畏和服
从要高于规程、指南类政策，因此，考虑到目前高校图书馆政策的
顶层设计空位，可以出台相应的《中华人民共和国高校图书馆法》，
填补高校图书馆政策的顶层法律空白，也提高馆员对政策的服从
度。其次，针对为了自身发展而了解政策的动机而言，通常这类馆
员有较强烈的晋升需求、较高的工作要求和认真负责的工作态度。
因此，对于他们而言，需要图书馆制定公正客观、公开透明的薪酬
制度和晋升制度，创造良好的工作氛围，让馆员在工作中感受到人
文关怀，从而自发地愿意为工作、为用户服务奉献，他们就愿意了
解政策内容并按照政策要求开展日常工作。

4. 激励团队回应和个人回应，提升政策效力

图书馆员的政策回应是对政策效力影响最直接、最强烈的因素，同时，图书馆员的政策回应在很大程度上受到其能力和政策认知的影响。因此通过激励图书馆员的政策认知提升政策效力有两条路径：（1）激励政策回应→提升政策认知；（2）激励图书馆员的能力或政策认知→提高政策回应→提升政策效力。后者具体的激励策略前文已述，因此本部分主要论述如何通过激励政策回应直接提升政策效力。本研究将高校图书馆员的政策回应按内容分为 5 个方面，即对政策中有关基础设施、资源、环境氛围、服务、科研等内容的回应，图书馆员对这 5 个方面内容的回应越积极、回应速度越快，高校图书馆政策的效力就越高。图书馆员对基础设施、资源、环境氛围、服务的回应，需要每个图书馆员共同努力，团队协作，集体打造高水平的高校图书馆，属于团队回应。激励团队回应需要打造互助友爱的工作氛围，让每个图书馆员在政策执行中感受到自己在团队之中的重要价值，从而增加其执行政策的动力。图书馆员对科研的回应，需要其自身善于发现、勤于思考、精于分析，属于个人回应。激励个人回应可以引入奖励机制。高校图书馆可以设立科研奖励，将晋升或加薪作为激励高校图书馆员科研创作的奖励，给予图书馆员充足的外部动机激励，促使图书馆员积极回应政策对科研的要求。

综上，提升政策对高校图书馆的作用力，主要通过激励高校图书馆的工作氛围、高校图书馆员的能力、政策认知和政策回应来实现。

207

二、高校图书馆用户激励策略

用户因素中能够对高校图书馆政策效力产生影响的因素，包括用户的知识素养、政策认知和机构信任。我们以上述 3 个影响高校图书馆政策效力的因素为出发点，通过激发、调动用户的需求、动机和行为，构建提升高校图书馆政策效力的用户激励策略。

1. 以需求和动机为导向，提高用户知识素养

用户的知识素养能够正向影响高校图书馆政策效力，因此扩大政策效力可以从提升用户的知识素养着手。个人知识素养水平的高低很大程度上由教育经历、生活经验决定，但仍可通过学习得以强化。各个类型高校图书馆用户中，教师、科研工作者和学校管理型用户的科研水平和工作经验较为丰富，其知识素养也相对较高，而学生群体的知识素养仍有提升空间。高校图书馆在开展现有知识素养教育活动的基础上，可以从需要和动机两个维度提升学生群体的知识素养。

需要维度：有主动获取信息需求的学生，主要表现在其检索需求和软件下载需求强烈，图书馆可以开设信息检索课程、举办软件安装使用讲座，教授网络检索技巧和软件使用指南，尤其是外文文献的检索和编程类软件的推广，满足这类学生的需求。只要活动举办到位，这类学生一般会主动参与。

动机维度：对于未意识到自己信息需求的学生，他们很少会主动参与知识素养课程和讲座，即使强迫效果也未必好。针对这类学生，图书馆可以举办信息检索比赛，通过优胜者奖品的吸引，给予他们参赛的动力，使其在追逐比赛成绩的过程中提升知识素养。

实际上，图书馆通过举办上述活动，将用户的需求和动机转化为了参与行为，在提升用户知识素养的同时，也增强了用户对图书馆的了解。

2. 激发用户参与兴趣，提升政策认知

回归分析结果表明，用户的知识素养越高，用户的政策认知也越高。但高知识素养人群只占少数，也就是只有少数用户能够随着知识素养的提高自然而然重视其政策认知的提升，多数用户政策认知的提升仍然需要高校图书馆通过政策宣传活动加以引导。对于多数政策认知水平低的用户来说，如何激励其参与图书馆的政策宣传

活动的积极性才是重点。阚德涛等①认为，高校图书馆用户参与图书馆活动的动机包括交友、信息获取、获利、兴趣、自我发展、成就、从众。因此，高校图书馆可以举办具有吸引力的政策宣传活动，激发用户参与的兴趣。宣传渠道可采取线上为主，线下为辅的方式，这主要考虑到用户线下使用图书馆以借阅和自习为主，用户线下活动参与积极性不高，且线下宣传人力物力耗费巨大，而线上宣传不需要专门占用用户某段时间。线上可通过微信公众号推文、图书馆网站开设政策解读、腾讯会议线上讲座等宣传推广，线下可通过在馆内张贴政策解读海报等方式达到宣传效果。至于宣传内容的选择，与用户密切相关的政策要详细列举，用户关注的内容要清晰解读，其他内容适量，这样才能在内容上吸引用户的注意力，使用户产生了解政策的兴趣，从而积极参与政策宣传活动，加强对政策的认知，提高行为规范度和满意度。以此提升政策效力。

3. 增强用户对图书馆的能力信任和情感信任，提升机构信任

本书将机构信任分为能力信任、情感信任和认知信任三个维度，前文回归分析结果表明，能力信任和情感信任能够对政策效力的子维度行为规范度和满意度产生影响，因此增强机构信任的关键就是提升用户对高校图书馆的能力信任和情感信任。能力信任是指用户认为高校图书馆有能力满足自己的需要。图书馆能力可以从图书馆资源、图书馆员的能力、图书馆提供的服务这些方面体现出来。情感信任是指用户认为图书馆会为用户考虑，并且不会损害用户的利益。信任关系的构建和改善要求被信任方采取一切措施来减少信任方的负面期望，同时尽最大努力来提高信任方的正面期望。在高校图书馆与用户的信任关系中，被信任方是高校图书馆，信任方是用户。增强用户对高校图书馆的信任实际上需要图书馆方付出更多努力，以此减少用户的负面期望，提高正面期望。

209

① 阚德涛，钱军. 高校阅读推广用户参与动机与激励策略研究[J]. 图书馆学研究，2016(21)：70-74，15.

增强用户的能力信任，可以从提升图书馆的能力入手，图书馆满足用户需求的能力越强，用户便越依赖和信任图书馆。高校图书馆用户使用图书馆通常是为了满足自身的信息获取和自我发展需求。图书馆在满足用户需求方面要做到以下几点：(1)图书馆的资源要保证质量和数量，图书馆的服务要保证多样化、个性化，同时要便于用户使用，提高用户对图书馆的正向体验，使用户形成"获取信息→图书馆"的正反馈。(2)图书馆的空间要充足，同时具备不同的功能性，比如自习功能、小组讨论功能，这样才能满足不同用户多样的自我发展需求。(3)图书馆员要能具备帮助用户解决问题的能力。如果用户在馆内或在图书馆网站获取信息时遇到问题无人回应，用户便会对馆员乃至图书馆留下负面印象，从而削弱用户对图书馆的能力信任。

　　Vårheim① 的研究表明，用户对图书馆的情感信任来源于两个方面：用户对图书馆的信任会被朋友的经历和经验强化；用户对图书馆的信任来源于用户与图书馆员的互动中。增强用户的情感信任可以从用户对图书馆情感信任的来源入手，可以分为两个阶段。第一阶段，需要馆员在与用户的互动交流中，不仅要帮助用户解决问题，还要注意自己的言行举止，给用户留下可靠的印象，让用户感受到馆员优秀的工作能力和独特的人格魅力。图书馆员要让用户意识到图书馆不仅能够满足信息需求，也能够产生愉快的互动体验，使用户产生持续使用图书馆的意愿。第二阶段，那些持续使用图书馆的用户，会主动向朋友或同学讲述自己在图书馆的愉快体验，就会产生一批受到朋友经历或经验鼓舞而对图书馆产生或增强信任的用户。这两个阶段的情感信任会相互影响叠加增强。图书馆员是情感信任的纽带，因此如何让用户在与馆员的互动中产生正向体验便是馆员的必修课。

　　综上，要想提升政策对用户的作用力，可以通过激励或满足用户需求，提高用户的知识素养、政策认知和机构信任来实现。

---

　　① Vårheim A. Trust in Libraries and Trust in Most People：Social Capital Creation in the Public Library[J]. The Library Quarterly，2014，84(3)：258-277.

第 3 节 加强政策整合和环境整合

高校图书馆政策效力的整合策略包括政策资源整合和环境资源整合两个方面。制定整合策略的目标是实现高校图书馆政策资源和环境资源的统一性和系统性，增强政策内容的连贯性和形式的多元化，有效利用各种环境资源，为政策执行服务，不断提升政策效力。

一、政策整合策略

政策治理是现代国家治理社会公共事务的基本方式，也是提升高校图书馆政策效力的有效途径。高校图书馆建设水平反映高校教育水平、促进科研进步，是教育系统中极为重要而又复杂的部分。因此，高校图书馆政策应综合考虑政策制定主体、高校图书馆、高校等多方面的现实需求。我们主要从政策形式的多元整合和政策内容的多维度整合两个方面构建高校图书馆政策的整合策略。

1. 政策形式的多元整合

政策形式能够从侧面反映政策的权威性。高校图书馆政策形式的多元整合，一方面要弥补政策顶层设计空位，另一方面要充分发挥各省(市)教育局(委员会)政策制定的主观能动作用。本研究发现我国高校图书馆政策的形式主要以规程、条例、办法、指南为主，政策形式的丰富程度不足且现有政策不具备法律效力，导致现有政策缺乏威慑力和权威性，推动政策执行完全依赖政策执行者的自觉性和职业道德。在政策执行过程中，一旦某一环节出现政策执行者的玩忽职守，政策就无法发挥应有的效力。显然，当前我国的高校图书馆政策存在的问题是缺少类似《中华人民共和国公共图书馆法》的法律层级文件，导致高校图书馆政策多，但无权威政策统领。我国宏观的高校图书馆政策制定机构以教育部为首，下设高校

211

图工委专门负责高校图书馆业务建设，辅助政策制定。因此，政策整合要解决的首要问题是在现有政策基础上，由教育部牵头，推动《中华人民共和国高校图书馆法》早日出台，为高校图书馆政策群增添法律层级的文件，整体提升高校图书馆政策的权威性。这就需要高校图书馆政策制定机构主动承担起草《中华人民共和国高校图书馆法》的重任，以弥补当前高校图书馆政策顶层设计空位。此外，我国各省(市)教育局(委员会)中只有北京市教育委员会出台了高校图书馆政策，其他省市均未独立出台高校图书馆政策，多数省(市)教育局(委员会)的作用是督促教育部出台的高校图书馆政策执行。因此，省(市)教育局(委员会)应该做到结合当地形势、当地高校发展情况和高校教学科研需求，充分发挥教育局(委员会)政策制定和监督职责，丰富高校图书馆政策形式和数量。

2. 政策内容的多维度整合

高校图书馆政策内容的多维度整合，旨在实现政策内容兼具科学合理性、目标明确性和可操作性。

首先，高校图书馆政策要具备科学合理性。政策制定机构要结合国际形势、国家政治经济情况和高校图书馆发展实际，制定符合国家发展观、人才培养观的高校图书馆政策，政策内容要符合时代发展潮流，与高校图书馆定位和功能一致。为确保政策的科学合理性，在制定政策前可开展调研工作，收集上一阶段政策反馈及政策执行情况，总结经验和不足，为新政策的制定提供参考。同时，应注重政策的前瞻性，提前布局和发展高校图书馆，为适应技术变革做准备。

212

其次，高校图书馆政策要具备目标明确性。在制定某一高校图书馆政策时必须明确该政策的目标、要解决的具体问题、要达到的标准、政策的预期结果，为高校和高校图书馆指明执行政策的方向。同时，政策内容要语义清晰明确，便于政策执行人员理解。

最后，高校图书馆政策在制定时要具备可操作性。在图书馆问卷中，该项被图书馆员认为是政策因素中最影响政策效力的因素，可见政策的可操作性对政策执行人员的重要作用。制定政策时要考虑政策执行者的需求，明确政策执行人员的职责，将执行过程具体化，便于操作。

二、环境整合策略

政策环境对政策成败有重要影响。影响高校图书馆政策效力的环境因素主要包括适宜的自然环境、稳定的政治环境、经济发展水平、信息技术发展水平和外部资源支持等。

1. 自然条件整合

适宜的自然环境对高校图书馆政策效力的影响并不像其他因素那样显著，但仍会对政策的某些内容产生一定影响。比如高校图书馆馆藏发展政策，纸质资源对藏书的湿度和温度有较为严格的要求，湿度过高可能导致书籍潮湿，影响观感；温度过高则可能引起火灾，造成难以估量的后果，因此图书馆书库和阅览室需要温度、湿度适宜。南方地区的高校图书馆在潮湿季节要提前预防，或在建设图书馆时加装除湿通风系统，为藏书创造良好的环境条件。

2. 政治文化整合

公共政策需要与之兼容的政治文化。政治文化是一个民族在特定时期流行的一套政治态度、信仰和情感，属于政治体系的心理方面，是人们在政治生活中形成的对政治的感受、认识和道德习俗规范的复杂综合体。高校图书馆政策运行需要合适的政治文化作为心理基础和价值取向。政治文化对政策输入、政策体制、政策执行等过程具有全面影响。我国高校图书馆政策的目标和核心价值体现应与既有政治文化保持高度一致，以保证政策内容获得高校图书馆工作人员和高校图书馆用户的理解、接受和支持。另外，健康的政治文化还会泛化为一种普遍性的行为方式，树立政策权威，提高政府威力。假若政策执行人员能恪守规范，自然在全社会形成一定的政府公信力，也会对高校图书馆政策执行者有一定的影响，高校图书馆政策也能有效执行。因此，要重视政治文化培育，通过政治文化的重塑和整合，促进政策顺利执行。

3. 经济环境整合

国家或地区整体的经济发展水平决定着学校财政收入，而学校财政收入又是高校图书馆主要的经济来源。整合高校图书馆政策执行的经济环境，可以从增加资金来源和减少运营成本两个维度考虑。对高校图书馆来说，减少运营成本更易实现。因此，本研究从降低成本角度提出了提升高校图书馆政策效力的经济环境整合策略。第一，资金整合。高校图书馆可以尝试与校内其他部门进行合作，共享资源和资金，降低运营成本和提高效率。例如，可以与学校的计算机中心合作，共享技术设备和设施，构建政策支持系统。第二，人才整合。高校图书馆可以与外部机构合作，共享人才和专业知识。例如，可以与公共管理学院合作，共同培养图书馆政策专员，为政策执行和评估服务。

4. 信息技术整合

信息技术在高校图书馆政策执行中的作用不可忽视。信息技术整合策略是指将不同的信息技术资源整合起来，以满足组织的需求，并提高效率和效果的方法。高校图书馆在进行信息技术整合时应注意以下几点：首先，要明确信息技术整合的目标，即整合不同的信息技术资源，为高校图书馆政策执行创造良好的技术环境，助力政策宣传推广。其次，制定并实施信息技术整合方案。高校图书馆需要评估已有的信息技术资源，找出不同技术资源之间的联系和重叠点，由高校图书馆内部信息技术部门形成信息技术整合方案，并通过专家咨询等方式请教技术专家评估整合方案的合理性，之后修改方案实施信息技术整合，以提高效率和效果。具体来讲，高校图书馆可以选择在现有移动程序内嵌入政策信息系统或另外开发系统的方式，保障高校图书馆政策的执行。最后，开展员工培训。高校图书馆需要为员工提供相关的培训，以确保他们能够充分利用整合的信息技术资源，提高工作效率和质量。

5. 资源支持整合

高校图书馆的资源支持是高校图书馆政策成功不可缺少的关键因素。资源支持泛指所有来自高校图书馆系统内部、外部的支持，内部支持包括财政拨款、政策支持等，外部支持主要以捐赠方式体现，包括物品支持、资金支持、技术支持等。物品支持如捐赠书籍、报刊，丰富高校图书馆馆藏资源，符合馆藏发展政策要求；资金支持如捐赠金钱，为高校图书馆增添采购经费，满足采购政策要求；技术支持如提供软件技术、建立政策信息系统等。在政策执行过程中，要对高校图书馆内外部支持系统进行资源整合，既要保证政策顺利推进，也要避免资源浪费。高校图书馆政策的执行凸显资源支持的重要性，资源支持为政策执行提供了丰富的物品支持、充足的资金支持和成熟的技术支持，弥补了高校图书馆难以创收的遗憾，为各项政策的顺利执行创造了良好的条件。

第 4 节　强化公共图书馆制度效果

制度效果是公共图书馆制度影响力的直接体现和重要标志，强化公共图书馆制度效果就相当于提升公共图书馆制度影响力。

一、服务升级：聚焦内核式任务

公共图书馆始终以"平等、开放、共享"的普遍均等理念向用户提供无差别的服务，公共图书馆服务是一项强调覆盖范围，讲究科学布局的"惠及全民"的公益性服务。前文实证分析表明，"提升服务水平"对"制度效果"的正向影响作用十分显著，通过提升公共图书馆的服务水平，能够更好地促进公共图书馆制度影响力的发挥。现阶段，用户对公共图书馆的服务需求主要体现在空间服务、信息服务和图书馆的特色活动三个方面，这也正是公共图书馆事业发展和制度建设的内核式任务。积极响应公共图书馆服务多样化、个性化、品质化要求，在普遍均等基础上实现优质均衡发展，加快实现"资源+""服务+""空间+"等要素流入公共图书馆，打破各地公共图书馆服务提升的瓶颈，为形成创新突破的中国特色公共图书馆事业高质量发展打下坚实的制度地基。

一是创新服务方式，突破技术应用。图书馆行业一直对技术发展保持高度敏感性，近年来，数字图书馆、智慧图书馆应运而生，不断提升着公共图书馆的服务质量，创新着公共图书馆的服务方式；区块链技术、元宇宙技术的加入，刺激催化着图书馆服务新业态的形成，图书馆服务正在实现由自动化服务到智能化服务再到智慧化服务的创新升级。现代化信息技术的赋能，帮助图书馆不断解锁线上线下一体化的服务新场景，为图书馆助力国家文化数字化战略提供了新的实践路径。在业务管理或产品研发升级改造的背后，更应该思考如何将技术赋能与以人为本相结合，真正体现"智慧"的核心意涵。为此，可以借助数字孪生、虚拟现实、脑机接口等技术，满足用户在不同时空的信息需求，也可以通过用户画像和动态模拟分析等功能为用户建立起个性化的实时交互知识服务体系。①总之，在数字化转型推动下，公共图书馆要利用好新技术，发展好新服务，加快实现图书馆超越现实的革命性服务升级。

二是广泛开展多元化活动，逐步实现活动常态化。公共图书馆举办活动的次数和活动参与人次是公共图书馆服务能力和绩效水平最直接的体现之一，② 图书馆活动举办数量的增加可以大大提高用户的到馆率和公共图书馆的流通人次。为进一步提高公众对图书馆文化活动的满意度，公共图书馆需要深入挖掘契合公众精神文化需求的活动内容，丰富包括展览、讲座、培训在内的活动形式，并逐步实现特色活动的常态化，吸引公众走进图书馆、了解图书馆、理

216

---

① 蔡迎春，严丹，周琼，等．元宇宙时代智慧图书馆的实践路径——从图书馆的智慧化走向智慧的图书馆化[J]．中国图书馆学报，2023(4)103-113．

② 何书卿，叶斌．公共图书馆活动对到馆率影响的实证研究——基于韩国公共图书馆数据的分析[J]．中国图书馆学报，2020(6)：106-120．

解图书馆制度、认可图书馆价值。

二、队伍建设：打造多层次人才

奋进新征程、建功新时代发展目标的确立，要求围绕公共图书馆干部人才队伍，提高队伍的专业化水平和整体素质。以"引智"的理念加大人才队伍建设力度，主要通过引入新的理念、新的管理思想、新的教育培训体系，帮助图书馆更好地适应新的信息环境。人才队伍的建设是一项系统性的工作，为充分发挥公共图书馆制度效能，应当打造梯队建设模式。可以从领导队伍建设和专业人才培养与引进两个思路进行分析。

首先，强化领导队伍建设，践行公共图书馆"专业治馆"理念。在加快公共文化服务体系建设、促进公共图书馆事业现代化发展的过程中，培养综合型领导干部。综合性领导是指在充分履行岗位行政职能的基础上，具备充足的管理知识及经验，同时强调具备一定的图书馆专业能力和专业知识，能够清晰把握公共文化服务数字化、智慧图书馆等图书馆新趋势。在公共图书馆具体工作过程中，如果领导队伍对专业知识的掌握不够全面，对知识整合不够敏锐，必然会使公共图书馆的服务效果大打折扣，不利于公共图书馆制度影响力的释放与发挥。为提升公共图书馆领导队伍的专业化水平，要围绕各地区、各部门公共图书馆领导干部以及部门负责人开展培训工作。具体来看，从理论层面武装领导干部的制度理论知识，帮助其全面了解公共图书馆制度内容，充分认识公共图书馆的价值；此外，从实践层面丰富领导干部的制度实践经验，全流程把握公共图书馆业务工作内容，尤其是在信息化技术和服务的招标与采购方面，可以有效避免在制度实践工作中陷入被动局面。

其次，培养与引进专业人才，有重点有针对性地选择合适的人才到适合的岗位上，不断为发展公共图书馆事业培育"定制化"人才，为公共图书馆事业发展储备人才后备力量。一方面，注重人才资源储备，关注年轻馆员的培养，开展精准精细培养工作，既要设置完善的制度教育培训课程，加强制度实践培训力度，武装制度执行者的制度理论知识和实践经验，还要做好馆员制度教育培训考核工作，只有考核合格的馆员才能参与公共图书馆制度工作。另一方面，做好人才引进的激励制度保障，同时对人才评价机制进行优化。全面开展图书馆专业人员职称制度改革工作，确保人才评价"指挥棒"作用得到充分发挥，将人才培养与人才评价相联系，形成"人才培养—人才引进—人才评价"的良性生态循环，最大程度发挥专业性人才优势，促使人才优势有效推动公共图书馆事业的发展和图书馆制度影响力的发挥。对于非公有制经济领域内的公共图书馆专业人员、服务人员等，应当保障其参与职称评审的基础权利。

三、统筹共赢：实现城乡融合发展

作为我国的基层公共图书馆，县级、农村公共图书馆虽然总体数量逐年上升，但仍存在整体投入不均衡，普遍藏书量不足、人员队伍冗杂、服务质量低的问题，同时人才流失严重、专业人才后备力量不足。前文公共图书馆制度影响力模糊综合评价的结果也显示，二级指标"统筹城乡布局"的得分排在所有二级指标的末位，而三级指标"乡村图书馆建设水平"在所有指标中得分最低，仅为3.79分，远低于图书馆制度影响力的综合得分(3.97)。可见，如何提高乡村公共图书馆等基层图书馆的建设水平，完善公共图书馆城乡布局，是现阶段提升公共图书馆制度影响力需要解决的掣肘症结。为此，要科学分析基层公共图书馆制度实践中遇到的问题，厘清阻碍城乡公共图书馆融合发展的难题，确保基层公共图书馆制度切实执行，真正实现城乡一体化的公共图书馆事业体系建设。

一是借助中央财政的调节功能，发挥政府财政保障作用，加速配置经济欠发达地区的公共图书馆事业发展资源。针对乡村图书馆建设水平较低的现状，要将农耕文明的优秀遗产与现代文明要素结合起来，推动农村图书馆事业发展，发挥公共图书馆制度在乡村治理中的重要作用，助力乡村振兴。为此，进一步增加农村公共图书馆财政投入力度，盘活图书和人才资源，加大基层图书馆地方特色资源建设，唤醒基层公共图书馆活力，提升基层公共图书馆事业的整体发展水平，从保障公共图书馆服务结果均等转向保障机会均等和供给能力的均衡，加快公共图书馆城乡一体化建设。

二是将城市公共图书馆制度的优秀经验辐射到乡村，提升乡村公共图书馆制度实践水平，全面打造城乡均衡发展的文化设施网络布局。形成以城市为中心，逐步辐射至周围社区的横向公共图书馆文化阵地网络，以及自上而下从城市延伸到农村的纵向一体化组织结构。同时重视区域一体化的协同创新，以地域为纽带，由京津冀、长三角、珠三角等经济发达地区辐射周边，带动区域公共图书馆事业的整体提升，实现公共图书馆文化服务均等化、体系化，形成覆盖城乡、区域协调、便捷有效的公共图书馆网络。

四、价值认同：突破公众认知藩篱

前文关于图书馆制度影响力现状的评价结果显示，二级指标"用户获得感"得分高于"价值认同感"，公众对公共图书馆制度的"感知有用性"得分最低，说明公众从公共图书馆制度中获益不少，但制度与用户需求的匹配程度相对较低。为此，公共图书馆制度要以满足用户精神文化需求为导向，以消除公众与公共图书馆之间的认知壁垒为目标，实现公众对公共图书馆制度的"价值认同"。

一是提高制度价值的认同度。政策目标群体对政策的了解程度越高，对政策的认同度也越高，进而能够影响政策的实施效果。当前，社会和公众对公共图书馆的价值认识明显不到位，薄弱的群众基础严重阻碍了公共图书馆制度的有效实施。为此，建议各级公共图书馆定期举办制度宣传活动，开展制度执行情况分享交流会，借助新媒体手段大力宣传公共图书馆的服务和活动，努力赢得用户对图书馆的价值认同；拓宽公众对公共图书馆制度信息的获取渠道，使公众充分了解公共图书馆发展规划，增强图书馆用户对制度重要性的认知。

二是满足用户精神文化需求。目前我国社会主要矛盾的变化，意味着生存性需求问题已经解决，更高层次的发展性需求、文化性需求日益受到国家和社会的重视。对公共图书馆制度影响力评价的目的是将制度效果转化为看得见摸得着的公共图书馆服务，通过提升服务水平，满足人民群众文化需求，提升用户体验感和对公共图书馆制度的满意度。目前，公众对公共图书馆制度的满意度不高，具体表现为：文化需求低的公众在公共图书馆服务获取上相对处于劣势，而文化需求高的公众对公共图书馆服务的期望没有得到满足。近年来，公共图书馆数量虽提升显著，但图书馆制度实际效果仍显疲软态势，对公众的持续吸引力和黏性不够，公众关注和了解公共图书馆的意愿不断被消磨，长此以往，公众与公共图书馆之间的认知距离会逐渐加深，从而造成公共图书馆机构封闭运行的问题，这也是一直以来制约公共图书馆事业发展和制度影响力发挥的难题。为此，通过建立上下层制度主体之间、制度执行者与制度目标群体之间的直接沟通和双向反馈机制，定期向公共图书馆用户开展需求反馈调查与追踪回访，考察公共图书馆制度安排与公众需求的匹配度和公众对制度实施的满意度，并将公众的文化诉求作为明确公共图书馆制度内容建设的指南针，动态监测公共图书馆制度执行流程，及时获取公共图书馆制度运行的一手资料。[1] 通过广泛征求公众意见、汇集公众智慧，进一步提高公众对公共图书馆制度的满意度；同时，提升公共图书馆制度内容的科学性、合理性、针对性，促进公共图书馆制度效能的转化，扩大公共图书馆制度影响力的覆盖范围。

五、社会能见度：打造地区文化名片

前文关于公共图书馆制度影响力现状评价的结果显示，指标"公众知晓度"的得分较低。在笔者的实际调研中，发现目前公众对公共图书馆制度的知晓度较低，很多公众并不清楚自己所在地区的公共图书馆的具体位置，将公共图书馆与新华书店混为一谈。可

---

① 李玲，孙倩文，黄宸. 民族地区青壮年推普政策执行评估指标体系构建——基于整体性治理理论[J]. 民族教育研究，2022(4)：106-115.

见，公共图书馆与公众之间仍存在较大的认知距离，亟须提高公共图书馆的社会知晓度和社会能见度。只有公众和社会看得见公共图书馆，才能走进公共图书馆、使用公共图书馆，公共图书馆制度影响力才能释放。

目前，为实现公共文化服务真正走进公众身边，国家推出了一系列如"打造 15 分钟品质文化生活圈"在内的新举措和新概念。公共图书馆也要将自身打造成公众身边的"公共图书馆文化圈"和"地域特色文化名片"，以图书馆服务赋能群众的精神粮仓，不断激活图书馆制度的神经末梢，提高公共图书馆的社会能见度，强化个体、图书馆与社会的联结。为此，要积极打造属于公共图书馆的文化地理坐标，不断加强公共图书馆的社会能见度，提高图书馆制度的公众知晓度。

一是打造社会文化坐标。首先，可以通过新建图书馆、升级馆舍等手段形成新的公共图书馆地标，以点带面，逐渐引领图书馆服务体系的完善与升级。近年来，我国公共图书馆建筑不断升级，设计风格新颖独特，如苏州第二图书馆是一座具有"书"状建筑结构的图书馆，上海图书馆东馆则是国内单体建筑面积最大的图书馆，公共图书馆物理空间的升级和美化能够迅速吸引用户关注图书馆，走进图书馆。除了公共图书馆馆舍的升级，为提高图书馆的知晓度和辨识度，贵州、安徽、湖北、广州、佛山等省市将公共图书馆纳入路标、路牌等公共交通的标识系统中。其次，公共图书馆想要真正走进公众的日常生活，仅仅依靠建设文化地标是远远不够的，要努力将公共图书馆打造成公众心中的"文化坐标"。公共图书馆只有成为公众休闲娱乐阅读的首选之地，以向上向善的文化氛围和量质齐升的服务活动吸引用户，不断丰富公共图书馆"文化坐标"的内涵，不断将公共图书馆塑造成现代城市发展的文化缩影，才能真正打破公共图书馆公众知晓度低、社会能见度低的窘境。

二是提升制度知晓度。首先，加大图书馆宣传力度。前文制度影响力综合评价结果中，公共图书馆制度的"宣传推广力度"整体得分较低。制度宣传是扩大制度影响力最直接有效的手段，为此，要充分调动传统媒体、新媒体、自媒体等线上线下资源，灵活组合

221

打造宣传矩阵，用民众听得懂、喜欢听、接地气的方式宣传公共图书馆与公共图书馆制度，尤其是在涉及利益权衡的问题时，要加大制度的宣讲和宣传。目前，贵州、湖北等地鼓励并要求广播、电视、报刊等社会媒体加大力度宣传图书馆服务。其次，扩大公共图书馆的知晓度、参与度和美誉度，营造全社会共同关注、支持和参与公共图书馆制度建设的良好氛围。引导公众培养阅读兴趣、养成阅读习惯，不断增强公众的思想道德素质和科学文化素质，形成新的公众认知和社会文化氛围，实现公共图书馆制度影响力可持续发展的目标。如广州、佛山、安徽等地举办了以图书馆为主办单位的全民阅读月、全民阅读季活动，并要求文化主管部门等相关机构开展全民阅读推广活动。

三是增加社会曝光度。首先，公共图书馆制度主体要及时对外公布制度建设和实施情况，保证公众全面了解制度，并实时跟进制度执行情况；其次，公共图书馆要主动作为，定期向社会和公众展现制度成果，积极主动提高自身的社会曝光度，并及时向上级主管部门反馈制度实践过程中遇到的困难和问题，以吸引更多政府注意力；再次，公共图书馆要走进基层、走进社区，积极参与社区活动，尤其是走进群众认知度较弱的农村地区，进一步疏通公共图书馆服务的毛细血管，实现图书馆制度与公众的真正链接；最后，在公共图书馆评估定级工作中，可以适当减少图书馆领域惯用的指标，提高社会指标考核的比重，以防止公共图书馆工作跟社会脱节。

总的来说，通过打造社会文化地标、增加公共图书馆的社会曝光度、提高公共图书馆的社会知晓度，将公共图书馆打造成区域文化名片，彰显图书馆制度在社会教育、科学普及、公平服务、文化保护传承等方面的影响力，是不断加深公共图书馆与社会公众的信息文化联结，绘制均衡发展的公共图书馆事业蓝图的重要手段。

参 考 文 献

[1] Garrod, Penny. E-books: Are they the Interlibrary Lending Model of the Future? [J]. Interlending & Document Supply, 2004, 32 (4): 227-233.

[2] Dennis T. Clark Susan P. Goodwin Todd Samuelson Catherine Coker. A Qualitative Assessment of the Kindle E-book Reader: Results from Initial Focus Groups [J]. Performance Measurement and Metrics: The International Journal for Library and Information Services, 2008, 9(2).

[3] Rodzvilla, John. New Title Tweets: Using Twitter and Microsoft Excel to Broadcast New Title Lists [J]. Computers in Libraries, 2010, 30(5): 26-30.

[4] Magdalini Vasileiou, Richard Hartley, and Jennifer Rowley. Choosing E-books: A Perspective from Academic Libraries [J]. Online Information Review, 2012, 36(1): 21-39.

[5] 梁寅生. 方便读者借阅 及时传递信息——贺县图书馆改革作息制度增加借阅时间[J]. 图书馆界, 1985(2): 65.

[6] 江向东. 对公共借阅权制度的理性思考[J]. 中国图书馆学报, 2001(3): 20-24, 39.

[7] 辛苗. 论人性化借阅制度的建立[J]. 图书馆论坛, 2008(4): 17-19.

[8] 肖云，曹琴艳，徐旭光. 高校图书馆读者借阅制度的改进与完

善[J]. 常熟理工学院学报, 2010, 24(11)：115-117.

［9］胡德华, 杨惠君, 严忠良, 等. "211"高校图书馆借阅制度的透明度研究[J]. 图书馆, 2017(6)：96-100.

［10］张安娜. 高校图书馆借阅信息查询与管理制度研究[J]. 山西青年, 2020(10)：207, 223.

［11］Penny Bates. The Role of Secondary School Libraries in the Promotion of Reading[J]. New Review of Children's Literature and Librarianship, 2000, 6(1)：155-176.

［12］何件秀. 阅读转型时期公共图书馆阅读推广服务制度设计研究[J]. 图书馆学刊, 2016, 38(1)：34-36.

［13］张华林. 阅读转型时期公共图书馆全民阅读推广服务制度建设研究[J]. 农业图书情报学刊, 2017, 29(6)：156-159.

［14］黄美玲. 阅读转型时期公共图书馆全民阅读推广服务制度建设策略探究[J]. 兰台内外, 2019(28)：51-52.

［15］宇婷. 阅读转型时期高校图书馆阅读推广服务制度设计研究[J]. 河南图书馆学刊, 2020, 40(7)：65-66, 78.

［16］Pinfield, Stephen. Managing Academic Libraries in a Digital World：Institutional, Regional and National Developments in the UK[J/OL]. [2023-12-30]. http：//www. ifla. org/IV/ifla66/papers/130-132e. htm.

［17］Hoskins, Ruth. Information and Communication Technology (ICT) Knowledge and Skills of Subject Librarians at the University Libraries of KwaZulu-Natal[J]. South African Journal of Libraries & Information Science, 2005, 71(2)：26-30.

［18］Neerputh, Shirlene. Towards Establishing Guidelines for Performance Appraisal of Subject Librarians in KwaZulu-Natal Academic Libraries[J]. Mousaion, 2006, 24(1)：51-74.

［19］Samsuddin Samsul Farid, Mohamad Kasim Suzila, et al. Challenges Faced by Subject Librarians in an Academic Library and Initiatives Toward Overcoming Them：UPM Library Experience[J]. The Reference Librarian, 2020, 61(1)：75-85.

［20］Youngok Choi, Edie Rasmussen. What Qualifications and Skills are Important for Digital Librarian Positions in Academic Libraries? A Job Advertisement Analysis ［ J ］. The Journal of Academic Librarianship, 2009, 35(5): 457-467.

［21］Hiwa Abdekhoda, Leila Mohammadi. Evaluation of Medical Librarians' Knowledge about New Web Technologies and Their Application in Library Services［J］. Health Information Management, 2011, 8(3).

［22］Shakeel Ahmad Khan, Rubina Bhatti. Factors Affecting Digital Skills of University Librarians for Developing & Managing Digital Libraries: An Assessment in Pakistan［J］. Library Philosophy and Practice, 2020(2): 1-19.

［23］张景厚. 美国图书馆员资格证书制度概述［J］. 图书馆理论与实践, 1990(1): 53-54, 34.

［24］温树凡. 试论建立图书馆员职业资格认证制度［J］. 山东图书馆季刊, 2004(1): 19-20.

［25］胡京波. 我国图书馆员职业资格认证制度建设的研究与进展［J］. 国家图书馆学刊, 2005(3): 45-49.

［26］杨晓丽. 图书馆员职业资格认证制度探析［J］. 江西图书馆学刊, 2011, 41(5): 107-109.

［27］王竹. 关于建立我国图书馆员职业资格认证制度的探讨［J］. 农业图书情报学刊, 2012, 24(4): 222-225.

［28］Debora Cheney, Jeffrey Knapp, et al. Convergence in the Library's News Room: Enhancing News Collections and Services in Academic Libraries［J］. College & Research Libraries, 2006, 67 (5): 395-417.

［29］Kathleen Halverson, Jean Plotas. Creating and Capitalizing on the Town/Gown Relationship: An Academic Library and a Public Library Form a Community Partnership ［ J ］. The Journal of Academic Librarianship, 2006, 32(6): 624-629.

［30］胡庆连. 我国高校图书馆对外开放性的探讨［J］. 河南图书馆学

225

刊，2008，28（6）：36-38.

[31]李建新. 高校图书馆开放：知易行难[J]. 教育与职业，2012（10）：66-69.

[32]张静. 在开放中学习开放——谈高校图书馆对外开放的紧迫性[J]. 图书情报工作，2012，56（S1）：61-63.

[33]张小慧. 关于高校图书馆统计信息化的研究[J]. 科技创新导报，2013（34）：188.

[34]刘正福. 旁论杂议：也谈高校图书馆对"外"开放问题[J]. 图书馆论坛，2014，34（4）：1-4.

[35]杨燕. 高校图书馆参与公共文化服务体系模式研究[D]. 成都：西南交通大学，2016.

[36]陈丽娟，林杨，刘海霞. 高校图书馆面向社会公众开放的实践与思考——以厦门大学图书馆为例[J]. 图书馆，2018（9）：101-105.

[37]夏咏梅. 互补性视域下的高校图书馆面向社会开放制度[J]. 内蒙古科技与经济，2020（2）：147-148.

[38]Hyeonsook Ryu. Comparison of Slovenian and Korean Library Laws[J]. Journal of Librarianship and Information Science，2019，51（4）：884-893.

[39]郭锡龙. 图书馆法律学初探[J]. 政法论坛，1990（5）：57-60，45，56.

[40]黄启明. 我国图书馆法律的历史与现状[J]. 图书馆，1997（4）：35-36，47.

[41]吴微. 我国图书馆法律体系架构[J]. 情报杂志，2001（9）：15-17.

[42]荣红涛. 图书馆法律保障体系的完善：基础、思路与重点[J]. 图书情报工作，2008（8）：50-53.

[43]王珊. 我国图书馆法律法规体系化建设研究[J]. 现代情报，2013，33（7）：52-55.

[44]朱兵. 加强立法，建立健全我国公共图书馆法律制度[J]. 图书馆建设，2016（1）：10-12，18.

［45］赵鹏. 我国图书馆法律制度体系现状、作用与问题分析［J］. 办公室业务, 2019(9)：131-132.

［46］王海洋. "十三五"规划背景下图书馆的法律保障体系建设思考［J］. 传播力研究, 2019, 3(36)：250.

［47］符润花. 我国公共图书馆法律法规体系构建研究［J］. 图书馆研究与工作, 2020(6)：35-39.

［48］姚美娟. 关于完善公共图书馆法律体系的思考与建议［J］. 文化产业, 2020(23)：153-154.

［49］吉杰. 基于公众影响力的图书馆阅读推广品牌建设研究［J］. 图书馆学刊, 2017, 39(4)：12-15, 28.

［50］尹中艳. 阅读推广：高职高专院校图书馆自身影响力的提升路径［J］. 开封教育学院学报, 2017, 37(6)：224-225.

［51］Zhang J S, Sun Y C, et al. A Synergetic Mechanism for Digital Library Service in Mobile and Cloud Computing Environment［J］. Personal and Ubiquitous Computing, 2014, 18(8)：1845-1854.

［52］Zhao G F, et al. The Construction and Operational Mechanism of University Innovation Ecosystem ［C］//Forum on Science and Technology in China, 2017.

［53］Xu G C, Guo H Y. Constructing a New Mechanism of Library and Information Service under Big Data Environment ［C］// International Conference on Machinery, 2017.

［54］Xiao H Q. Research on Book Acquisitioning Crowdsourcing Mechanism of the College Libraries under the Thinking of "Internet"［C］// International Journal of Computational & Engineering, 2017.

［55］黄惠娟, 傅文奇. 论高校和谐阅读环境的构建［J］. 江西图书馆学刊, 2008(4)：46-48.

［56］何晓林. 浅议图书馆的虚拟币运作机制［J］. 江西图书馆学刊, 2008(4)：62-63.

［57］陆春红, 李英, 李迎春. 公共图书馆开展心理辅导服务的思考［J］. 河南图书馆学刊, 2014, 34(8)：33-34, 39.

［58］袁芳. 略论区域图书馆联盟运作机制——以昌北图书馆联盟

为例[J]. 河南图书馆学刊, 2016, 36(3): 76-77.

[59] Sven Steinmo, et al. Do Libraries Matter? Public Libraries and the Creation of Social Capital[J]. Journal of Documentation, 2008, 64(6): 877-892.

[60] Andreas Varheim. Trust and the Role of the Public Library in the Integration of Refugees: The Case of a Northern Norwegian City[J]. Journal of Librarianship and Information Science, 2014, 46(1): 62-69.

[61] Kiran Kaur. Editorial Note: Libraries and Social Capital Revisited [J]. International Journal of Information Studies & Libraries, 2018, 3(2).

[62] Nicholas McAuliffe, et al. The Relationship Between Authentic Leadership, Trust, and Engagement in Library Personnel[J]. Journal of Library Administration, 2019, 59(2): 129-148.

[63] Sullivan M C. Leveraging library trust to combat misinformation on social media [J]. Library and Information Science Research, 2019, 41(1): 2-10.

[64] Kojo Kakra Twum, Andrews Agya Yalley, et al. The Influence of Public University Library Service Quality and Library Brand Image on User Loyalty[J]. International Review on Public and Nonprofit Marketing, 2020(2): 1-21.

[65] Wojciechowska Maja. Trust as a Factor in Building Cognitive Social Capital Among Library Workers and Users. Implications for Library Managers[J]. The Journal of Academic Librarianship, 2021, 47(1).

[66] 李琪. 追求读者信任的图书馆工作[J]. 科教文汇(上旬刊), 2011(1): 188-190.

[67] 赵波. 基于读者信任理论的图书馆服务探析[J]. 兰台世界, 2012(26): 85-86.

[68] 谢春枝. 图书馆联盟的成本效益分析及决策选择[J]. 中国图书馆学报, 2007(1): 25-30.

[69] 叶宏. 论图书馆联盟的运行机制[J]. 图书馆, 2007(2)：56-58, 123.

[70] 丘缅, 于明霞. 高校图书馆联盟的影响因素及形成机理分析——基于信任视角[J]. 图书馆学研究, 2015(18)：78-82.

[71] 黄彦博. 基于信任与绩效的图书馆联盟成员合作机制研究[J]. 图书馆学研究, 2012(4)：87-89.

[72] 吴小玲, 潘松华. 图书馆联盟内的信任机制构建研究[J]. 图书馆学研究, 2015(4)：87-90, 94.

[73] 刘琰明. 基于用户信任的高校图书馆专业化信息服务探析[J]. 科技视界, 2015(17)：159, 207.

[74] Uslaner E M, Brown M. Inequality, Trust, and Civic Engagement[J]. American Politics Research, 2005, 33(6)：868-894.

[75] Stevenson B, Wolfers J. Trust in Public Institutions over the Business Cycle[J]. The American Economic Review, 2011, 101(3)：281-287.

[76] Wroe A, Allen N, Birch S. The Role of Political Trust in Conditioning Perceptions of Corruption[J]. European Political Science Review, 2012, 5(2)：175-195.

附录1　公共图书馆制度影响力评价指标专家访谈提纲

访谈主题	访谈内容
导语	尊敬的专家：您好！ 为了收集博士论文所需第一手资料，即获取公共图书馆制度影响力的评价指标，需要对您进行访谈。请您针对访谈问题作答。访谈对象一律匿名，访谈获取的资料仅供博士论文研究使用，绝不会外传，我们绝不会泄露您的个人信息，请您放心作答。谢谢！
概念界定	1. 公共图书馆制度：是指执政党、国家机关或图书馆行业协会制定的调控公共图书馆事业或公共图书馆活动的规范性文件或行动准则。例如：《中华人民共和国公共图书馆法》《中华人民共和国公共文化服务保障法》《"十四五"公共文化服务体系建设规划》《河南省公共图书馆管理办法》《公共图书馆宣言》《公共图书馆服务发展指南》《公共图书馆年度报告编制指南》等。 2. 公共图书馆制度影响力：也可称为公共图书馆制度作用力，是指公共图书馆制度对公共图书馆事业或公共图书馆活动的调控力度和效果。公共图书馆主管部门、公共图书馆、公共图书馆员、公共图书馆用户等主体，以及公共图书馆活动内容都是公共图书馆制度影响力的覆盖范围。
受访者信息	性别，年龄，学历，专业或职业，职称，工作年限、地区。

续表

访谈主题	访 谈 内 容
具体问题	1. 您认为什么是公共图书馆制度，具体包括哪些内容？ 2. 您觉得公共图书馆制度的影响力表现在哪些方面？ 3. 您认为公共图书馆制度是通过什么方式发挥影响力的？ 4. 您认为公共图书馆制度的受关注和受讨论程度怎么样？为什么会出现这种情况？ 5. 您认为当前公共图书馆制度本身对制度影响力的发挥产生什么作用？ 6. 您认为公共图书馆制度的具体落实情况如何？造成这种情况的原因有哪些？ 7. 您所在地区的公共图书馆制度发挥的实际效果如何？ 8. 您认为哪些因素会导致公共图书馆制度影响力降低？ 9. 您认为怎样才能提升公共图书馆制度的影响力？

附录2 制度文本开放式编码表

序号	开放性概念	原 始 文 本
A1	颁布机构级别	《中华人民共和国公共文化保障法》全国人民代表大会
		《国务院办公厅转发文化部国家计委财政部关于进一步加强基层文化建设指导意见的通知》中共中央、国务院
		《国家计委、文化部关于"十五"期间加强基层公共文化设施建设的通知》中央各部委
		《湖北省公共图书馆条例》地方各级人民代表大会
		《内蒙古自治区公共图书馆管理条例》地方各级政府
		《北京市公共图书馆文明服务规范》地方文化和旅游厅
		《中国图书馆学会"十四五"发展规划纲要（2021—2025年)》图书馆学会
A2	发文类型	中华人民共和国公共文化保障法
		国家"十一五"时期文化发展规划纲要
		关于公益性文化设施向未成年人免费开放的实施意见、标准
		关于修改部分地方性法规的决定
		公共图书馆馆藏文献信息处置管理办法
		国务院办公厅转发文化部国家计委财政部关于进一步加强基层文化建设指导意见的通知

续表

序号	开放性概念	原 始 文 本
A2	发文类型	关于深入推进公共文化机构法人治理结构改革的实施方案
		文化和旅游部办公厅关于公示第六次全国县级以上公共图书馆评估定级结果的公告
		公共图书馆年度报告编制指南
		公共图书馆业务规范
		宁夏回族自治区公共文化服务保障条例
		黑龙江省图书馆章程(修订稿)
A3	国际合作交流	拓展国际交流。加强与国际图联等国际组织的联系
A4	志愿者服务	广泛开展文化志愿服务。弘扬志愿服务精神,坚持志愿服务与政府服务、市场服务相衔接,鼓励和支持公共图书馆开展参与广泛、内容丰富、形式多样的文化志愿服务;着眼于丰富公共图书馆服务项目和内容,弥补公共图书馆工作人员不足,在各级公共图书馆和基层综合性文化服务中心,广泛招募志愿者,建立相应工作制度
A5	文化创意产品	推动各级公共图书馆利用古籍善本、图书报刊和数字文化资源等开发文化创意产品,挖掘地方传统文献资源,开发一批弘扬中华优秀传统文化、反映时代精神、符合群众实际需求的文化创意产品
A6	打造高水平公共图书馆	打造一批专业化服务水平较高的公共图书馆,通过定题检索、文献查证、委托课题、信息推送等方式,为政府科学决策提供咨询服务,为企业和教育科研机构提供专题服务,为社会公众创新创业提供文献支撑和信息服务
A7	业务外包	有条件的公共图书馆可探索引入社会专业机构,进行委托经营,或将公共图书馆的信息采集、书刊编目等业务外包,推动公共图书馆专业化、社会化发展

233

续表

序号	开放性概念	原始文本
A8	政府购买服务	国家采取政府购买服务等措施,对公民、法人和其他组织设立的公共图书馆提供服务给予扶持
A9	社区配套设施建设	城市要在搞好群艺馆、文化馆、图书馆建设的同时,加强社区和居民小区配套文化设施建设,发展文化广场等公共文化活动场所
A10	完善文化设施网络	完善公共文化设施网络布局。以大型公共文化设施为骨干,以社区和乡镇基层文化设施为基础,优先安排关系人民群众切身文化利益的设施建设,加强图书馆、博物馆、文化馆、美术馆、电台、电视台、广播电视发射转播台(站)、互联网公共信息服务点
A11	组建多种人才队伍	各地要积极采取培养与引进、自有队伍和社会队伍相结合的方式,组建一支稳定的、适合文化共享工程建设需要的管理队伍、技术保障队伍和基层服务队伍
A12	工作岗位规范	建立健全群艺馆、文化馆、图书馆和乡镇(街道)文化机构的工作岗位规范,逐步实行工作人员从业资格制度
A13	馆员专业化培训	采取远程培训、集中培训等多种方式,建立基层文化队伍培训网络,提高基层文化队伍的专业化水平和综合素质
A14	服务技术创新	加快科技创新。加强数字和网络等核心技术的研发和应用,推动文化与科技的融合,丰富表现形式,拓展传播方式;(五)促进公共文化领域文化和科技融合发展,强化公共文化服务的技术支撑
A15	财政投入倾斜	切实加大对基层文化建设的投入。要确保文化事业经费的增长不低于当年财政收入的增长幅度;文化事业建设费的安排应向基层文化建设项目倾斜
A16	建设用地优惠	新建符合当地经济发展水平的非经营性文化设施所需用地,可以划拨供地的,地方人民政府应优先划拨;采用有偿方式供地的,应在地价上适当给予优惠
A17	文献资源共建共享	丰富文献信息资源,逐步建立资源共建共享体系;进一步夯实各级公共图书馆的业务基础,加强对文献信息资源建设的整体规划,提高文献信息资源保障能力;图书馆及其他类型图书馆开展交流与合作,实现资源共享与联合服务

序号	开放性概念	原始文本
A18	中西部文化产业布局	优化文化产业布局。实施差异化的区域文化产业发展战略，加强分类指导，努力形成东中西部优势互补、相互拉动、共同发展的局面
A19	基层文化服务点	县乡公共文化机构要实现公共文化资源和服务的下移，要在村文化活动室建设一批基层服务点(示范点)
A20	国家重点项目	项目 3：国家文献信息资源总目建设；项目 5：国家图书馆国家文献战略储备库建设工程
A21	古籍保护和宣传	加强对古籍保护的宣传。各级各类图书馆要积极开拓文化教育功能，通过讲座、展览、培训、研讨等形式宣传古籍保护知识，促进古籍利用和文化传播
A22	著作权保护	各地要加强著作权法律法规宣传教育，进一步提高图书馆著作权保护意识
A23	完善监督评价工作	加强监管，建立评估体系；完善免费开放工作监督评价机制，推动免费开放经费投入与服务效能挂钩
A24	科学制定设施标准	公共文化设施的建设要与当地经济社会发展水平相适应，实事求是，量力而行，科学合理地确定设施的规模和标准
A25	文化需求迫切	制定条例的必要性 随着我国社会主义市场经济体制的确立和改革开放事业的迅速发展，社会各族各界对知识和信息的需求日益迫切
A26	贯彻党和国家战略精神	全面贯彻党的十八大和十八届三中、四中、五中、六中全会精神，深入贯彻落实习近平总书记系列重要讲话精神和治国理政新理念新思想新战略，围绕中央关于加快构建现代公共文化服务体系的决策部署，按照公益性、基本性、均等性和便利性要求，以完善设施网络为基础，以丰富服务内容、强化资源整合、提高服务效能为重点，以完善体制机制为保障
A27	部门合作	各级城乡规划部门要会同文化部门，按照《中华人民共和国城市规划法》《中华人民共和国土地管理法》规定和有关要求，在城镇建设中，统筹规划城镇文化设施建设

235

序号	开放性概念	原始文本
A28	在制度学习中落实制度	推进重点任务落实。各地文化行政部门要把法律的学习宣传与推进重点任务落实结合起来，与落实《"十三五"时期全国公共图书馆事业发展规划》结合起来，促进公共图书馆事业发展
A29	制度详细性	在资源建设方面，"十二五"末要实现各级公共图书馆的数字资源量得到较大、均衡增长，全国数字资源总量达到10000TB，每个省级数字图书馆数字资源总量达100TB，每个市级数字图书馆达30TB，每个县级数字图书馆达4TB
A30	制度全面性	WH/T87的本部分给出了省级公共图书馆业务工作的基本规范。这些基本规范分为文献采集，文献组织，文献保存、保护与修复，读者服务，信息化建设，协作协调，业务管理与研究7个方面
A31	标准细化	美术馆、公共图书馆、文化馆(站)免费开放的基本内容和实施步骤；四、推进美术馆、公共图书馆、文化馆(站)免费开放的具体举措；公共图书馆应当每天向读者开放，其中市公共图书馆每周的开放时间不少于70个小时，区公共图书馆每周的开放时间不少于63个小时
A32	财政责任划分	美术馆、公共图书馆、文化馆(站)免费开放后，其人员、公用等基本支出由同级财政部门负担，开展基本公共文化服务项目支出由中央和地方财政共同负担
A33	经费补助与奖励	中央财政设立专项资金，重点对中西部地区地市级和县级美术馆、公共图书馆、文化馆以及乡镇综合文化站开展基本公共文化服务项目所需经费予以补助，对东部地区免费开放工作实施效果好的地方予以奖励
A34	专项资金投入	要增加专项资金投入，支持开展业务活动，改善设施设备条件，不断提高服务质量和服务水平
A35	财政补助定额标准	要认真研究制定美术馆、公共图书馆、文化馆(站)基本支出财政补助定额标准，足额保障人员、公用等日常运转所需经费

续表

序号	开放性概念	原始文本
A36	社会捐赠	同时，要探索建立公共文化多元化投入机制，进一步完善和落实相关政策措施，引导和鼓励社会力量对美术馆、公共图书馆、文化馆(站)进行捐赠和投入，拓宽经费来源渠道
A37	加大贫困地区财政支持	考虑到贫困地区的实际困难，"十五"期间，中央财政将增加县级文化馆图书馆建设专项资金，加大对贫困地区的财力支持，帮助这些地区实现县县有文化馆图书馆的建设目标
A38	对未成年人免费开放	要始终把社会效益放在首位，对未成年人实行免费开放，双休日、节假日要对未成年人开放
A39	实现社会功能	公共图书馆作为公共文化服务体系的重要组成部分，承担着保存人类文化遗产、提供知识信息、传播先进文化、开展社会教育的重要职责，为中国特色社会主义事业建设提供信息资源支撑和智力支持
A40	不同地区补助方案不同	中西部地区根据本地区公共图书馆、文化馆(站)个数，以及中央财政补助标准和负担比例，提出 2011 年中央专项资金申请；东部地区应将本地区 2011 年公共图书馆、文化馆(站)免费开放经费落实方案报财政部，由中央财政视情况安排奖励经费
A41	突发事件应对	发生重大传染病疫情等突发事件，公共图书馆应当按照所在地人民政府采取的应急措施，通过部分开放、预约限流、线上服务等方式，为读者提供服务
A42	时代发展需要	随着 21 世纪——知识经济时代的到来，每个社会成员必须依靠终身学习以迎接社会挑战，适应社会发展
A43	建立读者诉求渠道	定期公告服务开展情况，听取读者意见，建立诉求渠道
A44	构建城乡服务网络	努力构建覆盖城乡、服务高效、惠及全民的公共图书馆服务网络
A45	馆长负责制	第四条　公共图书馆实行馆长负责制。按照有关规定馆长应当具有相应职称，工作人员应当具有上岗资格

237

序号	开放性概念	原始文本
A46	馆长专业水平	馆长应当具有较高的科学文化素养、专业技术水平和组织管理能力
A47	馆长管理水平	公共图书馆馆长应当具备相应的专业管理水平
A48	专业技能考核	第二十三条　图书馆业务人员的专业知识和技能标准由市文化局征求专家委员会意见后制定。考核工作委托首都图书馆负责，上岗证书由市文化局颁发
A49	数字图书馆推广工程服务平台建设	到"十三五"末，实现 33 家省级公共图书馆和具备条件的市、县级公共图书馆纳入用户统一管理体系，移动阅读服务覆盖 500 家公共图书馆。加强推广工程资源库与各地资源的整合揭示服务，建立面向全媒体的数字图书馆推广工程服务平台，与海外文化中心合作共同推动中华文化走出去
A50	地市级公共图书馆全覆盖	推动地市级公共图书馆设施建设。实施《全国地市级公共文化设施建设规划》，对设施不达标的地市级公共图书馆进行新建、改建和扩建，完成 189 个地市级公共图书馆建设项目。规划完成后，基本实现全国地市级城市都有设施达标、功能完善、布局合理的公共图书馆
A51	社会力量参与建设	鼓励社会力量在公园、文化园区、景区、街区、都市商圈等场所，建设公共阅读空间
A52	方便就近参与文化活动	免费开放的根本目的是让广大人民群众就近方便地参与文化活动，保护群众的基本文化权益
A53	财政支持社会力量参与	对社会力量参与公共文化服务的，县级以上人民政府应当在用地、资金等方面按照国家和自治区有关规定给予支持
A54	加大宣传力度	加强公共图书馆的宣传，提高公共图书馆的知晓度，引导公众利用公共图书馆资源；提高公共图书馆的知晓度
A55	丰富宣传形式	通过形式多样的宣传，让更多的群众了解美术馆、公共图书馆、文化馆(站)的功能和作用，吸引广大群众走进文化设施，享受政府提供的公共文化服务

序号	开放性概念	原始文本
A56	加强政府宣传	第九条 各级人民政府应当加强公共图书馆的宣传；第五十条 各级人民政府及有关部门应当加强公共文化服务的宣传教育
A57	树立社会形象	树立美术馆、公共图书馆、文化馆(站)的良好社会形象
A58	加强文化立法	加强文化立法；推进公共图书馆立法工作，就法律出台后的贯彻实施开展制度设计和调查研究
A59	提高设施利用率	充分利用现有文化设施。已经建设完成的文化馆和图书馆，要加强管理，确保公益文化设施用于公益文化事业。利用不充分的，要采取有效措施，提高利用率。挪作他用的，必须坚决收回
A60	城乡文化一体化发展	加快城乡文化一体化发展。增加农村文化服务总量，统筹城乡文化产业发展
A61	打造文化中心城市	形成一批具有国际影响的文化创意中心城市和城市群，支持中小城市利用特色资源打造文化产业亮点
A62	服务方式创新	创新公共文化服务方式。适应人民群众多方面、多层次、多样化的文化需求；要区分不同年龄段未成年人的特点，创新服务理念
A63	提高基层队伍素质	引导和鼓励高校毕业生到基层图书馆工作，提高基层队伍的素质和水平
A64	促进地方立法	针对公共图书馆资源建设、运行管理、服务内容、经费保障、捐赠制度、总分馆制建设、法人治理结构建设、社会力量参与图书馆建设、基层公共文化资源整合等重点问题，形成具体的制度设计成果，促进地方公共图书馆立法工作
A65	人才交流	鼓励各级公共图书之间开展多种形式的人才交流活动
A66	群众满意度纳入考核	建立健全各级公共图书馆的评估考核机制，将群众满意度纳入公共图书馆评价体系重要指标

239

续表

序号	开放性概念	原始文本
A67	群众反馈机制	完善群众评价和反馈机制，提升服务的针对性和有效性，促进供需有效对接
A68	绩效考评机制	建立健全公共文化机构评估系统和绩效考评机制
A69	馆员服务规范	员工服务规范包括服务态度、服务流程、服务绩效评估、服务用语等
A70	配备专业技术人员	县(市)馆应具有中级以上专业技术职称人员，其任免按干部管理的有关规定办理
A71	满足社会弱势群体文化需求	要尊重和贴近服务对象的文化需求，在实现均等普惠的公共服务基础上，逐步增设多样化服务，重点增加对未成年人、老年人、农民工等特殊人群的对象化服务
A72	丰富文化活动	开展丰富多彩的文化活动。要积极推进先进文化的传播，组织科学、文明、健康的化活动，把广大群众吸引到文化馆、图书馆开展的丰富多彩的活动中来；实现"书香润琼州"的目标，解决公众"最后一公里"阅读距离的困难，依据法律、法规及国家现行政策，制定本制度
A73	阅读指导服务	第二十六条　公共图书馆应当配备相关专业人员，根据不同年龄段读者的特点，开展阅读指导和社会教育活动；第十七条　公共图书馆应当采用图书展览、宣传专栏、辅导讲座和组织群众性读书活动等多种形式，向读者推荐优秀读物，指导读者阅读
A74	继承发展民间艺术	推进农村文化活动方式的创新。继续发展民间艺术之乡、特色艺术之乡和民族民间文化生态保护区，继承和发展民族民间传统特色艺术
A75	提高文化国际影响力	积极参与国家文化"走出去"战略，参与海外中国文化中心图书馆的建设，建设中华文化数字资源库群，通过网络向海外用户提供内容丰富多彩、形式生动鲜活的中华文化数字产品，不断增强中华优秀文化的辐射力与影响

续表

序号	开放性概念	原始文本
A76	弘扬优秀传统文化,培育文化自信	加强文化遗产保护,弘扬民族优秀文化;最大限度地发挥公共图书馆在保护文献典籍、传承中华文化、建设学习型社会、培养公民高度的文化自觉和文化自信、提高全民族文明素质、建设社会主义文化强国等方面的重要作用,推动公共图书馆事业更好更快地发展
A77	明确地方图书馆拾遗补缺的作用	收藏地方出版物,是地方图书馆的重要职责,是保持地方图书馆特色与价值的重要措施之一
A78	历史及民族文献保护	2 加快革命历史文献和民国时期文献的保护和开发利用; 3 加强少数民族文献的保护和整理工作
A79	海外中华古籍调查暨数字化合作	以海外中华古籍调查摸底为基础,积极推动海外古籍资源以数字化、影印出版及其他形式实现回归与共享,编纂出版《海外中华古籍珍本丛刊》《海外中华古籍书目书志丛刊》等一批具有学术影响力和重要历史文化价值的古籍出版物
A80	打造阅读品牌	第二十一条 打造"长江读书节"等阅读品牌,推广全民阅读
A81	提高全民文化素养	培养公民高度的文化自觉和文化自信、提高全民族文明素质;传播科学文化知识,参与扫盲计划与实施,提高人民群众的科学素养与文化水平
A82	知识产权信息服务	第四十条 公共图书馆应当发挥场地资源齐备、受众广泛等优势,开展专利、商标、地理标志等知识产权信息公共服务,强化社会公众知识产权意识,推动知识产权文化传播
A83	全面提升服务能力	向社会公众提供多样化、多层次的资源和服务,全面提升公共图书馆服务能力,进一步提高公众对图书馆服务的满意率,增强公共图书馆的社会影响力

续表

序号	开放性概念	原始文本
A84	基础数据库建设	建立包括精品电子书、主流期刊报纸、精品公开课的公共图书馆基础资源库,借助各级公共数字文化服务平台面向全民推广,充分利用移动互联网的优势和特点,满足不同群体的阅读需求
A85	现代化信息服务	第二十八条 公共图书馆应当依托文化信息资源共享工程、数字图书馆、公共电子阅览室等,利用数字化、网络化和多媒体等技术,向读者提供远程查询、阅读等现代信息服务
A86	馆员任职资格	县(市)馆应具有中级以上专业技术职称人员担任,其任免按干部管理的有关规定办理处置

附录 3 专家访谈开放式编码表

序号	开放性概念	原 始 文 本
A87	机构权威性	a08 制度颁布机构等级越高，越具有权威性，制度的影响力就越大；a20 制定法律的部门级别影响其强制力
A88	内容强制力	a20 法律强制力更大、法规次之；a27 法律吧，它一旦制定出来，它就有长久的约束力，长久的作用，这个通知呢，太多了，今天这通知，明天那通知，人们对他的感受是一种非常的泛化，他的影响力很小
A89	政府责任主体	a04 公共图书馆制度责任主体的政府要发挥决定性作用；a05 本级政府层面的支持力度：财政拨付支持、相关活动的引导与配合；a14 公共图书馆都是政府主办；a20 政府掌握资源，最后需要政府采取行动
A90	业务工作保障	a02 资源、人力、经费、馆舍等方面是个保障；a04 公共图书馆制度保证了公共图书馆能够持续、稳定地得到政府的支持，为自身可持续发展的提供政治经济支持
A91	提升管理水平	a12 制度对图书馆整个管理和服务的水平、服务的能力都有很深的影响
A92	体现核心价值	a13 充分体现公共图书馆的公共性、公益性、开放性、群众性；a25 保证公共图书馆核心价值的实现
A93	提升社会地位	a25 树立一个良好的图书馆形象；a26 对公共图书馆地位的提升
A94	保障公民文化权利	a16 公民有获取各种信息的权利；a22 制度实际上是保证读者的权利

243

续表

序号	开放性概念	原 始 文 本
A95	托底功能	a21 制度有个保底，低标他做了，就说你最低要达到多少；a23 图书馆它有一个拾遗补缺、托底的作用
A96	地区经济发展水平	a02 一般经济发达地区可能执行图书馆制度相对会好一点；a04 部分经济欠发达地区囿于财力限制，公共图书馆发展不起来；a14 经济发达地区肯定要好过于中西部地区
A97	地区文化发展水平	a21 当地的经济文化影响政策；a22 地方的文化发展水平也有关系
A98	政府重视程度	a04 对于本地区的公共图书馆发展不够重视；a04 须在国家和政府"上层建筑"层面上加以确认并做出相应的制度安排，才能在具体的图书馆实践中得以落实
A99	财政保障	a09 财政支持不够；a14 它就是个公益事业单位，对他肯定是要有财政保障；a27 资金到位的很快，有钱去实施
A100	执行责任划分	a19 具体是哪个单位来落实，权利再细分一下；a22 责任划分不清楚；a30 制度执行主体缺乏明朗性
A101	部门配合	a01 制度实施和影响力的发挥需各层级多方面配合；a22 制度能发挥多大的作用，是互动的结果；a32 部门与部门之间不协调，各自为政
A102	制度与读者需求的匹配程度	a02 公共图书馆要去调研用户的需求；a03 是否与用户的需求直接相关；a12 跟踪用户的需求，在尽可能的情况下为他们提供所需的服务；a26 读者只关注能不能满足自己的需要；a21 要激发读者的需求，让读者感受到图书馆对他有用
A103	通过服务发挥制度影响力	a01 制度影响力通过读者服务发挥影响；a02 公共图书馆服务好的话，制度的影响力就发挥出来，制度的效力也就显现出来；a11 但是最终落脚点还是通过服务到用户身上来；a12 公共图书馆制度的影响力外现于图书馆的开放政策以及跟读者的各种交互
A104	满意度评价	a01 用户对环境、服务、建筑、资源的满意度评价；a04 影响力发挥程度主要取决于用户对公共图书馆制度需求的满意度

序号	开放性概念	原 始 文 本
A105	用户体验感	a21 给人感觉一种体验感很好；a22 让用户感受到服务、体验感非常好，产生口碑效应
A106	感受到受益	a03 用户是否有切身感受，用户的感受强度，是否与用户的切身利益有关；a05 提升人民群众的文化获得感；a12 制定制度就是为了让用户们体会到这个制度给他们带来的好处；a22 制度首先是不是让读者从制度中受益
A107	选址可达性	a20 图书馆选址应使用户方便到达和使用其资源；a21 图书馆的可达性、可及性，要走近民众身边
A108	缩短公众的认知距离	a19 图书馆距离民众很远，这个远不是距离上的远，主要就是认知方面的远；a27 把图书馆想得有点过于高大上，就觉得它是一个又干净又整洁，但是跟普通人的距离却不是那么近的一个地方
A109	与国家战略保持一致	a03 公共图书馆制度与国家的战略方针保持一致；a25 图书馆制度建设要与基本国情相适应；a27 尽可能与国家的顶层设计产生联系
A110	制度科学性	a12 本身你这个制度的合理性科学性很重要
A111	制度系统性	a21 涵盖了各个方面的制度，一套完整的制度，包括行政管理制度、业务制度、服务制度；a29 没有一个很系统的，感觉比较杂，
A112	提高制度约束力	a03 制度的强制力还有待加强；a21 公共图书馆制度的约束力不是很强
A113	制度可行性	a02 制度要切实可行；a13 制度过于理想化，可操作性和可实施性不强
A114	满足时代要求	a02 制度要适应新时代的发展，满足时代发展要求；a13 图书馆制度的更新要与时俱进
A115	制度均衡性	a25 一方面表现为制度缺位、职业自律制度缺位、职业权益保障制度缺位、职业准入制度缺位等；另一方面是传统公共图书馆管理制度供给过剩

245

续表

序号	开放性概念	原　始　文　本
A116	制度协调性	a07 上海包括公共图书馆在内的一些公共文化机构正在探索延时服务、公共文化设施收费管理办法等内容，这些都与现行的工资、绩效发放等财务制度有所冲突；a16 有些制度和制度有冲突，没有一个协调性
A117	制度衔接性	a10 绩效考核、人事任免，制度落实的时候衔接得不好；a16 改革和法律、制度可能是没有衔接好
A118	制度创新性	a04 公共图书馆制度的创新力不足
A119	制度可操作性	a01 制度对现实关系的规范不够细致；a16 从操作层面上来说，条例可能更好一些，更具体；a26 没有量化经费，很笼统
A120	制度可持续性	a04 制度有效性也非长久持续的
A121	实施细则具体化	a02 关于图书馆的详细规划，或者说图书馆的方针政策这些没有；a11 没有具体的方法说明怎么搞得更好，没有细则，没有具体的措施；a14 要有一些落地的细则；a21 制度有很多细化的东西，具体怎么操作，怎么实施；还需要一些配套法来细化它
A122	发展规划	a02 比如国家每 5 年制定一个"十三五""十四五"中的经济发展规划，没有一个图书馆事业的发展规划
A123	奖惩措施	a12 没有惩罚，那么制度就很难落实到位的；a20 制度落实不到位是否有相应的惩罚措施
A124	可量化指标	a21 有个标准你就很好搞了，你达到了你就过了，你没达到你就得整改，有一个可以量化的，或者说有一个非常明确的标准；a30 通过量化的方法，将制度实施分解成若干个指标来完成
A125	适合本地区发展	a02 制定本地的本区域的图书馆这个制度
A126	纳入政绩考核	a02 公共图书馆制度和政绩没有太大的密切的关系；a14 纳入政绩考核，才是制度真正的影响力

续表

序号	开放性概念	原 始 文 本
A127	深入基层宣传	a02 图书馆的宣传不够，图书馆真正来说也没有深入每个社区对图书馆做个营销活动，做个宣传活动；a05 国家层面宣传不到位；a08 要宣传，在读者和公众中形成共识；a21 通过大型的活动，通过这种方式让老百姓知道这个地方有这种服务
A128	打造社会热点	a16 利用社会媒体，进行自我宣传；a21 要有新闻爆点；a22 大众媒体的宣传力度还是挺强的；a27 吸引眼球的地方，新闻舆论热点什么的
A129	馆长统筹规划能力	a02 领导的统筹能力和执行力；a11 馆长的专业程度和协调统筹能力；a13 管理层的统筹能力、部门协调、全面考虑问题
A130	馆员主动服务意识	a02 图书馆工作人员没有主动服务意识；a21 作为馆员来说，他不仅要有专业知识，还要有这种服务精神服务意识
A131	馆员专业化程度	a11 馆员的专业化水平高了，服务能力就提升了；a14 专业化的人有没有，多不多；a16 对业务的熟练和专业可能还是得馆员
A132	馆员制度执行力	a12 馆员是不是都能够按照制度来执行，执行有偏差
A133	用户对公共图书馆的认知度	a02 他根本就不知道郑州市图书馆，另外也不知道图书馆是干啥的；a14 公共图书馆社会的认知度提高
A134	公共图书馆价值认可度	a13 让你觉得公共图书馆很重要，我觉得这个是公共图书馆制度的影响；a16 提高公众对公共图书馆价值的认知；a23 制度能带来哪些效应，效应的好处和所产生的服务的项目应该让读者知道
A135	馆员制度认同度	a08 领导班子、馆员对图书馆价值和制度的认识有局限性的
A136	馆员制度知晓度	a02 从事这个行业的人要知道制度，要纳入业务考核的一部分；a10 公共图书馆员对制度的了解程度

247

序号	开放性概念	原 始 文 本
A137	学习发达地区	a02 不发达地区向发达地区进行项目学习，对口支援
A138	降低开放门槛	a02 图书馆真正来说没有向社会完全开放，现在图书馆的开放还是已经有一定门槛的；a11 公共图书馆门槛也不需要管理那么严密，对读者越自由，越开放越好
A139	举办特色活动吸引用户	a02 光宣传也不够，要办一些特色的活动；a03 提供免费培训课程吸引用户
A140	馆员系统化培训	a05 人员培训标准不规范；a11 要对馆员进行系统的培训；a21 要对馆员进行培训，包括心理学、礼仪、沟通方式
A141	社会监督机制	a05 听取公众意见、接受社会监督；a11 一个运行过程中间如何监督检查；a21 后续一些监督机制要跟上
A142	征求群众意见	a08 没有广泛征求社会公众和服务对象的意见；a12 制度制定前，开座谈会征求读者意见
A143	制度要贯彻落实	a08 制度要认真贯彻执行才能发挥影响力；a14 各级政府层层落实来体现和发挥；a16 制度规定都有，但是执行起来也会大打折扣
A144	硬性指标	a11 合格评估要求硬性指标；a17 没有一些特别硬性的这种指标
A145	资源空间建设	a19 用户最关注的就是公共图书馆的资源和空间
A146	公共图书馆自身发展水平	a07 和公共图书馆建设发展的已有基础相关
A147	资金下放基层	a07 资金要下放到基层 a20；基层图书馆建设缺乏资金、土地、人员
A148	解决基层建设问题	a08 解决基层图书馆问题才能真正解决公共图书馆的问题；a12 基层政府在具体实施上存在困惑；a14 区县以下的服务网点建设存在问题

续表

序号	开放性概念	原 始 文 本
A149	公民阅读习惯	a08 没有阅读或者思考的习惯;a27 我国公民的这个阅读习惯还是没有培养出来
A150	有为才有位	a12 图书馆在各方面做得越好,你的影响力也变大了;a16 自己先作为,然后去争取地位;a20 图书馆要主动作为;a22 不能怪别人不重视你,就说你做了什么东西让人家看到;a26 公共图书馆要先做出成绩,再向政府要钱
A151	服务内容创新	a13 新技术的出现带来新的服务内容和服务手段;a14 业界的创新服务来推动
A152	用户对公共图书馆的需要程度	a16 过去除了书、报纸、电视,没有其他的信息获取的来源,读者对公共图书馆的需求反而是最高的,很多馆在各种条件特别是数字化条件改善以后,读者到馆率反而降低了;a20 中国公众长期缺乏对公共图书馆的需求
A153	纳入社会评估	a17 公共图书馆工作能够纳入当地的国民经济和社会发展规划中,然后说然后纳入考核评估体系中;a22 用一些社会的指标来考核我们图书馆的工作
A154	激发公民的精神需求	a17 通过宣传制度,让公民知道自己享有公共文化权利,激发他们的精神需求;a21 要激发读者的需求,让读者感受到图书馆对他有用
A155	唤起公众基本文化权益意识	a08 与个人意识有关,个人基本文化权益保障的维权意识;a20 公众对享受公共图书馆权益的意识不强
A156	信息公开透明	a21 把规章制度要定好,然后就得公示,信息要透明要公开
A157	开展社会教育	a21 公共图书馆要对读者进行教育,启发民智,要告诉他们哪些是对的,哪些不对
A158	特色活动常态化	a02 光宣传也不够,你要办一些特色的活动;a21 图书馆的活动不能只是阶段性的,应该常态化
A159	参与社会活动	a22 社会合作,图书馆参与社会活动中,承担更多的社会责任

249

续表

序号	开放性概念	原 始 文 本
A160	营造文化氛围	a22 没有形成一个文化标志；a32 用户需要这种空间，需要这种文化的氛围
A161	展示制度成果	a23 充分体现现代图书馆先进的理念和实践取得的成果；a29 实施完之后就没有下文了，没有把这个成果给展示给大家，展示给公众
A162	地方立法少	a08 现在地方立法还是比较少的
A163	城市中心化	a19 基本上我们国家的图书馆事业以前走的都是城市为主的路线，而且是高层路线，走高端的路线；a24 公共图书馆就是从上到下这样的纵向体系建立的，都是城市中心化的

附录4　扎根理论主轴编码结果

序号	范畴化	初始概念	原　始　文　本
C1 议题显著性	B1 响应国家战略	A26 贯彻党和国家战略精神	全面贯彻党的十八大和十八届三中、四中、五中、六中全会精神，深入贯彻落实习近平总书记系列重要讲话精神和治国理政新理念新思想新战略，围绕中央关于加快构建现代公共文化服务体系的决策部署，按照公益性、基本性、均等性和便利性要求，以完善设施网络为基础，以丰富服务内容、强化资源整合、提高服务效能为重点，以完善体制机制为保障
		A75 提高文化国际影响力	积极参与国家文化"走出去"战略，参与海外中国文化中心图书馆的建设，建设中华文化数字资源库群，通过网络向海外用户提供内容丰富多彩、形式生动鲜活的中华文化数字产品，不断增强中华优秀文化的辐射力与影响
		A109 与国家战略保持一致	a03 公共图书馆制度与国家的战略方针保持一致；a25 图书馆制度建设要与基本国情相适应；a27 尽可能与国家的顶层设计产生联系
	B2 契合时代要求	A42 时代发展需要	随着 21 世纪——知识经济时代的到来，每个社会成员必须依靠终身学习以迎接社会挑战，适应社会发展

续表

序号	范畴化	初始概念	原 始 文 本
	B2 契合时代要求	A114 满足时代要求	a02 制度要适应新时代的发展，满足时代发展要求；a13 图书馆制度的更新要与时俱进
C2 制度层级	B3 颁布机构	A1 颁布机构级别	全国人民代表大会、中共中央和国务院、中央各部委、地方各级人民代表大会、地方各级人民政府、地方文化与旅游厅、图书馆行业学会
		A87 机构权威性	a08 制度颁布机构等级越高，越具有权威性，制度的影响力就越大
	B4 制度类型	A2 发文类型	法律、规划、意见、标准、决定、办法、通知、方案、公告、指南、规范、条例、章程
		A88 内容强制力	a20 法律强制力更大、法规次之；a27 法律吧，它一旦被制定出来，它就有长久的约束力，长久的作用，这个通知呢，太多了，今天这通知，明天那通知，人们对他的感受是一种非常的泛化，他的影响力很小
C3 制度属性	B5 科学性	A30 制度全面性	WH/T87 的本部分给出了省级公共图书馆业务工作的基本规范。分为文献采集，文献组织，文献保存、保护与修复，读者服务，信息化建设，协作协调，业务管理与研究 7 个方面
		A110 制度科学性	a12 本身这个制度的合理性科学性很重要
		A111 制度系统性	a21 涵盖了各个方面的制度，一套完整的制度，包括行政管理制度、业务制度、服务制度；a29 没有一个很系统的，感觉比较杂

序号	范畴化	初始概念	原　始　文　本
C3 制度属性	B5 科学性	A142 征求群众意见	a08 没有广泛征求社会公众和服务对象的意见；a12 制度制定前，开座谈会征求读者意见
	B6 协调性	A115 制度均衡性	a25 一方面表现为制度缺位、职业自律制度缺位、职业权益保障制度缺位、职业准入制度缺位等；另一方面是传统公共图书馆管理制度供给过剩
		A116 制度协调性	a07 上海包括公共图书馆在内的一些公共文化机构正在探索延时服务、公共文化设施收费管理办法等内容，这些都与现行的工资、绩效发放等财务制度有所冲突；a16 有些制度和制度有冲突，没有一个协调性
		A117 制度衔接性	a10 绩效考核、人事任免，制度落实的时候衔接得不好；a16 改革和法律、制度可能是没有衔接好
		A125 适合本地区发展	a02 制定适合本地、本区域的公共图书馆制度
	B7 可行性	A29 制度详细性	在资源建设方面，"十二五"末要实现各级公共图书馆的数字资源量得到较大、均衡增长，全国数字资源总量达到10000TB，每个省级数字图书馆数字资源总量达100TB，每个市级数字图书馆达30TB，每个县级数字图书馆4TB
		A113 制度可行性	a02 制度要切实可行；a13 制度过于理想化，可操作性和可实施性不强
		A119 制度具体性	a01 制度对现实关系的规范不够细致；a16 从操作层面上来说，条例可能更好一些，更具体；a26 没有量化经费，很笼统

序号	范畴化	初始概念	原 始 文 本
C3 制度 属性	B8 创新性	A118 制度创新性	a04 公共图书馆制度的创新力不足
		A120 制度可持续性	a04 制度有效性也非长久持续的
C4 制度 环境	B9 政府重视程度	A20 国家重点项目	项目3：国家文献信息资源总目建设；项目5：国家图书馆国家文献战略储备库建设工程
		A98 政府重视程度	a04 对于本地区的公共图书馆发展不够重视；a04 须在国家和政府"上层建筑"层面上加以确认并做出相应的制度安排，才能在具体的图书馆实践中得以落实；a22 政府比较重视文化了，相对来说出台的制度可能会起的作用大一些
	B10 经济文化水平	A96 地区经济发展水平	a02 一般经济发达地区可能执行图书馆制度相对会好一点；a04 部分经济欠发达地区囿于财力限制，公共图书馆发展不起来；a14 经济发达地区肯定要好过于中西部地区
		A97 地区文化发展水平	a21 当地的经济文化影响政策；a22 地方的文化发展水平也有关系
C5 执行 主体	B11 政府责任落实	A32 财政责任分配	美术馆、公共图书馆、文化馆(站)免费开放后，其人员、公用等基本支出由同级财政部门负担，开展基本公共文化服务项目支出由中央和地方财政共同负担。按照中央和地方财力与事权相匹配的原则，中央级美术馆、图书馆所需经费由中央财政安排；省级美术馆、图书馆、文化馆所需经费由省级财政负担

序号	范畴化	初始概念	原 始 文 本
C5 执行 主体	B11 政府责 任落实	A89 政府 责任主体	a04 公共图书馆制度责任主体的政府要发挥决定性作用; a05 本级政府层面的支持力度: 财政拨付支持、相关活动的引导与配合; a14 公共图书馆都是政府主办; a20 政府掌握资源, 最后需要政府采取行动
		A100 执 行责任划 分	a19 具体是哪个单位来落实, 权利再细分一下; a22 责任划分不清楚; a30 制度执行主体缺乏明朗性
	B12 政府部 门合作	A27 部门 合作	各级城乡规划部门要会同文化部门, 按照《中华人民共和国城市规划法》《中华人民共和国土地管理法》规定和有关要求, 在城镇建设中, 统筹规划城镇文化设施建设
		A101 部 门配合	a01 制度实施和影响力的发挥需各层级多方面配合; a22 制度能发挥多大的作用, 是互动的结果; a32 部门与部门之间不协调, 各自为政
	B13 图书馆 主动作为	A3 国际 合作交流	图书馆及其他类型图书馆开展交流与合作, 实现资源共享与联合服务; 拓展国际交流。加强与国际图联等国际组织的联系
		A137 学 习发达地 区	a02 不发达地区图书馆向发达地区进行项目学习, 对口支援
		A150 有 为才有位	a12 图书馆在各方面做得越好, 你的影响力也变大了; a16 自己先作为, 然后去争取地位; a20 图书馆要主动作为; a22 不能怪别人不重视你, 就说你做了什么东西让人家看到; a26 公共图书馆要先做出成绩, 再向政府要钱

续表

序号	范畴化	初始概念	原 始 文 本
C5 执行 主体	B13 图书馆 主动作为	A159 参 与社会活 动	a22 社会合作，图书馆参与社会活动中，承担更多的社会责任
	B14 馆长综 合素质	A45 馆长 负责制	第四条 公共图书馆实行馆长负责制。按照有关规定馆长应当具有相应职称
		A46 馆长 专业水平	馆长应当具有较高的科学文化素养、专业技术水平和组织管理能力
		A47 馆长 管理水平	公共图书馆馆长应当具备相应的专业管理水平
		A129 馆 长统筹规 划能力	a02 领导的统筹能力和执行力；a11 馆长的专业程度和协调统筹能力；a13 管理层的统筹能力、部门协调、全面考虑问题
	B15 馆员职 业素养	A13 馆员 专业化培 训	采取远程培训、集中培训等多种方式，建立基层文化队伍培训网络，提高基层文化队伍的专业化水平和综合素质
		A69 馆员 服务规范	员工服务规范包括服务态度、服务流程、服务绩效评估、服务用语等。
		A86 馆员 任职资格	工作人员应当具有上岗资格；县(市)馆应具有中级以上专业技术职称人员担任，其任免按干部管理的有关规定办理处置
		A131 馆 员专业化 程度	a11 馆员的专业化水平高了，服务能力就提升了；a14 专业化的人有没有，多不多；a16 对业务的熟练和专业可能还是得馆员
		A140 馆 员系统化 培训	a05 人员培训标准不规范；a11 要对馆员进行系统的培训；a21 要对馆员进行培训，包括心理学、礼仪、沟通方式

续表

序号	范畴化	初始概念	原始文本
C5 执行 主体	B15 馆员职 业素养	A130 馆员主动服务意识	a02 图书馆工作人员没有主动服务意识；a21 作为馆员来说，他不仅要有专业知识，还要有这种服务精神服务意识
		A132 馆员制度执行力	a12 馆员是不是都能够按照制度来执行，执行有偏差
		A135 馆员制度认同度	a08 领导班子、馆员对图书馆价值和制度的认识是有局限性的
		A136 馆员制度知晓度	a02 从事这个行业的人要知道制度，要纳入业务考核的一部分；a10 公共图书馆员对制度的了解程度
C6 目标 群体	B16 文化需 求程度	A149 公民阅读习惯	a08 没有阅读或者思考的习惯；a27 我国公民的这个阅读习惯还是没有培养出来
		A152 用户对公共图书馆的需要程度	a16 过去除了书、报纸、电视，没有其他的信息获取的来源，读者对公共图书馆的需求反而是最高的，很多馆在各种条件特别是数字化条件改善以后，读者到馆率反而降低了；a20 中国公众长期缺乏对公共图书馆的需求
	B17 制度参 与程度	A4 志愿者服务	广泛开展文化志愿服务。弘扬志愿服务精神，坚持志愿服务与政府服务、市场服务相衔接，鼓励和支持公共图书馆开展参与广泛、内容丰富、形式多样的文化志愿服务；着眼于丰富公共图书馆服务项目和内容，弥补公共图书馆工作人员不足，在各级公共图书馆和基层综合性文化服务中心，广泛招募志愿者，建立相应工作制度

序号	范畴化	初始概念	原　始　文　本
C6 目标 群体	B17 制度参 与程度	A7 业务 外包	有条件的公共图书馆可探索引入社会专业机构，进行委托经营，或将公共图书馆的信息采集、书刊编目等业务外包，推动公共图书馆专业化、社会化发展
		A36 社会 捐赠	同时，要探索建立公共文化多元化投入机制，进一步完善和落实相关政策措施，引导和鼓励社会力量对美术馆、公共图书馆、文化馆(站)进行捐赠和投入，拓宽经费来源渠道
		A51 社会 力量参 与建设	鼓励社会力量在公园、文化园区、景区、街区、都市商圈等场所，建设公共阅读空间
		A53 财政 支持社会 力量参与	对社会力量参与公共文化服务的，县级以上人民政府应当在用地、资金等方面按照国家和自治区有关规定给予支持
C7 资源 禀赋	B18 财政资 金保障	A15 财政 投入倾斜	切实加大对基层文化建设的投入。要确保文化事业经费的增长不低于当年财政收入的增长幅度；文化事业建设费的安排应向基层文化建设项目倾斜
		A33 经费 补助与奖 励	中央财政设立专项资金，重点对中西部地区地市级和县级美术馆、公共图书馆、文化馆以及乡镇综合文化站开展基本公共文化服务项目所需经费予以补助，对东部地区免费开放工作实施效果好的地方予以奖励
		A34 专项 资金投入	要增加专项资金投入，支持开展业务活动，改善设施设备条件，不断提高服务质量和服务水平
		A35 财政 补助标准	要认真研究制定美术馆、公共图书馆、文化馆（站）基本支出财政补助定额标准，足额保障人员、公用等日常运转所需经费

序号	范畴化	初始概念	原 始 文 本
C7 资源 禀赋	B18 财政资 金保障	A37 加大 贫困地区 财政支持	考虑到贫困地区的实际困难，"十五"期间，中央财政将增加县级文化馆图书馆建设专项资金，加大对贫困地区的财力支持，帮助这些地区实现县县有文化馆图书馆的建设目标
		A40 不同 地区补助 方案不同	中西部地区根据本地区公共图书馆、文化馆(站)个数，以及中央财政补助标准和负担比例，提出2011年中央专项资金申请；东部地区应将本地区2011年公共图书馆、文化馆(站)免费开放经费落实方案报财政部，由中央财政视情况安排奖励经费
		A99 财政 保障	a09 财政支持不够；a14 它就是个公益事业单位，对他肯定是要有财政保障；a27 资金到位的很快，有钱去实施
		A8 政府 购买服务	国家采取政府购买服务等措施，对公民、法人和其他组织设立的公共图书馆提供服务给予扶持
		A16 建设 用地优惠	新建符合当地经济发展水平的非经营性文化设施所需用地，可以划拨供地的，地方人民政府应优先划拨；采用有偿方式供地的，应在地价上适当给予优惠
	B19 专业人 员配置	A11 组建 多种人才 队伍	各地要积极采取培养与引进、自有队伍和社会队伍相结合的方式，组建一支稳定的、适合文化共享工程建设需要的管理队伍、技术保障队伍和基层服务队伍
		A12 工作 岗位规范	巩固基层文化工作队伍。建立健全文化馆、图书馆和乡镇(街道)文化机构的工作岗位规范，逐步实行工作人员从业资格制度；(六)建立健全群艺馆、文化馆、图书馆和乡镇(街道)文化机构的工作岗位规范，逐步实行工作人员从业资格制度

序号	范畴化	初始概念	原 始 文 本
C7 资源 禀赋	B19 专业人 员配置	A48 专业 技能考核	第二十三条　图书馆业务人员的专业知识和技能标准由市文化局征求专家委员会意见后制定。考核工作委托首都图书馆负责，上岗证书由市文化局颁发
		A63 提高 基层队伍 素质	引导和鼓励高校毕业生到基层图书馆工作，提高基层队伍的素质和水平
		A65 人才 交流	鼓励各级公共图书之间开展多种形式的人才交流活动
		A70 配备 专业技术 人员	县(市)馆应具有中级以上专业技术职称人员担任，其任免除按干部管理的有关规定办理处置
	B20 宣传推 广力度	A54 加大 宣传力度	加强公共图书馆的宣传，提高公共图书馆的知晓度，引导公众利用公共图书馆资源；提高公共图书馆的知晓度
		A55 丰富 宣传形式	通过形式多样的宣传，让更多的群众了解美术馆、公共图书馆、文化馆(站)的功能和作用，吸引广大群众走进文化设施，享受政府提供的公共文化服务
		A56 政府 加强宣传	第九条　各级人民政府应当加强公共图书馆的宣传；第五十条　各级人民政府及有关部门应当加强公共文化服务的宣传教育
		A127 深 入基层宣 传	a02 图书馆的宣传不够，图书馆真正来说也没有深入到每个社区对图书馆做个宣传活动；a08 要宣传，在读者和公众中形成共识；a21 通过大型的活动，通过这种方式让老百姓知道图书馆有这种服务
		A128 打 造社会热 点	a16 利用社会媒体，进行自我宣传；a21 要有新闻爆点；a22 大众媒体的宣传力度还是挺强的；a27 吸引眼球的新闻舆论热点什么的

续表

序号	范畴化	初始概念	原 始 文 本
C8 运行机制	B21 完善立法	A58 加强文化立法	加强文化立法；推进公共图书馆立法工作，就法律出台后的贯彻实施开展制度设计和调查研究
		A64 促进地方立法	针对公共图书馆资源建设、运行管理、服务内容、经费保障、捐赠制度、总分馆制建设、法人治理结构建设、社会力量参与图书馆建设、基层公共文化资源整合等重点问题，形成具体的制度设计成果，促进地方公共图书馆立法工作
		A162 地方立法少	a08 现在地方立法还是比较少的
	B22 实施细则	A31 标准细化	美术馆、公共图书馆、文化馆(站)免费开放的基本内容和实施步骤；四、推进美术馆、公共图书馆、文化馆(站)免费开放的具体举措；公共图书馆应当每天向读者开放，其中市公共图书馆每周的开放时间不少于 70 小时，区公共图书馆每周的开放时间不少于 63 小时
		A112 提高制度约束力	a03 制度的强制力还有待加强；a21 公共图书馆制度的约束力不是很强
		A121 实施细则具体化	a02 关于图书馆的详细规划，或者说图书馆的方针政策这些没有；a11 没有具体的方法说明怎么搞得更好，没有细则，没有具体的措施；a14 要有一些落地的细则；a21 制度有很多细化的东西，具体怎么操作，怎么实施；还需要一些配套法来细化
		A122 发展规划	a02 比如国家每年制定每 5 年制定一个"十三五""十四五"中的这样经济发展规划，没有一个图书馆事业的发展规划

261

序号	范畴化	初始概念	原 始 文 本
C8 运行机制	B22 实施细则	A123 奖惩措施	a12 没有惩罚，那么制度就很难落实到位的；a20 制度落实不到位是否有相应的惩罚措施
		A124 可量化指标	a21 有个标准你就很好搞了，你达到了你就过了，你没达到你就得整改，有一个可以量化的，或者说有一个非常明确的标准；a30 通过量化的方法，将制度实施分解成若干个指标来完成
		A144 硬性指标	a11 合格评估要求硬性指标；a17 没有一些特别硬性的这种指标
	B23 监管考核	A23 监督评价机制	加强监管，建立评估体系；完善免费开放工作监督评价机制，推动免费开放经费投入与服务效能挂钩
		A67 群众反馈机制	完善群众评价和反馈机制，提升服务的针对性和有效性，促进供需有效对接
		A68 绩效考评机制	建立健全公共文化机构评估系统和绩效考评机制
		A126 纳入政绩考核	a02 公共图书馆制度和政绩没有太大的密切的关系；a14 纳入政绩考核，才是制度真正的影响力
		A141 社会监督机制	a05 听取公众意见、接受社会监督；a11 一个运行过程中间如何监督检查；a21 后续一些监督机制要跟上
		A153 纳入社会评估	a17 公共图书馆工作能够被纳入当地的国民经济和社会发展规划，然后说然后纳入考核评估体系中；a22 用一些社会的指标来考核我们图书馆的工作

续表

序号	范畴化	初始概念	原　始　文　本
C8 运行 机制	B24 切实 执行	A28 在制度学习中落实制度	推进重点任务落实。各地文化行政部门要把法律的学习宣传与推进重点任务落实结合起来，与落实《"十三五"时期全国公共图书馆事业发展规划》结合起来，促进公共图书馆事业发展
		A143 制度要切实贯彻	a08 制度要认真贯彻执行才能发挥影响力；a14 各级政府层层落实来体现和发挥；a16 制度规定都有，但是执行起来也会大打折扣
C9 调控具体工作	B25 核心及拓展业务	A5 文化创意产品	推动各级公共图书馆利用古籍善本、图书报刊和数字文化资源等开发文化创意产品，挖掘地方传统文献资源，开发一批弘扬中华优秀传统文化、反映时代精神、符合群众实际需求的文化创意产品
		A17 文献资源共建共享	丰富文献信息资源，逐步建立资源共建共享体系；进一步夯实各级公共图书馆的业务基础，加强对文献信息资源建设的整体规划，提高文献信息资源保障能力；图书馆及其他类型图书馆开展交流与合作，实现资源共享与联合服务
		A21 古籍保护和宣传	加强对古籍保护的宣传。各级各类图书馆要积极开拓文化教育功能，通过讲座、展览、培训、研讨等形式宣传古籍保护知识，促进古籍利用和文化传播
		A22 著作权保护	各地要加强著作权法律法规宣传教育，进一步提高图书馆著作权保护意识
		A49 数字图书馆推广工程服务平台建设	到"十三五"末，实现33家省级公共图书馆和具备条件的市、县级公共图书馆纳入用户统一管理体系，移动阅读服务覆盖500家公共图书馆。加强推广工程资源库与各地资源的整合揭示服务，建立面向全媒体的数字图书馆推广工程服务平台，与海外文化中心合作共同推动中华文化走出去

263

序号	范畴化	初始概念	原 始 文 本
C9 调控具体工作	B25 核心及拓展业务	A59 提高设施利用率	充分利用现有文化设施。已经建设完成的文化馆和图书馆，要加强管理，确保公益文化设施用于公益文化事业。利用不充分的，要采取有效措施，提高利用率。挪作他用的，必须坚决收回
		A77 收藏地方出版物	收藏地方出版物，是地方图书馆的重要职责，是保持地方图书馆特色与价值的重要措施之一
		A78 历史及民族文献保护	2 加快革命历史文献和民国时期文献的保护和开发利用；3 加强少数民族文献的保护和整理工作
		A79 海外中华古籍调查暨数字化合作	以海外中华古籍调查摸底为基础，积极推动海外古籍资源以数字化、影印出版及其他形式实现回归与共享，编纂出版《海外中华古籍珍本丛刊》《海外中华古籍书目书志丛刊》等一批具有学术影响力和重要历史文化价值的古籍出版物
		A84 基础数据库建设	建立包括精品电子书、主流期刊报纸、精品公开课的公共图书馆基础资源库，借助各级公共数字文化服务平台面向全民推广，充分利用移动互联网的优势和特点，满足不同群体的阅读需求
		A145 资源空间建设	a19 用户最关注的就是公共图书馆的资源和空间
	B26 服务延伸及创新	A14 服务技术创新	加快科技创新。加强数字和网络等核心技术的研发和应用，推动文化与科技的融合，丰富表现形式，拓展传播方式；(五)促进公共文化领域文化和科技融合发展，强化公共文化服务的技术支撑

续表

序号	范畴化	初始概念	原 始 文 本
C9 调控 具体 工作	B26 服务延 伸及 创新	A41 突发 事件应对	发生重大传染病疫情等突发事件，公共图书馆应当按照所在地人民政府采取的应急措施，通过部分开放、预约限流、线上服务等方式，为读者提供服务
		A62 服务 理念创新	创新公共文化服务方式。适应人民群众多方面、多层次、多样化的文化需求；要区分不同年龄段未成年人的特点，创新服务理念
		A73 阅读 指导服务	第二十六条 公共图书馆应当配备相关专业人员，根据不同年龄段读者的特点，开展阅读指导和社会教育活动；第十七条 公共图书馆应当采用图书展览、宣传专栏、辅导讲座和组织群众性读书活动等多种形式，向读者推荐优秀读物，指导读者阅读
		A82 知识 产权信息 服务	第四十条 公共图书馆应当发挥场地资源齐备、受众广泛等优势，开展专利、商标、地理标志等知识产权信息公共服务
		A83 全面 提升服务 能力	向社会公众提供多样化、多层次的资源和服务，全面提升公共图书馆服务能力，进一步提高公众对图书馆服务的满意率，增强公共图书馆的社会影响力
		A85 现代 化信息服 务	第二十八条 公共图书馆应当依托文化信息资源共享工程、数字图书馆、公共电子阅览室等，利用数字化、网络化和多媒体等技术，向读者提供远程查询、阅读等现代信息服务
		A103 通 过服务发 挥制度影 响力	a01 制度影响力通过读者服务发挥影响；a02 公共图书馆服务好的话，制度的影响力就发挥出来，制度的效力也就显现出来；a11 但是最终落脚点还是通过服务到用户身上来；a12 公共图书馆制度的影响力外现于图书馆的开放政策以及跟读者的各种交互

序号	范畴化	初始概念	原 始 文 本
C9 调控具体工作	B26 服务延伸及创新	A150 服务内容创新	a13 新技术的出现带来新的服务内容和服务手段；a14 业界的创新服务来推动
		A157 开展社会教育	a21 公共图书馆要对读者进行教育，启发民智，要告诉他们哪些是对的，哪些不对
		A72 丰富文化活动	开展丰富多彩的文化活动。要积极推进先进文化的传播，组织科学、文明、健康的文化活动，把广大群众吸引到文化馆、图书馆开展的丰富多彩的活动中来
		A74 创新农村文化活动	推进农村文化活动方式的创新。继续发展民间艺术之乡、特色艺术之乡和民族民间文化生态保护区，继承和发展民族民间传统特色艺术
		A139 提供免费课程	a03 提供免费培训课程吸引用户
		A158 活动常态化	a02 光宣传也不够，你要办一些特色的活动；a21 图书馆的活动不能只是阶段性的，应该常态化
C10 统筹城乡布局	B28 完善文化设施布局	A9 社区配套设施建设	城市要在搞好群艺馆、文化馆、图书馆建设的同时，加强社区和居民小区配套文化设施建设，发展文化广场等公共文化活动场所
		A10 完善文化设施网络	完善公共文化设施网络布局。以大型公共文化设施为骨干，以社区和乡镇基层文化设施为基础，优先安排关系人民群众切身文化利益的设施建设，加强图书馆、博物馆、文化馆、美术馆、电台、电视台、广播电视发射转播台(站)、互联网公共信息服务点

续表

序号	范畴化	初始概念	原　始　文　本
C10 统筹城乡布局	B28 完善文化设施布局	A18 中西部文化产业布局	优化文化产业布局。实施差异化的区域文化产业发展战略，加强分类指导，努力形成东中西部优势互补、相互拉动、共同发展的局面
		A24 科学制定设施标准	公共文化设施的建设要与当地经济社会发展水平相适应，实事求是，量力而行，科学合理地确定设施的规模和标准
		A44 构建城乡服务网络	努力构建覆盖城乡、服务高效、惠及全民的公共图书馆服务网络
		A50 推动地市级设施建设	推动地市级公共图书馆设施建设。实施《全国地市级公共文化设施建设规划》，对设施不达标的地市级公共图书馆进行新建、改建和扩建，完成 189 个地市级公共图书馆建设项目。规划完成后，基本实现全国地市级城市都有设施达标、功能完善、布局合理的公共图书馆
		A60 城乡文化一体化发展	加快城乡文化一体化发展。增加农村文化服务总量，统筹城乡文化产业发展
	B29 城市高质量发展	A6 打造高水平公共图书馆	打造一批专业化服务水平较高的公共图书馆，通过定题检索、文献查证、委托课题、信息推送等方式，为政府科学决策提供咨询服务，为企业和教育科研机构提供专题服务，为社会公众创新创业提供文献支撑和信息服务
		A61 打造文化中心城市	形成一批具有国际影响的文化创意中心城市和城市群，支持中小城市利用特色资源打造文化产业亮点

267

序号	范畴化	初始概念	原　始　文　本
C10 统筹城乡布局	B29 城市高质量发展	A163 城市中心化	a19 基本上我们国家的图书馆事业以前走的都是城市为主的路线，而且是高层路线，走高端的路线；a24 公共图书馆就是从上到下这样的纵向体系建立的，都是城市中心化的
	B30 基层设施建设	A19 基层文化服务点	县乡公共文化机构要实现公共文化资源和服务的下移，要在村文化活动室建设一批基层服务点
		A147 资金下放基层	a07 资金要下放到基层；a20；基层图书馆建设缺乏资金、土地、人员
		A148 解决基层建设问题	a08 解决基层图书馆问题才能真正解决公共图书馆的问题；a12 基层政府在具体实施上存在困惑；a14 区县以下的服务网点建设存在问题
C11 发挥图书馆价值	B31 保障图书馆发展	A90 保障自身发展	a02 资源、人力、经费、馆舍等方面是个保障；a04 公共图书馆制度保证了公共图书馆能够持续、稳定地得到政府的支持，为确保自身持续发展提供政治经济支持
		A91 提升管理水平	a12 制度对图书馆整个管理和服务的水平、服务的能力都有很深的影响
		A39 实现社会功能	公共图书馆作为公共文化服务体系的重要组成部分，承担着保存人类文化遗产、提供知识信息、传播先进文化、开展社会教育的重要职责，为中国特色社会主义事业建设提供信息资源支撑和智力支持

序号	范畴化	初始概念	原 始 文 本
C11 发挥 图书 馆价 值	B32 实现图 书馆 功能	A76 弘扬 优秀传统 文化，培 育文化自 信	五、加强文化遗产保护，弘扬民族优秀文化；最大 限度地发挥公共图书馆在保护文献典籍、传承中华 文化、建设学习型社会、培养公民高度的文化自觉 和文化自信、提高全民族文明素质、建设社会主义 文化强国等方面的重要作用，推动公共图书馆事业 更好更快地发展
		A81 提高 全民文化 素养	培养公民高度的文化自觉和文化自信、提高全民族 文明素质；传播科学文化知识，参与扫盲计划与实 施，提高人民群众的科学素养与文化水平
		A92 体现 核心价值	a13 充分体现公共图书馆的公共性、公益性、开放 性、群众性；a25 保证公共图书馆核心价值的实现
		A95 托底 功能	a21 制度有个保底，底标他做到了，就说你最低要达 到多少；a23 图书馆它有一个拾遗补缺、托底的作用
C12 用户 获得 感	B33 用户满 意度	A66 群众 满意度纳 入考核	建立健全各级公共图书馆的评估考核机制，将群众 满意度纳入公共图书馆评价体系重要指标
		A104　满 意度评价	a01 用户对环境、服务、建筑、资源的满意度评价； a04 影响力发挥程度主要取决于用户对公共图书馆制 度需求的满意度
		A105　用 户体验感	a21 给人感觉一种体验感很好；a22 让用户感受到服 务、体验感非常好，产生口碑效应
	B34 感知有 益性	A102　制 度与读者 需求的匹 配程度	a02 公共图书馆要去调研用户的需求；a03 是否与用 户的需求直接相关；a12 跟踪用户的需求，在尽可能 的情况下为他们提供所需的服务；a26 读者只关注能 不能满足自己的需要

269

续表

序号	范畴化	初始概念	原　始　文　本
C12 用户 获得 感	B34 感知有 益性	A106 感 受到受益	a03 用户是否有切身感受，用户的感受强度，是否与用户的切身利益有关；a05 提升人民群众的文化获得感；a12 制定制度就是为了让用户们体会到这个制度给他们带来的好处；a22 制度首先是不是让读者从制度中受益
	B35 资源可 达性	A52 方便 就近参与 文化活动	免费开放的根本目的是让广大人民群众就近方便地参与文化活动，保护群众的基本文化权益
		A107 选 址可达性	a20 图书馆选址应使用户方便到达和使用其资源；a21 图书馆的可达性、可及性，要走近民众身边
C13 价值 认同 感	B36 满足公 众文化 需求	A25 文化 需求迫切	随着我国社会主义市场经济体制的确立和改革开放事业的迅速发展，社会各族各界对知识和信息的需求日益迫切
		A71 满足 社会弱势 群体文化 需求	要尊重和贴近服务对象的文化需求，在实现均等普惠的公共服务基础上，逐步增设多样化服务，重点增加对未成年人、老年人、农民工等特殊人群的对象化服务
		A94 保障 公民文化 权利	a16 公民有获取各种信息的权利；a22 制度实际上是保证读者的权利
		A155 唤 起公众基 本文化权 益意识	a08 与个人意识有关，个人基本文化权益保障的维权意识；a20 公众对享受公共图书馆权益的意识不强

续表

序号	范畴化	初始概念	原始文本
C13 价值认同感	B37 保障公民文化权益	A138 降低开放门槛	a02 图书馆真正来说没有对向社会完全开放,现在图书馆的开放还是已经有一定门槛的;a11 公共图书馆门槛也不需要管理那么严密,对读者越自由,越开放越好
	B38 图书馆价值认可度	A108 缩短公众认知距离	a19 图书馆距离民众很远,这个远不是距离上的远,主要就是认知方面的远;a27 把图书馆想得有点过于高大上,就觉得它是一个又干净又整洁,但是跟普通人的距离却不是那么近的一个地方
		A133 用户对公共图书馆的认知度	a02 他根本就不知道郑州市图书馆,另外也不知道图书馆是干啥的;a14 公共图书馆社会的认知度提高
		A134 公共图书馆价值认可度	a13 让你觉得公共图书馆很重要,我觉得这个是公共图书馆制度的影响;a16 提高公众对公共图书馆价值的认知;a23 制度能带来哪些效应,效应的好处和所产生的服务的项目应该让读者知道
C14 社会能见度	B39 信息公开	A43 建立读者诉求渠道	定期公告服务开展情况,听取读者意见,建立诉求渠道
		A156 信息公开透明	a21 把规章制度要定好,然后就得公示,信息要透明要公开
		A161 展示制度成果	a23 充分体现现代图书馆先进的理念和实践取得的成果;a29 实施完之后就没有下文了,没有把这个成果给展示给公众

271

附录4 扎根理论主轴编码结果

续表

序号	范畴化	初始概念	原 始 文 本
C14 社会 能见 度	B40 文化 标志	A57 树立 社会形象	树立美术馆、公共图书馆、文化馆(站)的良好社会形象
		A80 打造 阅读品牌	第二十一条 打造"长江读书节"等阅读品牌，推广全民阅读
		A93 提升 社会地位	a25 树立一个良好的图书馆形象；a26 对公共图书馆地位的提升
		A160 营 造文化氛 围	a22 没有形成一个文化标志；a32 用户需要这种空间，需要这种文化的氛围

附录 5　公共图书馆制度影响力评价指标隶属度及权重调查问卷

尊敬的专家：您好！

    非常感谢您在百忙中填写这份问卷。本问卷是关于公共图书馆制度影响力评价指标体系的调查，该指标体系主要包括制度供给、制度执行、制度效果三个指标维度。请您根据个人实际经验和主观感受填写问卷。本次调查所获数据仅供博士论文写作使用，问卷调研全过程将严格遵守《中华人民共和国统计法》第 15 条保密规定，不会给您造成不良影响，敬请您放心填写。请您在问卷的第一部分对公共图书馆制度影响力评价指标隶属度进行评价，在问卷的第二部分对公共图书馆制度影响力评价指标之间的相对重要性进行评价。

    再次感谢您的大力支持！祝您身体健康！万事如意！

您的工作单位：

您的职称或职务：

第一部分

请您对公共图书馆制度影响力评价指标的重要性进行打分，从"1—5"分别表示"不重要—非常重要"，请您在相应的重要程度上打分，如果您认为指标体系中有遗漏的重要测量题项，请您在此部分结尾处列出。

（一）请您对公共图书馆制度影响力评价的二级指标进行打分

一级指标	二级指标	不重要	不太重要	一般	比较重要	非常重要
		1	2	3	4	5
D1 制度 供给	C1 议题显著性					
	C2 制度层级					
	C3 制度属性					
	C4 制度环境					
D2 制度执行	C5 执行主体					
	C6 目标群体					
	C7 资源禀赋					
	C8 运行机制					
D3 制度效果	C9 调控具体工作					
	C10 统筹城乡布局					
	C11 发挥图书馆价值					
	C12 用户获得感					
	C13 价值认同感					
	C14 社会能见度					

（二）本部分建议增加或剔除的指标及理由

（三）请您对公共图书馆制度影响力评价的三级指标进行打分

二级 指标	三级 指标	指标 内涵	不 重要	不太 重要	一 般	比较 重要	非常 重要
			1	2	3	4	5
C1 议题 显著性	B1 响应国 家战略	制度与构建社会主义文化 强国等国家发展战略是否 一致					
	B2 契合时 代要求	制度满足时代发展要求的 程度					
C2 制度 层级	B3 颁布机 构级别	颁布机构的级别及权威性					
	B4 制度类 型	制度发文类型及内容的强 制性					
C3 制度 属性	B5 科学性	制度制定的合理性、系统 性、全面性					
	B6 协调性	制度间的协调与链接性， 制度与本地区发展的适应 程度					
	B7 可行性	制度的可操作性、详细程 度					
	B8 创新性	制度的创新力、有效性的 可持续程度					
C4 制度 环境	B9 政府重 视程度	政府对文化建设与公共图 书馆发展的重视程度					
	B10 经济 文化水平	地区经济文化发展水平					

续表

二级指标	三级指标	指标内涵	不重要	不太重要	一般	比较重要	非常重要
			1	2	3	4	5
C5 执行主体	B11 政府责任落实	政府责任主体仪式、财政经费及业务执行责任划分					
	B12 政府部门合作	政府部门间相互合作、配合的程度					
	B13 图书馆能动性	图书馆积极参与社会活动、与发达地区合作交流学习					
	B14 馆长综合素质	馆长的个人能力及统筹管理水平					
	B15 馆员职业素养	馆员专业化程度、服务能力、制度意识					
C6 目标群体	B16 文化需求程度	公民是否有阅读习惯、用户对公共图书馆的需要程度					
	B17 制度参与程度	志愿者服务、社会捐赠、业务外包等社会力量参与					
C7 资源禀赋	B18 财政保障程度	专项资金支持、财政补助、用地支持等					
	B19 专业人员配置	高素质人才队伍建设、工作岗位规范、专业技能考核、人才交流学习					
	B20 宣传推广力度	制度宣传的力度、手段、方式					

续表

二级 指标	三级 指标	指标 内涵	不 重要	不太 重要	一 般	比较 重要	非常 重要
			1	2	3	4	5
C8 运行 机制	B21 完善 立法	加强文化立法、促进地方 公共图书馆立法工作					
	B22 实施 细则	实施标准的细化、有具体 的实施措施、惩罚措施、 硬性指标以及可量化的指 标					
	B23 监管 考核	加强监管，建立评价体系； 将图书馆工作纳入政绩考 核					
	B24 切实 执行	通过认真贯彻执行制度发 挥制度影响力					
C9 调控 具体 工作	B25 核心 及拓展业 务	制度通过图书馆业务水平 的提升体现制度的影响力					
	B26 服务 延伸及创 新	制度通过图书馆服务水平 的提升体现影响力					
	B27 图书 馆特色活 动	制度通过图书馆特色活动 的举办体现影响力					

277

二级指标	三级指标	指标内涵	不重要	不太重要	一般	比较重要	非常重要
			1	2	3	4	5
C10 统筹城乡布局	B28 完善文化设施布局	通过城乡及中西部公共文化产业及配套设施的完善体现制度的影响力					
	B29 城市高质量发展	通过打造专业化服务水平较高的城市公共图书馆体现制度的影响力					
	B30 基层基础设施建设	通过公共图书馆资金、资源、服务下移基层的程度体现制度的影响力					
C11 发挥图书馆价值	B31 保障图书馆发展	制度提升图书馆管理水平和服务能力,保障其自身发展					
	B32 实现图书馆功能	制度有助于提升全民文化素质,实现公共图书馆公共性、平等性的核心价值					
C12 用户获得感	B33 用户满意度	公共图书馆用户对制度的满意度和对图书馆服务的体验感					
	B34 感知有益性	制度是否与用户的切身利益相关、用户是否通过制度感受到受益					
	B35 资源可达性	方便公众参与公共图书馆活动,就近获取文化资源的便利程度					

续表

二级指标	三级指标	指标内涵	不重要	不太重要	一般	比较重要	非常重要
			1	2	3	4	5
C13 价值认同感	B36 满足公众文化需求	制度与读者文化需求的匹配程度，以及满足公民文化需求的程度					
	B37 保障公民文化权益	唤起公众基本文化权益意识，保障公众文化权益					
	B38 图书馆价值认可度	公众对公共图书馆的知晓度以及对公共图书馆制度价值的认可度					
C14 社会能见度	B39 信息公开	制度信息的公开透明、制度成果的展示					
	B40 文化标志	树立良好的公共图书馆社会形象、打造阅读品牌和文化标志的程度					

(四)本部分建议增加或剔除的指标及理由

第二部分

279

以下各表是按指标元素两两对比构建的矩阵，请您对表中横列指标和竖列指标之间的相对重要性进行打分，并根据填表说明，将两个指标比较之后得出的分值填写到空格中。表格中有"—"的部分表示内容重复，无须打分。

填表说明：

标度	相对权重(横列指标 i 比竖列指标 j)
1	同样重要
3	稍微重要
5	较强重要
7	强烈重要
9	极端重要
2、4、6、8	表示上述相邻判断的中间值
倒数	竖列指标 j 与横列指标 i 的重要性之比为 1/a

示例：

	制度供给	制度执行	制度效果
制度供给	—	1	1/3
制度执行	—	—	5
制度效果	—	—	—

注：数字"1"表示制度供给与制度执行同等重要，数字"1/3"表示制度供给比制度效果稍微不重要，数字"5"表示制度执行比制度效果明显重要。

请您按照相对重要性对矩阵表内的各项指标进行两两比较，在相应位置填写比较判断结果。

（一）一级指标矩阵重要性

	D1 制度供给	D2 制度执行	D3 制度效果
D1 制度供给	—		
D2 制度执行	—	—	
D3 制度效果	—	—	—

（二）二级指标矩阵-D1 制度供给

	C1 议题显著性	C2 制度层级	C3 制度属性	C4 制度环境
C1 议题显著性	—			
C2 制度层级	—	—		
C3 制度属性	—	—	—	
C4 制度环境	—	—	—	—

（三）二级指标矩阵–D2 制度执行

	C5 执行主体	C6 目标群体	C7 资源禀赋	C8 运行机制
C5 执行主体	—			
C6 目标群体	—	—		
C7 资源禀赋	—	—	—	
C8 运行机制	—	—	—	—

（四）二级指标矩阵–D3 制度效果

	C9 调控具体工作	C10 统筹城乡布局	C11 发挥图书馆功能	C12 用户获得感	C13 价值接受感	C14 社会能见度
C9 调控具体工作	—					
C10 统筹城乡布局	—	—				
C11 发挥图书馆功能	—	—	—			
C12 用户获得感	—	—	—	—		
C13 价值接受感	—	—	—	—	—	

续表

	C9 调控具体工作	C10 统筹城乡布局	C11 发挥图书馆功能	C12 用户获得感	C13 价值接受感	C14 社会能见度
C14 社会能见度	—	—	—	—	—	—

（五）三级指标矩阵-C1 议题显著性

	B1 响应国家战略	B2 契合时代发展
B1 响应国家战略	—	
B2 契合时代发展	—	—

（六）三级指标矩阵-C2 制度层级

	B3 颁布机构	B4 制度类型
B3 颁布机构	—	
B4 制度类型	—	—

（七）三级指标矩阵-C3 制度属性

	B5 科学性	B6 协调性	B7 可行性	B8 创新性
B5 科学性	—			
B6 协调性	—	—		
B7 可行性	—	—	—	
B8 创新性	—	—	—	—

（八）三级指标矩阵-C4 制度环境

	B9 政府重视程度	B10 经济文化水平
B9 政府重视程度	—	
B10 经济文化水平	—	—

(九)三级指标矩阵-C5 执行主体

	B11 政府责任落实	B12 政府部门合作	B13 图书馆能动性	B14 馆长综合素质	B15 馆员职业素养
B11 政府责任落实	—				
B12 政府部门合作	—	—			
B13 图书馆能动性	—	—	—		
B14 馆长综合素质	—	—	—	—	
B15 馆员职业素养	—	—	—	—	—

(十)三级指标矩阵-C6 目标群体

	B16 文化需求程度	B17 制度参与程度
B16 文化需求程度	—	
B17 制度参与程度	—	—

(十一)三级指标矩阵-C7 资源禀赋

283

	B18 财政资金保障	B19 专业人员配置	B20 宣传推广力度
B18 财政资金保障	—		
B19 专业人员配置	—	—	
B20 宣传推广力度	—	—	—

(十二)三级指标矩阵-C8 运行机制

	B21 完善立法	B22 实施细则	B23 监管考核	B24 切实执行
B21 完善立法	—			
B22 实施细则	—	—		
B23 监管考核	—	—	—	
B24 切实执行	—	—	—	—

(十三)三级指标矩阵-C9 调控具体工作

	B25 核心及拓展业务	B26 服务延伸及创新	B27 图书馆特色活动
B25 核心及拓展业务	—		
B26 服务延伸及创新	—	—	
B27 图书馆特色活动	—	—	—

(十四)三级指标矩阵-C10 统筹城乡布局

284

	B28 完善文化设施布局	B29 城市高质量发展	B30 基层基础设施建设
B28 完善文化设施布局	—		
B29 城市高质量发展	—	—	
B30 基层基础设施建设	—	—	—

(十五)三级指标矩阵-C11 发挥图书馆价值

	B31 保障图书馆发展	B32 实现图书馆功能
B31 保障图书馆发展	—	
B32 实现图书馆功能	—	—

(十六) 三级指标矩阵-C12 用户获得感

	B33 用户满意度	B34 感知有用性	B35 资源可达性
B33 用户满意度			
B34 感知有用性	—	—	
B35 资源可达性	—	—	—

(十七) 三级指标矩阵-C13 价值认同感

	B36 满足公众文化需求	B37 保障公民文化权益	B38 图书馆价值认可度
B36 满足公众文化需求	—		
B37 保障公民文化权益	—	—	
B38 图书馆价值认可度	—	—	—

(十八) 三级指标矩阵-C14 社会能见度

285

	B39 信息公开	B40 文化标志
B39 信息公开	—	
B40 文化标志	—	—

附录6 公共图书馆制度影响力评价指标权重调查问卷(第二轮)

第一部分

尊敬的专家：您好！

"公共图书馆制度影响力评价指标"第一轮咨询已经完成，专家们抱着认真负责的态度和可贵的耐心及时地给予了回复，并且对指标体系提出了宝贵的意见和建议。根据专家们的意见，我们对指标体系作了一些调整。特做如下说明：

1. 三级指标"B25 核心及拓展业务"改为"B25 核心服务优化"。

2. 三级指标"B26 服务延伸及创新"与"B27 图书馆特色活动"存在交叉关系，将"B27 图书馆特色活动"删除，在"B26 服务延伸及创新"中加入"图书馆特色活动"这一内涵，并将"B26 服务延伸及创新"改为"B26 服务拓展与创新"。

3. 三级指标"B29 城市高质量发展"与"B30 基层基础设施建设"存在歧义，将"B29 城市高质量发展"改为"B29 城市图书馆高质量发展"；将"B30 基层基础设施建设"改为"B30 乡村图书馆建设水平"。

4. 三级指标"B31 保障图书馆发展"与二级指标"C9 调控具体工作"存在交叉关系，将二级指标"C11 发挥图书馆价值"下属的三级指标"B31 保障图书馆发展"删除。

5. 将"C9 调控具体工作"改为"C9 提升服务水平"。

6. 三级指标"B32 实现图书馆功能"与三级指标"B38 图书馆价

值认可度"存在交叉关系,将二级指标"C11 发挥图书馆价值"下属的三级指标"B32 实现图书馆功能"删除,其内涵合并到"B38 图书馆价值认可度"中。

7. 在二级指标"C14 社会能见度"下增加三级指标"公众知晓度"。

表 1　公共图书馆制度影响力评价指标体系(修改版)

一级指标	二级指标	三级指标	指标内涵
D1 制度供给	C1 议题显著性(4.36)	B1 响应国家战略(4.64)	制度与构建社会主义文化强国等国家发展战略是否一致
		B2 契合时代要求(4.52)	制度满足时代发展要求的程度
	C2 制度层级(4.36)	B3 颁布机构级别(4.6)	颁布机构的级别及权威性
		B4 制度类型(4.28)	制度发文类型及强制性
	C3 制度属性(3.76)	B5 科学性(4.44)	制度内容的合理性、系统性、全面性
		B6 协调性(4.32)	制度间的协调性与衔接性,制度与本地区发展的适应程度
		B7 可行性(4.36)	制度内容的可操作性、详细程度
		B8 创新性(4.04)	制度内容的创新力及可持续性
	C4 制度环境(3.88)	B9 政府重视程度(4.6)	政府对公共图书馆发展的重视程度
		B10 经济文化水平(3.92)	地区经济及文化发展水平

287

续表

一级指标	二级指标	三级指标	指标内涵
D2 制度执行	C5 执行主体 (4.52)	B11 政府责任落实 (4.56)	制度执行过程中，政府的责任主体意识、财政经费及业务执行责任划分
		B12 政府部门合作 (4.12)	制度执行过程中，政府部门间相互合作、配合的程度
		B13 图书馆能动性 (4.28)	公共图书馆积极参与社会活动、各地区公共图书馆合作交流学习
		B14 馆长综合素质 (4.36)	馆长个人素质及统筹规划管理水平
		B15 馆员职业素养 (4.24)	馆员专业化程度、服务能力、制度意识
	C6 目标群体 (4.08)	B16 文化需求程度 (3.84)	目标群体是否有阅读习惯以及对公共图书馆的需要程度
		B17 制度参与程度 (3.72)	志愿者服务、社会捐赠、业务外包等社会力量参与程度
	C7 资源禀赋 (3.8)	B18 财政资金保障 (4.16)	在公共图书馆制度执行中的专项资金支持、财政补助、用地支持等财政保障措施
		B19 专业人员配置 (4.4)	建设高素质人才队伍、规范馆员工作岗位、专业技能考核、人才交流学习等措施保障公共图书馆制度执行
		B20 宣传推广力度 (4.04)	制度宣传的力度、手段、方式
	C8 运行机制 (4.24)	B21 完善立法 (4.36)	加强文化立法、促进地方公共图书馆立法工作

续表

一级指标	二级指标	三级指标	指标内涵
D2 制度执行	C8 运行机制(4.24)	B22 实施细则(4.44)	细化公共图书馆制度实施标准,完善奖惩措施、硬性指标以及可量化的指标
		B23 监管考核(4.64)	加强社会监管,建立评价体系;将公共图书馆工作纳入业务考核范围
		B24 切实执行(4.4)	认真贯彻执行制度以发挥制度影响力
D3 制度效果	C9 提升服务水平(4.12)	B25 核心服务优化(4.16)	通过公共图书馆核心服务的优化体现制度影响力
		B26 服务拓展与创新(4.2)	通过公共图书馆服务内容的拓展创新及特色活动的举办体现制度影响力
	C10 统筹城乡布局(3.88)	B27 完善文化设施布局(4.12)	通过完善城乡、东中西部公共文化产业及配套设施体现制度影响力
		B28 城市图书馆高质量发展(3.88)	通过打造专业化高水平的城市公共图书馆体现制度影响力
		B29 乡村图书馆建设水平(3.88)	通过资金、资源、服务下移乡村基层公共图书馆体现制度影响力
	C11 用户获得感(4.36)	B30 用户满意度(4.4)	用户对公共图书馆制度及服务体验感的满意度
		B31 感知有益性(4.24)	制度是否符合用户的切身利益、用户是否可以通过公共图书馆制度受益
		B32 资源可达性(4.2)	方便公众参与公共图书馆活动、就近获取公共文化资源的便利程度

续表

一级指标	二级指标	三级指标	指标内涵
D3 制度效果	C12 价值认同感(4.32)	B33 满足公众文化需求(4.28)	公共图书馆制度与读者精神文化需求的匹配程度
		B34 保障公民文化权益(4.32)	公共图书馆制度保障公众基本文化权益的程度
		B35 图书馆价值认可度(4.32)	缩短公众对公共图书馆制度的认知距离,提高公共图书馆制度的价值认可度
	C13 社会能见度(4.16)	B36 信息公开(4.2)	制度信息的公开透明、制度成果的展示
		B37 文化标志(4.28)	树立良好的公共图书馆社会形象,打造自身阅读品牌和地区文化标志的程度
		B38 公众知晓度(新增)	公众对公共图书馆制度的知晓度

注：括号内的数字为第一轮专家对各指标重要性打分的平均值。

第二部分

　　请您参考"第一轮专家意见汇总"和以上所做的说明,对新的指标体系进行评价。再次对各位专家的辛勤付出表示衷心的感谢!

290

　　工作单位：

　　工作年限：

　　职称或职务：

以下各表是按指标元素两两对比构建的矩阵,请您对表中横列指标和竖列指标之间的相对重要性进行打分,请根据填表说明,将两个指标比较之后得出的分值填写到空格中,表格中有"—"的部分表示内容重复,无须打分。

填表说明:

标度	横列指标 i 比竖列指标 j
1	同样重要
3	稍微重要
5	较强重要
7	强烈重要
9	极端重要
2、4、6、8	表示上述相邻判断的中间值
倒数	竖列指标 j 与横列指标 i 的重要性之比为 1/a

示例:

	制度供给	制度执行	制度效果
制度供给	—	1	1/3
制度执行	—	—	5
制度效果	—	—	—

注:数字"1"表示制度供给与制度执行同等重要,数字"1/3"表示制度供给比制度效果稍微不重要,数字"5"表示制度执行比制度效果明显重要。

请您按照相对重要性对矩阵表内的各项指标进行两两比较,在相应位置填写比较判断结果。

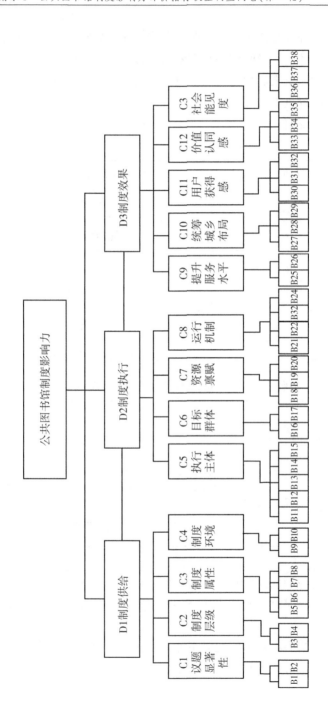

(一)一级指标矩阵重要性

	D1 制度供给	D2 制度执行	D3 制度效果
D1 制度供给	—		
D2 制度执行	—	—	
D3 制度效果	—	—	—

(二)二级指标矩阵-D1 制度供给

	C1 议题显著性	C2 制度层级	C3 制度属性	C4 制度环境
C1 议题显著性	—			
C2 制度层级	—	—		
C3 制度属性	—	—	—	
C4 制度环境	—	—	—	—

(三)二级指标矩阵-D2 制度执行

	C5 执行主体	C6 目标群体	C7 资源禀赋	C8 运行机制
C5 执行主体	—			
C6 目标群体	—	—		
C7 资源禀赋	—	—	—	
C8 运行机制	—	—	—	—

(四)二级指标矩阵-D3 制度效果

	C9 提升服务水平	C10 统筹城乡布局	C11 用户获得感	C12 价值认同感	C13 社会能见度
C9 提升服务水平	—				
C10 统筹城乡布局	—	—			
C11 用户获得感	—	—	—		
C12 价值认同感	—	—	—	—	
C13 社会能见度	—	—	—	—	—

(五)三级指标矩阵-C1 议题显著性

	B1 响应国家战略	B2 契合时代发展
B1 响应国家战略	—	
B2 契合时代发展	—	—

(六)三级指标矩阵-C2 制度层级

	B3 颁布机构级别	B4 制度类型
B3 颁布机构级别		
B4 制度类型	—	—

(七)三级指标矩阵-C3 制度属性

	B5 科学性	B6 协调性	B7 可行性	B8 创新性
B5 科学性	—			
B6 协调性	—	—		
B7 可行性	—	—	—	
B8 创新性	—	—	—	—

(八)三级指标矩阵-C4 制度环境

	B9 政府重视程度	B10 经济文化水平
B9 政府重视程度	—	
B10 经济文化水平	—	—

(九)三级指标矩阵-C5 执行主体

	B11 政府责任落实	B12 政府部门合作	B13 图书馆能动性	B14 馆长综合素质	B15 馆员职业素养
B11 政府责任落实	—				
B12 政府部门合作	—	—			
B13 图书馆能动性	—	—	—		
B14 馆长综合素质	—	—	—	—	
B15 馆员职业素养	—	—	—	—	—

(十)三级指标矩阵-C6 目标群体

	B16 文化需求程度	B17 制度参与程度
B16 文化需求程度	—	
B17 制度参与程度	—	—

(十一)三级指标矩阵-C7 资源禀赋

	B18 财政资金保障	B19 专业人员配置	B20 宣传推广力度
B18 财政资金保障	—		
B19 专业人员配置	—	—	

	B18 财政资金保障	B19 专业人员配置	B20 宣传推广力度
B20 宣传推广力度	—	—	—

(十二)三级指标矩阵-C8 运行机制

	B21 完善立法	B22 实施细则	B23 监管考核	B24 切实执行
B21 完善立法	—			
B22 实施细则	—	—		
B23 监管考核	—	—	—	
B24 切实执行	—	—	—	—

(十三)三级指标矩阵-C9 提升服务水平

	B25 核心服务优化	B26 服务拓展与创新
B25 核心服务优化	—	
B26 服务拓展与创新	—	—

(十四)三级指标矩阵-C10 统筹城乡布局

	B27 完善文化设施布局	B28 城市图书馆高质量发展	B29 乡村图书馆建设水平
B27 完善文化设施布局	—		
B28 城市图书馆高质量发展	—	—	

续表

	B27 完善文化设施布局	B28 城市图书馆高质量发展	B29 乡村图书馆建设水平
B29 乡村图书馆建设水平	—	—	—

(十五)三级指标矩阵-C11 用户获得感

	B30 用户满意度	B31 感知有用性	B32 资源可达性
B30 用户满意度	—		
B31 感知有用性	—	—	
B32 资源可达性	—	—	—

(十六)三级指标矩阵-C12 价值认同感

	B33 满足公众文化需求	B34 保障公民文化权益	B35 图书馆价值认可度
B33 满足公众文化需求	—		
B34 保障公民文化权益	—	—	
B35 图书馆价值认可度	—	—	—

(十七)三级指标矩阵-C13 社会能见度

	B36 信息公开	B37 文化标志	B38 公众知晓度
B36 信息公开	—		
B37 文化标志	—	—	
B38 公众知晓度	—	—	—

附录7　公共图书馆制度影响力评价指标体系权重计算结果

表1　一级指标判断矩阵

	D1 制度供给	D2 制度执行	D3 制度效果	W_i	一致性判断
D1 制度供给	1.00	1.61	1.47	0.4257	λ_{max} = 3.0967 CI = 0.0483 CR = 0.0833, CR < 0.1 符合一致性
D2 制度执行	0.62	1.00	2.31	0.3612	
D3 制度效果	0.68	0.43	1.00	0.2131	

表2　一级指标判断矩阵

	D1 制度供给	D2 制度执行	D3 制度效果	W_i	一致性判断
D1 制度供给	1.00	1.61	1.47	0.4257	λ_{max} = 3.0967 CI = 0.0483 CR = 0.0833 CR < 0.1 符合一致性
D2 制度执行	0.62	1.00	2.31	0.3612	
D3 制度效果	0.68	0.43	1.00	0.2131	

表 3　D1 制度供给

	C1 议题显著性	C2 制度层级	C3 制度属性	C4 制度环境	W_i
C1 议题显著性	1.00	1.63	2.06	2.07	0.3692
C2 制度层级	0.61	1.00	2.40	2.98	0.3294
C3 制度属性	0.49	0.42	1.00	1.79	0.1766
C4 制度环境	0.48	0.34	0.56	1.00	0.1248

由表 3 可得，λ_{max} = 4.1021，CI = 0.0340，RI = 0.89，CR = 0.0382 < 0.1，通过了一致性检验。

表 4　D2 制度执行

	C5 执行主体	C6 目标群体	C7 资源禀赋	C8 运行机制	W_i
C5 执行主体	1.00	3.41	2.17	2.10	0.4543
C6 目标群体	0.29	1.00	1.47	0.80	0.1748
C7 资源禀赋	0.46	0.68	1.00	1.33	0.1838
C8 运行机制	0.48	1.26	0.75	1.00	0.1871

由表 4 可得，λ_{max} = 4.1051，CI = 0.0350，RI = 0.89，CR = 0.0394 < 0.1，通过了一致性检验。

表 5　D3 制度效果

	C9 调控具体工作	C10 统筹城乡布局	C11 发挥图书馆功能	C12 用户获得感	C13 价值接受感	C14 社会能见度	W_i
C9 调控具体工作	1.00	1.74	1.95	1.21	1.51	1.59	0.2496
C10 统筹城乡布局	0.57	1.00	1.64	1.11	1.31	1.24	0.1757

续表

	C9 调控具体工作	C10 统筹城乡布局	C11 发挥图书馆功能	C12 用户获得感	C13 价值接受感	C14 社会能见度	W_i
C11 发挥图书馆功能	0.51	0.61	1.00	1.14	1.31	1.69	0.1507
C12 用户获得感	0.83	0.90	0.87	1.00	2.13	2.72	0.2060
C13 价值接受感	0.66	0.76	0.77	0.47	1.00	2.09	0.1301
C14 社会能见度	0.63	0.81	0.59	0.37	0.48	1.00	0.0878

由表 5 可得，$\lambda_{max} = 3.2242$，$CI = 0.0448$，$RI = 1.24$，$CR = 0.0362 < 0.1$，通过了一致性检验。

表 6　议题显著性

	B1 响应国家战略	B2 契合时代发展	W_i
B1 响应国家战略	1.00	1.60	0.6154
B2 契合时代发展	0.63	1.00	0.3846

由表 6 可得，$\lambda_{max} = 2$，$CI = 0$，$RI = 0$，通过了一致性检验。

表 7　制度层级

	B3 颁布机构	B4 制度类型	W_i
B3 颁布机构	1.00	2.76	0.7340
B4 制度类型	0.36	1.00	0.2660

由表 7 可得，$\lambda_{max} = 2$，$CI = 0$，$RI = 0$，通过了一致性检验。

表 8　制度属性

	B5 科学性	B6 协调性	B7 可行性	B8 创新性	W_i
B5 科学性	1.00	2.00	1.98	2.75	0.4124
B6 协调性	0.50	1.00	1.27	1.93	0.2386
B7 可行性	0.50	0.79	1.00	2.79	0.2332
B8 创新性	0.36	0.52	0.36	1.00	0.1157

由表 8 可得，λ_{max} = 4.0652，CI = 0.0217，RI = 0.89，CR = 0.0244 < 0.1，通过了一致性检验。

表 9　制度环境

	B9 政府重视程度	B10 经济文化水平	W_i
B9 政府重视程度	1.00	4.19	0.8074
B10 经济文化水平	0.24	1.00	0.1926

由表 9 可得，λ_{max} = 2，CI = 0，RI = 0，通过了一致性检验。

表 10　执行主体

	B11 政府责任落实	B12 政府部门合作	B13 图书馆能动性	B14 馆长综合素质	B15 馆员职业素养	W_i
B11 政府责任落实	1.00	2.85	3.35	2.70	3.27	0.4149
B12 政府部门合作	0.35	1.00	2.38	2.15	2.51	0.2310
B13 图书馆能动性	0.30	0.42	1.00	1.43	1.45	0.1306
B14 馆长综合素质	0.37	0.46	0.70	1.00	3.06	0.1401
B15 馆员职业素养	0.31	0.40	0.69	0.33	1.00	0.0834

301

由表 10 可得，λ_{max} = 5.2273，CI = 0.0568，RI = 1.12，CR = 0.0507 < 0.1，通过了一致性检验。

表 11 目标群体

	B16 文化需求程度	B17 制度参与程度	W_i
B16 文化需求程度	1.00	2.48	0.7130
B17 制度参与程度	0.40	1.00	0.2870

由表 9 可得，$\lambda_{max} = 2$，$CI = 0$，$RI = 0$，通过了一致性检验。

表 12 资源禀赋

	B18 财政资金保障	B19 专业人员配置	B20 宣传推广力度	W_i
B18 财政资金保障	1.00	2.67	3.35	0.5903
B19 专业人员配置	0.37	1.00	2.03	0.2596
B20 宣传推广力度	0.30	0.49	1.00	0.1502

由表 9 可得，$\lambda_{max} = 3.0261$，$CI = 0.0131$，$RI = 0.58$，$CR = 0.0225$ 通过了一致性检验。

表 13 制度属性

	B21 完善立法	B22 实施细则	B23 监管考核	B24 切实执行	W_i
B21 完善立法	1.00	2.10	1.53	1.59	0.3636
B22 实施细则	0.48	1.00	1.23	1.29	0.2255
B23 监管考核	0.65	0.81	1.00	1.42	0.2258
B24 切实执行	0.63	0.78	0.70	1.00	0.1850

由表 13 可得，$\lambda_{max} = 4.0471$，$CI = 0.0157$，$RI = 0.89$，$CR = 0.0176 < 0.1$，通过了一致性检验。

表 14　调控具体工作

	B25 核心及拓展业务	B26 服务延伸及创新	B27 图书馆特色活动	W_i
B25 核心及拓展业务	1.00	2.25	2.33	0.5249
B26 服务延伸及创新	0.44	1.00	2.22	0.3004
B27 图书馆特色活动	0.43	0.45	1.00	0.1747

由表 14 可得，$\lambda_{max} = 3.0644$，$CI = 0.0322$，$RI = 0.58$，$CR = 0.0555$ 通过了一致性检验。

表 15　统筹城乡布局

	B28 完善文化设施布局	B29 城市高质量发展	B30 基层基础设施建设	W_i
B28 完善文化设施布局	1.00	2.03	2.14	0.5083
B29 城市高质量发展	0.49	1.00	1.45	0.2781
B30 基层基础设施建设	0.47	0.69	1.00	0.2135

由表 15 可得，$\lambda_{max} = 3.0114$，$CI = 0.0057$，$RI = 0.58$，$CR = 0.0098$ 通过了一致性检验。

表 16　发挥图书馆价值

	B31 保障图书馆发展	B32 实现图书馆功能	W_i
B31 保障图书馆发展	1.00	1.60	0.6154
B32 实现图书馆功能	0.63	1.00	0.3846

303

由表 16 可得，$\lambda_{max} = 2$，$CI = 0$，$RI = 0$，通过了一致性检验。

表 17　用户获得感

	B33 用户满意度	B34 感知有用性	B35 资源可达性	W_i
B33 用户满意度	1.00	2.55	2.52	0.5538
B34 感知有用性	0.39	1.00	1.83	0.2669
B35 资源可达性	0.40	0.55	1.00	0.1793

由表 17 可得，λ_{max} = 3.0422，CI = 0.0211，RI = 0.58，CR = 0.0364 通过了一致性检验。

表 18　价值认同感

	B36 满足公众文化需求	B37 保障公民文化权益	B38 图书馆价值认可度	W_i
B36 满足公众文化需求	1.00	1.47	2.49	0.4758
B37 保障公民文化权益	0.68	1.00	2.05	0.3451
B38 图书馆价值认可度	0.40	0.49	1.00	0.1791

由表 18 可得，λ_{max} = 3.0040，CI = 0.0020，RI = 0.58，CR = 0.0035 通过了一致性检验。

表 19　社会能见度

	B39 信息公开	B40 文化标志	W_i
B39 信息公开	1.00	2.09	0.6768
B40 文化标志	0.48	1.00	0.3232

由表 19 可得，λ_{max} = 2，CI = 0，RI = 0，通过了一致性检验。

公共图书馆制度影响力第一轮指标权重汇总计算结果

一级指标	权重	二级指标	相对权重	权重	排序	三级指标	相对权重	总权重	排序
D1制度供给	0.4257	C1 议题显著性	0.3692	0.1572		B1 响应国家战略	0.6154	0.0967	2
						B2 契合时代要求	0.3846	0.0605	4
		C2 制度层级	0.3294	0.1402		B3 颁布机构级别	0.7340	0.1029	1
						B4 制度类型	0.2660	0.0373	9
		C3 制度属性	0.1766	0.0752		B5 科学性	0.4124	0.0310	10
						B6 协调性	0.2386	0.0179	19
						B7 可行性	0.2332	0.0175	20
						B8 创新性	0.1157	0.0087	36
		C4 制度环境	0.1248	0.0531		B9 政府重视程度	0.8074	0.0429	6
						B10 经济文化水平	0.1926	0.0102	32
D2制度执行	0.3612	C5 执行主体	0.4543	0.1641		B11 政府责任落实	0.4149	0.0681	3
						B12 政府部门合作	0.2310	0.0379	8
		C6 目标群体	0.1748	0.0632		B13 图书馆能动性	0.1306	0.0214	15
						B14 馆长综合素质	0.1401	0.0230	14
						B15 馆员职业素养	0.0834	0.0137	25
						B16 文化需求程度	0.7130	0.0450	5
		C7 资源禀赋	0.1838	0.0664		B17 制度参与程度	0.2870	0.0181	18
						B18 财政保障程度	0.5903	0.0392	7
						B19 专业人员配置	0.2596	0.0172	21
						B20 宣传推广力度	0.1502	0.0100	33
		C8 运行机制	0.1871	0.0676		B21 完善立法	0.3636	0.0246	12
						B22 实施细则	0.2255	0.0152	24
						B23 监管考核	0.2258	0.0153	23
						B24 切实执行	0.1850	0.0125	28

305

一级指标	权重	二级指标	相对权重	权重	排序	三级指标	相对权重	总权重	排序
D3 制度效果	0.2131	C9 调控具体工作	0.2496	0.0532		B25 核心及拓展业务	0.5249	0.0279	11
						B26 服务延伸及创新	0.3004	0.0160	22
						B27 图书馆特色活动	0.1747	0.0093	35
		C10 统筹城乡布局	0.1757	0.0374		B28 完善文化设施布局	0.5083	0.0190	17
						B29 城市高质量发展	0.2781	0.0104	31
						B30 基层基础设施建设	0.2135	0.0080	37
		C11 发挥图书馆价值	0.1507	0.0321		B31 保障图书馆发展	0.6154	0.0198	16
						B32 实现图书馆功能	0.3846	0.0123	29
		C12 用户获得感	0.2060	0.0439		B33 用户满意度	0.5538	0.0243	13
						B34 感知有益性	0.2669	0.0117	30
						B35 资源可达性	0.1793	0.0079	38
		C13 价值认同感	0.1301	0.0277		B36 满足公众文化需求	0.4758	0.0132	26

续表

一级指标	权重	二级指标	相对权重	权重	排序	三级指标	相对权重	总权重	排序
D3 制度效果	0.2131	C13 价值认同感	0.1301	0.0277		B37 保障公民文化权益	0.3451	0.0096	34
						B38 图书馆价值认可度	0.1791	0.0050	40
		C14 社会能见度	0.0878	0.0187		B39 信息公开	0.6768	0.0127	27
						B40 文化标志	0.3232	0.0060	39

公共图书馆制度影响力第二轮指标权重汇总计算结果

一级指标	权重	二级指标	相对权重	权重	排序	三级指标	相对权重	总权重	排序
D1 制度供给	0.4257	C1 议题显著性	0.3849	0.1416	2	B1 响应国家战略	0.6341	0.0898	1
						B2 契合时代发展	0.3659	0.0518	4
		C2 制度层级	0.3090	0.1137	3	B3 颁布机构级别	0.7115	0.0809	2
						B4 制度类型	0.2885	0.0328	10
		C3 制度属性	0.1749	0.0644	9	B5 科学性	0.3907	0.0251	14
						B6 协调性	0.2425	0.0156	26
						B7 可行性	0.2390	0.0154	27
						B8 创新性	0.1278	0.0082	38

307

续表

一级指标	权重	二级指标	相对权重	权重	排序	三级指标	相对权重	总权重	排序
D1 制度 供给	0.4257	C4 制度 环境	0.1311	0.0483	11	B9 政府重视程度	0.7842	0.0378	8
						B10 经济文化水平	0.2158	0.0104	32
D2 制度 执行	0.3612	C5 执行 主体	0.4160	0.1583	1	B11 政府责任落实	0.3909	0.0619	3
						B12 政府部门合作	0.1786	0.0283	12
						B13 图书馆能动性	0.1446	0.0229	15
						B14 馆长综合素质	0.1864	0.0295	11
						B15 馆员职业素养	0.0995	0.0157	25
		C6 目标 群体	0.1750	0.0666	7	B16 文化需求程度	0.7194	0.0479	5
						B17 制度参与程度	0.2806	0.0187	22
		C7 资源 禀赋	0.2132	0.0811	4	B18 财政资金保障	0.5753	0.0467	6
						B19 专业人员配置	0.2817	0.0228	16
						B20 宣传推广力度	0.1430	0.0116	31

一级指标	权重	二级指标	相对权重	权重	排序	三级指标	相对权重	总权重	排序
D2 制度执行	0.3612	C8 运行机制	0.1958	0.0745	5	B21 完善立法	0.2950	0.0220	18
						B22 实施细则	0.2767	0.0206	19
						B23 监管考核	0.2391	0.0178	23
						B24 切实执行	0.1892	0.0141	28
D3 制度效果	0.2131	C9 提升服务水平	0.2684	0.0675	6	B25 核心服务优化	0.5868	0.0396	7
						B26 服务拓展与创新	0.4132	0.0279	13
						B27 完善文化设施布局	0.5277	0.0197	20
		C10 统筹城乡布局	0.1488	0.0374	12	B28 城市图书馆高质量发展	0.2481	0.0093	35
						B29 乡村图书馆建设水平	0.2243	0.0084	37
		C11 用户获得感	0.2642	0.0665	8	B30 用户满意度	0.5179	0.0344	9
						B31 感知有用性	0.2957	0.0197	21
						B32 资源可达性	0.1865	0.0124	30
		C12 价值认同感	0.1926	0.0484	10	B33 满足公众文化需求	0.4637	0.0225	17
						B34 保障公民文化权益	0.3297	0.0160	24

309

续表

一级指标	权重	二级指标	相对权重	权重	排序	三级指标	相对权重	总权重	排序
D3 制度效果	0.2131	C13 社会能见度	0.1260	0.0317	13	B35 图书馆价值认可度	0.2066	0.0100	33
						B36 信息公开	0.4355	0.0138	29
						B37 文化标志	0.2956	0.0094	34
						B38 公众知晓度	0.2689	0.0085	36

附录8 公共图书馆制度影响力评价指标作用关系调查问卷

尊敬的受访者：您好！

此次调查的目的是了解公共图书馆制度制定、执行和实施效果的情况，进而评估公共图书馆制度影响力的实际状况。问卷采用选择题的形式，共分为三部分：（1）您的基本信息；（2）您对公共图书馆制度的感知；（3）公共图书馆制度影响力制约因素。本次调查采取匿名方式并仅用于学术研究，大约需要8～10分钟。谢谢您的大力支持！

公共图书馆：向社会公众免费开放，收集、整理、保存文献信息并提供查询、借阅及相关服务，开展社会教育的公共文化设施。

公共图书馆制度：由党、国家机关或图书馆行业协会制定的调控公共图书馆事业或公共图书馆活动的规范性文件或行动准则。例如：《中华人民共和国公共图书馆法》《中华人民共和国公共文化服务保障法》《"十四五"公共文化服务体系建设规划》《河南省公共图书馆管理办法》《公共图书馆宣言》《公共图书馆服务发展指南》《公共图书馆年度报告编制指南》等。

公共图书馆制度影响力：也可称为公共图书馆制度作用力，是指公共图书馆制度对公共图书馆事业或公共图书馆活动的调控力度和效果。

一、基本情况

1. 您的性别：

 A. 男　　B. 女

2. 您的年龄：

 A. 18~24 岁　　B. 25~34 岁

 C. 35~44 岁　　D. 45~54 岁　　E. 55 岁及以上

3. 您的受教育程度：

 A. 初中及以下

 B. 高中/中专/技校

 C. 大学专科

 D. 大学本科

 E. 硕士研究生

 F. 博士研究生

4. 您的职业：

 A. 教师

 B. 学生

 C. 图书馆馆员

 D. 公务员

 E. 企业员工及个体工商户

 F. 其他

5. 您所在的地区：

二、制度认知情况

1. 您是否了解公共图书馆制度？

 A. 十分了解

 B. 知道，并清楚

 C. 大概知道

 D. 听说过，但不清楚

 E. 完全不知道

2. 您通过哪些途径了解公共图书馆制度？（可多选）

 A. 大众媒体(电视新闻、网络资讯等)

B. 政府宣传

C. 公共图书馆宣传

D. 家人、朋友告知

E. 工作或学习经历

F. 使用公共图书馆过程中了解的

第三部分　公共图书馆制度影响力评价
指标之间的作用关系

本调查的目的是了解公共图书馆制度影响力评价指标之间的作用关系。1~5 代表题项描述与您个人主观认知及实际情况的符合程度，请根据您的理解进行选择。

1. 公共图书馆制度方案越具有必要性，越有利于公共图书馆制度的制定。

　　1 非常不同意　2 不同意　3 中立　4 同意　5 非常同意

2. 公共图书馆制度层级(包括颁布机构和发文类型)越具有权威性，越有利于公共图书馆制度的制定。

　　1 非常不同意　2 不同意　3 中立　4 同意　5 非常同意

3. 公共图书馆制度内容科学全面，正向影响公共图书馆制度的制定。

　　1 非常不同意　2 不同意　3 中立　4 同意　5 非常同意

4. 地区政治经济文化水平越高，越有利于公共图书馆制度的制定。

　　1 非常不同意　2 不同意　3 中立　4 同意　5 非常同意

5. 公共图书馆制度的制定会影响制度的具体执行。

　　1 非常不同意　2 不同意　3 中立　4 同意　5 非常同意

6. 公共图书馆制度的制定会影响制度效果的发挥。

　　1 非常不同意　2 不同意　3 中立　4 同意　5 非常同意

7. 公共图书馆制度的科学制定可以提升制度影响力。

　　1 非常不同意　2 不同意　3 中立　4 同意　5 非常同意

8. 执行主体责任落实越到位，越有利于公共图书馆制度执行。

　　1 非常不同意　2 不同意　3 中立　4 同意　5 非常同意

9. 目标群体文化需求度越大，越有利于公共图书馆制度执行。

　　1 非常不同意　2 不同意　3 中立　4 同意　5 非常同意

10. 财政支持、制度宣传等措施越到位，越有利于公共图书馆制度执行。

　　1 非常不同意　2 不同意　3 中立　4 同意　5 非常同意

11. 实施细则、监管评估等运行机制越完善，越有利于公共图书馆制度执行。

　　1 非常不同意　2 不同意　3 中立　4 同意　5 非常同意

12. 贯彻执行公共图书馆制度，有利于发挥制度效果。

　　1 非常不同意　2 不同意　3 中立　4 同意　5 非常同意

13. 贯彻执行公共图书馆制度，有利于提升制度影响力。

　　1 非常不同意　2 不同意　3 中立　4 同意　5 非常同意

14. 公共图书馆整体服务水平越高，表明公共图书馆制度影响力越大。

　　1 非常不同意　2 不同意　3 中立　4 同意　5 非常同意

15. 城乡公共图书馆文化服务布局越完善，表明公共图书馆制度影响力越大。

　　1 非常不同意　2 不同意　3 中立　4 同意　5 非常同意

16. 用户体验感越好，满意度越高，表明公共图书馆制度影响力越大。

　　1 非常不同意　2 不同意　3 中立　4 同意　5 非常同意

17. 公众对公共图书馆的价值认同感越高，表明公共图书馆制度影响力越大。

　　1 非常不同意　2 不同意　3 中立　4 同意　5 非常同意

18. 公共图书馆的社会地位越高，表明公共图书馆制度影响力越大。

　　1 非常不同意　2 不同意　3 中立　4 同意　5 非常同意

19. 公共图书馆制度效果越好，表明公共图书馆制度影响力越大。

　　1 非常不同意　2 不同意　3 中立　4 同意　5 非常同意

20. 公共图书馆制度能够提高全民文化素养。

1 非常不同意　2 不同意　3 中立　4 同意　5 非常同意

21. 公共图书馆制度能够促进文化发展及社会发展。

　　1 非常不同意　2 不同意　3 中立　4 同意　5 非常同意

22. 您对公共图书馆制度影响力的整体评价。

　　1 非常差　2 差　3 一般　4 良好　5 优秀

附录9 公共图书馆制度影响力现状调查问卷

尊敬的受访者：您好！

此次调查的目的是了解公共图书馆制度制定、执行和实施效果的情况，进而评估公共图书馆制度影响力的实际状况。问卷采用选择题的形式，共分为三部分：(1)您的基本信息；(2)您对公共图书馆制度的感知；(3)公共图书馆制度影响力制约因素。本次调查采取匿名方式并仅用于学术研究，大约需要8~10分钟。谢谢您的大力支持！

公共图书馆：向社会公众免费开放，收集、整理、保存文献信息并提供查询、借阅及相关服务，开展社会教育的公共文化设施。

公共图书馆制度：由党、国家机关或图书馆行业协会制定的调控公共图书馆事业或公共图书馆活动的规范性文件或行动准则。例如：《中华人民共和国公共图书馆法》《中华人民共和国公共文化服务保障法》《"十四五"公共文化服务体系建设规划》《河南省公共图书馆管理办法》《公共图书馆宣言》《公共图书馆服务发展指南》《公共图书馆年度报告编制指南》等。

公共图书馆制度影响力：也可称为公共图书馆制度作用力，是指公共图书馆制度对公共图书馆事业或公共图书馆活动的调控力度和效果。

一、基本情况

1. 您的性别：

   A. 男　　B. 女

2. 您的年龄：

  A. 18~24 岁　B. 25~34 岁　C. 35~44 岁

  D. 45~54 岁　E. 55 岁及以上

3. 您的受教育程度：

  A. 初中及以下

  B. 高中/中专/技校

  C. 大学专科

  D. 大学本科

  E. 硕士研究生

  F. 博士研究生

4. 您的职业：

  A. 教师

  B. 学生

  C. 图书馆馆员

  D. 公务员

  E. 企业员工及个体工商户

  F. 其他

5. 您所在的地区：

二、制度认知情况

1. 您是否了解公共图书馆制度？

  A. 十分了解　　　　B. 知道，并清楚

  C. 大概知道　　　　D. 听说过，但不清楚

  E. 完全不知道

2. 您通过哪些途径了解公共图书馆制度？（可多选）

  A. 大众媒体(电视新闻、网络资讯等)

  B. 政府宣传

  C. 公共图书馆宣传

  D. 家人、朋友告知

  E. 工作或学习经历

  F. 使用公共图书馆过程中了解的

317

　　请根据您对于公共图书馆制度制定的必要性的判断来回答以下问题。

　　3. 您认为公共图书馆制度与现阶段国家文化强国战略保持一致性方面，表现如何？

　　　　1 非常差　2 差　3 一般　4 良好　5 优秀

　　4. 您认为公共图书馆制度在满足时代发展要求方面，表现如何？

　　　　1 非常差　2 差　3 一般　4 良好　5 优秀

　　请根据您对于公共图书馆制度层级的判断来回答以下问题。

　　5. 您认为公共图书馆制度在颁布机构等级（如颁布机构权威性）方面，表现如何？

　　　　1 非常差　2 差　3 一般　4 良好　5 优秀

　　6. 您认为公共图书馆制度颁布在内容形式（如内容强制性）方面，表现如何？

　　　　1 非常差　2 差　3 一般　4 良好　5 优秀

　　请根据您对于公共图书馆制度内容属性的判断来回答以下问题。

　　7. 您认为公共图书馆制度内容在合理性、系统性和全面性方面，表现如何？

　　　　1 非常差　2 差　3 一般　4 良好　5 优秀

　　8. 您认为公共图书馆制度间的协调性与衔接性方面，表现如何？

　　　　1 非常差　2 差　3 一般　4 良好　5 优秀

　　9. 您认为公共图书馆制度操作性和具体性方面，表现如何？

　　　　1 非常差　2 差　3 一般　4 良好　5 优秀

　　10. 您认为公共图书馆制度在创新性方面，表现如何？

　　　　1 非常差　2 差　3 一般　4 良好　5 优秀

请根据您对于公共图书馆制度外部环境判断来回答以下问题。

11. 您所在地区的政府对公共图书馆发展的关注度方面，表现如何？

1 非常差　2 差　3 一般　4 良好　5 优秀

12. 您所在地区的经济文化水平对助力公共图书馆发展方面，表现如何？

1 非常差　2 差　3 一般　4 良好　5 优秀

请根据您对于公共图书馆制度执行中执行主体的看法来回答以下问题。

13. 您所在地区政府对公共图书馆的责任主体意识、财政经费支持、责任划分方面，表现如何？

1 非常差　2 差　3 一般　4 良好　5 优秀

14. 在公共图书馆制度执行过程中，您所在地区政府部门间相互合作配合方面，表现如何？

1 非常差　2 差　3 一般　4 良好　5 优秀

15. 您所在地区公共图书馆在主动参与社会活动方面，表现如何？

1 非常差　2 差　3 一般　4 良好　5 优秀

16. 您所在地区公共图书馆馆长综合素质(如个人素质、统筹规划管理水平)，表现如何？

1 非常差　2 差　3 一般　4 良好　5 优秀

17. 您所在地区公共图书馆的工作人员的职业素养(如专业化程度、服务意识)，表现如何？

1 非常差　2 差　3 一般　4 良好　5 优秀

319

请根据您对于公共图书馆制度执行中目标群体的看法来回答以下问题。

18. 您对公共图书馆的需要程度如何？

1 非常差　2 差　3 一般　4 良好　5 优秀

19. 您对公共图书馆志愿者服务、社会捐赠等活动的参与程度如何?

　　1 非常差　2 差　3 一般　4 良好　5 优秀

　　请根据您对于公共图书馆制度资源供给情况的看法来回答以下问题。

　　20. 您所在地区对公共图书馆的财政资金保障(如专项资金支持、财政补助、用地支持等措施)方面的制度安排如何?

　　1 非常差　2 差　3 一般　4 良好　5 优秀

　　21. 您所在地区对公共图书馆专业人员配置(如高素质人才队伍建设、规范馆员工作岗位、馆员专业技能考核、人才交流学习等)方面的制度安排如何?

　　1 非常差　2 差　3 一般　4 良好　5 优秀

　　22. 您所在地区公共图书馆制度宣传的力度(包括宣传手段、方式、频率等)如何?

　　1 非常差　2 差　3 一般　4 良好　5 优秀

　　请根据您对于公共图书馆制度执行中运行机制的看法来回答以下问题。

　　23. 您所在地区的公共图书馆立法工作,表现如何?

　　1 非常差　2 差　3 一般　4 良好　5 优秀

　　24. 您所在地区的公共图书馆制度配套实施细则(如实施标准、奖惩措施、硬性指标、可量化的指标等)配置如何?

　　1 非常差　2 差　3 一般　4 良好　5 优秀

　　25. 您所在地区的公共图书馆制度监管考核机制(如社会监管、评价体系、将公共图书馆工作纳入业务考核范围等)如何?

　　1 非常差　2 差　3 一般　4 良好　5 优秀

　　26. 您所在地区的公共图书馆制度贯彻执行情况如何?

　　1 非常差　2 差　3 一般　4 良好　5 优秀

　　请根据您对于公共图书馆制度效果中服务水平提升情况的看法来回答以下问题。

27. 您所在地区的公共图书馆在文献资源和空间建设等核心业务方面，表现如何？

    1 非常差　2 差　3 一般　4 良好　5 优秀

28. 您所在地区的公共图书馆在现代化信息服务(如数字图书馆、远程查询、阅读等)和服务理念创新等方面，表现如何？

    1 非常差　2 差　3 一般　4 良好　5 优秀

29. 您所在地区的公共图书馆在举办文化活动(如展览、读书会、课程培训等)的频次和质量方面，表现如何？

    1 非常差　2 差　3 一般　4 良好　5 优秀

请根据您对于公共图书馆制度效果中统筹城乡布局情况的看法来回答以下问题。

30. 您所居住的社区在文化设施配套服务(如文化室、文化活动广场等)方面，表现如何？

    1 非常差　2 差　3 一般　4 良好　5 优秀

31. 您所在地区的城市公共图书馆整体发展水平如何？

    1 非常差　2 差　3 一般　4 良好　5 优秀

32. 您所在地区的县乡级公共图书馆整体发展水平如何？

    1 非常差　2 差　3 一般　4 良好　5 优秀

请根据您对于公共图书馆制度效果中制度获得感的看法来回答以下问题。

33. 您对所在地区公共图书馆提供的服务，整体感受如何？

    1 非常差　2 差　3 一般　4 良好　5 优秀

34. 您对从公共图书馆提供的服务中感到获益的程度如何？

    1 非常差　2 差　3 一般　4 良好　5 优秀

35. 您到达您所在地区公共图书馆的交通便利程度如何？

    1 非常差　2 差　3 一般　4 良好　5 优秀

请根据您对于公共图书馆制度效果中制度认同感的看法来回答以下问题。

36. 您所在地区的公共图书馆提供的服务与您的文化需求匹配度如何？

　　1 非常差　2 差　3 一般　4 良好　5 优秀

37. 您所在地区的公共图书馆提供的服务对您获取信息权利的保障程度如何？

　　1 非常差　2 差　3 一般　4 良好　5 优秀

38. 您对公共图书馆价值的认可程度如何？

　　1 非常差　2 差　3 一般　4 良好　5 优秀

请根据您对于公共图书馆制度效果中公共图书馆社会能见度的看法来回答以下问题。

39. 您认为公共图书馆制度内容的公开透明程度如何？

　　1 非常差　2 差　3 一般　4 良好　5 优秀

40. 您所在地区公共图书馆的社会地位和社会形象如何？

　　1 非常差　2 差　3 一般　4 良好　5 优秀

41. 您及您周围人对公共图书馆的知晓程度如何？

　　1 非常差　2 差　3 一般　4 良好　5 优秀

附录10　高校图书馆政策影响力调查问卷(用户问卷)

亲爱的用户:

您好!

非常感谢您抽出宝贵时间来填写问卷!我是郑州大学信息管理学院2020级的研究生,因毕业论文需要,特进行了这次用户调查。本人毕业论文的研究主题是"高校图书馆政策影响力评价研究",目前评价指标体系已初步建立,作者根据评价指标体系,设计了本次调查问卷。

为了保护您的隐私,本次调查以匿名形式进行,请您尽可能客观地回答每道题。谢谢您!

- **概念解释**

高校图书馆政策——是国家机关、党组织、图书馆行业组织及其相关组织,为调控和引导高校图书馆系统的运行和发展,按照一定的程序所制定的行为规范、准则或行动计划,不包括各高校图书馆自己制定的图书馆制度。

高校图书馆政策影响力——是指高校图书馆政策的制定及其实施对用户、高校图书馆本身及其社会环境产生的成效与价值。

1. 您的性别

男　　女

2. 您所在院校所属类型

"双一流"高校　　普通一本　　二本　　　　其他

3. 您多久来一次图书馆

每天都去　　　一周 2~3 次　　　一周 1 次　　　有需要才去
几乎不去

　　4. 您了解高校图书馆政策
　　　　非常不符合　　　不符合　　　一般　　　符合　　　非常符合

　　5. 您对高校图书馆政策很满意
　　　　非常不符合　　　不符合　　　一般　　　符合　　　非常符合

　　6. 高校图书馆政策能帮助您提升知识水平
　　　　非常不符合　　　不符合　　　一般　　　符合　　　非常符合

　　7. 高校图书馆政策能促使您更便捷地获取资源
　　　　非常不符合　　　不符合　　　一般　　　符合　　　非常符合

　　8. 高校图书馆政策帮助您进行开放式学术交流
　　　　非常不符合　　　不符合　　　一般　　　符合　　　非常符合

　　9. 您会遵循高校图书馆政策
　　　　非常不符合　　　不符合　　　一般　　　符合　　　非常符合

　　10. 您会向他人宣传高校图书馆政策
　　　　非常不符合　　　不符合　　　一般　　　符合　　　非常符合

　　11. 高校图书馆政策对您参加其他活动也有影响
　　　　非常不符合　　　不符合　　　一般　　　符合　　　非常符合

　　12. 您认为高校图书馆政策对您的影响力还体现在哪些方面?

附录11 高校图书馆政策影响力
调查问卷(馆员问卷)

尊敬的老师:

您好!

非常感谢您抽出宝贵时间来填写问卷!我是郑州大学信息管理学院2020级的研究生,因毕业论文需要,特进行了这次调查。本人毕业论文的研究主题是"高校图书馆政策影响力评价研究",目前评价指标体系已初步建立,作者根据评价指标体系,设计了本次调查问卷。

为了保护您的隐私,本次调查以匿名形式进行,请您尽可能客观地回答每道题。谢谢您!

- **概念解释**

高校图书馆政策——是国家机关、党组织、图书馆行业组织及其相关组织,为调控和引导高校图书馆系统的运行和发展,按照一定的程序所制定的行为规范、准则或行动计划,不包括各高校图书馆自己制定的图书馆制度。

高校图书馆政策影响力——是指高校图书馆政策的制定及其实施对用户、高校图书馆本身及其社会环境产生的成效与价值。

1. 您的性别

男　　女

2. 您所在院校所属类型

"双一流"高校　　普通一本　二本　　　其他

3. 您的年龄

20~30 岁　31~40 岁　41~50 岁　50 岁以上

4 您从事图书馆工作的年限

1~5 年　6~10 年　11~15 年　15 年以上

5. 您的职称

初级　中级　高级　无

6. 高校图书馆政策的制定合法且制定者具有权威性

非常不符合　　不符合　　一般　　符合　　非常符合

7. 高校图书馆政策的制定有馆员参与

非常不符合　　不符合　　一般　　符合　　非常符合

8. 高校图书馆政策内容与目标相匹配

非常不符合　　不符合　　一般　　符合　　非常符合

9. 高校图书馆政策是强制执行的

非常不符合　　不符合　　一般　　符合　　非常符合

10. 本馆严格遵守高校图书馆政策,且政策执行有利于本馆的发展

非常不符合　　不符合　　一般　　符合　　非常符合

11. 高校图书馆政策可以规范您的行为

非常不符合　　不符合　　一般　　符合　　非常符合

12. 高校图书馆政策可以提高您的工作效率

非常不符合　　不符合　　一般　　符合　　非常符合

13. 高校图书馆政策能够激励您提供更好的服务

非常不符合　　不符合　　一般　　符合　　非常符合

14. 高校图书馆政策为高校图书馆事业的发展指明方向

非常不符合　　不符合　　一般　　符合　　非常符合

15. 高校图书馆政策推动高校图书馆事业的发展

非常不符合　　不符合　　一般　　符合　　非常符合

16. 您认为高校图书馆政策对高校图书馆及其馆员的影响还体现在哪些方面?

附录 12　高校图书馆政策影响力 调查问卷(社会居民问卷)

亲爱的居民朋友：

您好！

非常感谢您抽出宝贵时间填写问卷！我是郑州大学信息管理学院 2020 级的研究生，因毕业论文需要，特进行了这次调查。本人毕业论文的研究主题是"高校图书馆政策影响力评价研究"，目前评价指标体系已初步建立，作者根据评价指标体系，设计了本次调查问卷。

为了保护您的隐私，本次调查以匿名形式进行，请您尽可能客观地回答每道题。谢谢您！

- **概念解释**

高校图书馆政策——是国家机关、党组织、图书馆行业组织及其相关组织，为调控和引导高校图书馆系统的运行和发展，按照一定的程序所制定的行为规范、准则或行动计划，不包括各高校图书馆自己制定的图书馆制度。

高校图书馆政策影响力——是指高校图书馆政策的制定及其实施对用户、高校图书馆本身及其社会环境产生的成效与价值。

高校图书馆社会服务——是指高校图书馆在满足本校师生员工知识信息需求的前提下，利用自身资源优势，向其所在市、区及周边地区的居民提供力所能及的知识信息服务。

1. 您是否利用过高校图书馆

　　是　　否

2. 您了解高校图书馆政策

    非常不符合   不符合   一般   符合   非常符合

3. 高校图书馆在您生活中很重要

    非常不符合   不符合   一般   符合   非常符合

4. 高校图书馆可以向社会公众免费开放

    非常不符合   不符合   一般   符合   非常符合

5. 高校图书馆线上资源公众可以免费使用

    非常不符合   不符合   一般   符合   非常符合

6. 高校图书馆平等地向社会公众开放

    非常不符合   不符合   一般   符合   非常符合

7. 高校图书馆积极开展与其他社会机构的合作与资源共享

    非常不符合   不符合   一般   符合   非常符合

8. 您所在社区附近是否有高校图书馆("否"直接跳转第 11 题)

    是   否

9. 社区图书馆或社区附近的公共图书馆与高校图书馆已实现通借通还

    非常不符合   不符合   一般   符合   非常符合

10. 高校图书馆政策对当地经济的发展具有拉动作用

    非常不符合   不符合   一般   符合   非常符合

11. 您认为高校图书馆政策的社会影响力还体现在哪些方面?

附录 13　高校图书馆政策效力的影响
因素专家咨询表

尊敬的专家：

您好！

首先感谢您在百忙之中参与本次调查！我是郑州大学信管学院
2020 级研究生，由于毕业论文的撰写需要，因此展开本次专家调
查。本学位论文的主题是"高校图书馆政策效力的影响因素"，笔
者在参考相关文献的基础上，建立了一套不成熟的影响因素指标体
系。为保证指标体系的科学性，特请您提出宝贵的意见。本次调查
以匿名形式展开，请您不要有任何顾虑，您的意见对评价指标体系
的确定和完善至关重要，恳请您大力支持！

在此，我先阐释两个基本概念：

高校图书馆政策：是指国家或政府在一定的历史时期内制定的
与高校图书馆事业有关的大政方针、法律法规、条例制度、行业规
范的总称。本研究的政策为宏观的高校图书馆政策。

高校图书馆政策效力：是指高校图书馆政策在实施后，对高校
图书馆活动主体的作用力。高校图书馆主管部门、高校图书馆、高
校图书馆工作人员、高校图书馆用户等主体都是高校图书馆政策效
力的覆盖范围。

最后，衷心感谢各位专家的辛勤付出！

第一部分：指标含义解释

笔者通过搜集资料制作了高校图书馆政策效力的影响因素指标

体系表，指标及其内涵如表 A1 所示。

表 A1　高校图书馆政策效力的影响因素指标体系

一级指标	二级指标	说　明
政策因素 P	形式 P1	高校图书馆政策以规程、指南等形式出现，不同的政策形式具有不同的政策效力
	目标明确性 P2	高校图书馆政策具有明确的长、中、短期目标
	科学合理性 P3	在制定高校图书馆政策时，充分考虑到不同类型、层次高校的实际情况
	配套性 P4	具有一系列与高校图书馆政策执行相配套的政策
	可操作性 P5	高校图书馆政策具有规范的顶层设计和具体的指导细则，具有可执行性
执行因素 A	执行机构的结构 A1	执行机构组织结构、部门设置的合理性
	执行机构的执行方案和能力 A2	执行组织为政策实施制定的方案以及该组织实现方案实施目标的总体能力
	执行机构的资源 A3	执行机构能够获得的政策执行的各种资源支持，如资金支持
	执行机构与政策制定或执行的联系 A4	执行机构与政策制定或执行的联系越密切，越有利于政策的执行
	执行机构内自由沟通的程度 A5	执行机构内部横向和垂直沟通的自由度
	执行者的规模和能力 A6	执行者的人员数量以及质量
	执行者的职业道德 A7	良好的职业道德以及对工作的热爱能够促进政策的顺利进行

续表

一级 指标	二级指标	说　　明
执行 因素 A	执行者的知识素养 A8	执行者具备的知识意识、知识能力和知识能力 水平
	执行者的政策认知 A9	执行者对高校图书馆政策的了解程度
	执行者的政策认同 度 A10	执行者对高校图书馆政策的态度，支持、中立 还是反对
	执行者的政策回应 速度 A11	一项新的高校图书馆政策颁布之后，执行者能 否快速作出回应
	执行者对政策的反 馈 A12	执行者对现有高校图书馆政策的改进建议
用户 因素 U	用户的知识素养 U1	用户的知识意识、知识能力和知识伦理水平
	用户群体的规模 U2	用户群体的规模大小可能会影响政策执行，通 常来说，用户规模越小，越有利于政策执行
	用户的政策认知 U3	用户对政策的了解程度
	用户的政策认同 U4	用户对高校图书馆政策的支持、认可程度
	用户对高校图书馆 的信任度 U5	用户对高校图书馆的信任程度，用户越信任高 校图书馆越有利于政策执行
	用户对高校图书馆 馆员的信任度 U6	用户对高校图书馆馆员的信任程度，用户越信任 馆员，越有利于政策执行
	用户的政策反馈 U7	用户对现有高校图书馆政策的改进建议

续表

一级指标	二级指标	说　　明
环境因素 E	适宜的自然环境 E1	适宜的湿度温度，比如藏书发展政策对馆藏量有具体要求，纸质图书的收藏需要适宜的温湿度
	政治环境的稳定 E2	国内政局、政治制度的稳定
	经济发展水平 E3	国家或地区整体的经济发展水平对高校图书馆经费拨款的影响，可能影响各项政策的执行
	信息技术发展水平 E4	信息技术在高校图书馆政策的执行、宣传过程中发挥的作用
	外部组织（个人）对高校图书馆的支持 E5	除国家或政府以外，高校图书馆获得的来自其他组织（个人）的各种援助资源，如资金捐赠

第二部分

请各位专家根据指标解读及自身经验，填写每个指标对高校图书馆政策效力的影响程度。（0-没有影响，1-很弱影响，2-弱影响，3-强影响，4-很强影响）

表 A2　专家咨询表

序号	题　项	0	1	2	3	4
1	形式 P1					
2	目标明确性 P2					
3	科学合理性 P3					
4	配套性 P4					
5	可操作性 P5					

续表

序号	题　　项	0	1	2	3	4
6	执行机构的结构 A1					
7	执行机构的执行方案和能力 A2					
8	执行机构的资源 A3					
9	执行机构与政策制定或执行的联系 A4					
10	执行机构内自由沟通的程度 A5					
11	执行者的规模和能力 A6					
12	执行者的职业道德 A7					
13	执行者的知识素养 A8					
14	执行者的政策认知 A9					
15	执行者的政策认同度 A10					
16	执行者的政策回应速度 A11					
17	执行者对政策的反馈 A12					
18	用户的知识素养 U1					
19	用户群体的规模 U2					
20	用户的政策认知 U3					
21	用户的政策认同 U4					
22	用户对高校图书馆的信任度 U5					
23	用户对高校图书馆馆员的信任度 U6					
24	用户的政策反馈 U7					
25	适宜的自然环境 E1					
26	政治环境的稳定 E2					
27	经济发展水平 E3					
28	信息技术发展水平 E4					
29	外部组织(个人)对高校图书馆的支持 E5					

附录 14　高校图书馆政策效力的影响因素问卷(图书馆问卷)

敬爱的图书馆工作人员:

您好! 首先感谢您的参与! 我正在进行高校图书馆政策效力的影响因素研究,本问卷旨在了解图书馆因素对高校图书馆政策效力的影响情况。问卷数据仅用于资料研究,匿名填写,请各位根据实际情况如实填写,以保证结果的准确性和真实性。非常感谢大家的合作!

- **概念解释**

高校图书馆政策:是指国家或政府在一定的历史时期内制定的与高校图书馆事业有关的大政方针、法律法规、条例制度、行业规范的总称。本研究的政策为宏观的高校图书馆政策。如《普通高等学校图书馆规程》《图书馆建筑设计规范》等。

高校图书馆政策效力:是指高校图书馆政策实施后产生的实际效果以及对高校图书馆活动主体的作用力。高校图书馆活动主体主要是高校图书馆、高校图书馆工作人员、高校图书馆用户,也包括高校和高校主管部门。

第一部分:基本信息

1. 性别:□男　　□女
2. 年龄:□20~30 岁　　□31~40 岁　　□41~50 岁　　□51~60 岁
3. 学历:□专科　　□本科　　□硕士研究生　　□博士研究生
4. 工作年限:□0~5 年　　□6~10 年　　□11~15 年　　□15~20 年

□21 年以上

5. 身份：□高校图书馆管理人员　□高校图书馆员

6. 高校图书馆所属高校的层次：□专科　□本科

第二部分

请您根据图书馆及工作的实际情况，在恰当的选项上打勾。
（1-非常不符合，2-不符合，3-不确定，4-符合，5-非常符合）

1. 图书馆的结构和能力

题　　项	1	2	3	4	5
您工作的高校图书馆的部门设置合理					
您工作的高校图书馆具备制定政策执行方案的能力					
您工作的高校图书馆制定的政策执行方案具有可操作性					

2. 图书馆的工作氛围

题　　项	1	2	3	4	5
您工作的高校图书馆同事之间沟通自由					
您工作的高校图书馆上下级之间沟通自由					
您工作的高校图书馆同事之间相互信任					
您工作的图书馆上下级之间相互信任					

3. 工作人员的能力

题　　项	1	2	3	4	5
我在工作中能够做到遵纪守法、爱岗敬业、尊重读者					

题　项	1	2	3	4	5
我在工作中能够做到言谈得体、诚实守信、仪表端庄					
我具备良好的知识获取意识、辨别意识、共享意识					
我具备良好的知识获取、加工、分析和利用的能力					
我在信息活动中能够遵循道德伦理规范和知识安全					

4. 工作人员的政策认知

题　项	1	2	3	4	5
我关注新发布的高校图书馆政策					
我关注高校图书馆行业动态					
总体上，我了解高校图书馆政策					
我了解高校图书馆政策的具体内容					

5. 工作人员的政策认同度

题　项	1	2	3	4	5
我认为高校图书馆政策的目标明确					
我认为高校图书馆政策的内容科学合理					
我认为高校图书馆政策具有可操作性					

6. 工作人员的政策回应

题　　项	1	2	3	4	5
我会按照政策要求开展图书馆资源建设工作					
我会按照政策要求开展图书馆基础设施建设工作					
我会按照政策要求营造图书馆的环境氛围					
我会按照政策要求开展图书馆服务工作					
我会按照政策要求进行学术研究					
我通常能够在较短时间内对高校图书馆政策作出回应					
在工作中，我会对高校图书馆政策提出意见或建议					

7. 高校图书馆政策效力的测量指标

题　　项	1	2	3	4	5
高校图书馆政策对本馆资源丰富度的作用					
高校图书馆政策对本馆基础设施完备度的作用					
高校图书馆政策对本馆环境氛围的作用					
高校图书馆政策对本馆工作人员提供的服务的作用					
高校图书馆政策对本馆工作人员科研水平的作用					

337

第三部分

请您结合自身工作经验和对高校图书馆政策的了解，选择您认为对高校图书馆政策效力有影响的政策因素和环境因素。（以下题项为多选）

1. 您认为下列哪些政策因素能够对高校图书馆政策效力产生影响？

　　□政策的形式　　　　□政策的科学合理性
　　□政策的目标明确性　□政策的可操作性

2. 您认为下列哪些环境因素能够对高校图书馆政策效力产生影响？

　　□适宜的自然环境　　□稳定的政治环境
　　□经济发展水平　　　□信息技术发展水平
　　□资源支持

附录15　高校图书馆政策效力的影响因素调查表(用户问卷)

亲爱的图书馆用户：

您好！首先感谢您的参与！我正在进行高校图书馆政策效力的研究，本问卷旨在了解用户对高校图书馆政策效力的影响情况。问卷数据仅用于资料研究，匿名填写，请各位根据实际情况如实填写，以保证结果的准确性和真实性。非常感谢大家的合作！

高校图书馆政策：是指国家或政府在一定的历史时期内制定的与高校图书馆事业有关的大政方针、法律法规、条例制度、行业规范的总称。本研究的政策为宏观的高校图书馆政策。如《普通高等学校图书馆规程》等。

第一部分：基本信息

1. 身份：□学生　　□教师　　□科研工作者　　□学校管理型用户

2. 性别：□男　　□女

3. 学历：□专科　　□本科　　□硕士研究生　　□博士研究生

4. 高校层次：□双一流　　　□非双一流

5. 到访高校图书馆的频率：

　　□偶尔　　　　□一月一次　　　　□一周一次

　　□一天一次　　□每天多次

6. 访问高校图书馆网站的频率：

　　□偶尔　　　　□一月一次　　　　□一周一次

　　□一天一次　　□每天多次

7. 使用图书馆服务的频率(如文献传递、知识产权服务等):

　　□偶尔　　　　　□一月一次　　　　□一周一次

　　□一天一次　　□每天多次

第二部分

请根据您的实际情况,在恰当的选项上打勾。(1-非常不符合,2-不符合,3-不确定,4-符合,5-非常符合)

1. 知识素养

题　　项	1	2	3	4	5
我具备良好的知识获取意识、辨别意识、共享意识					
我具备良好的知识获取、加工、分析和利用的能力					
我在信息活动中能够遵循道德伦理规范和知识安全					

2. 政策认知

题　　项	1	2	3	4	5
总体上,我了解高校图书馆政策					
我了解高校图书馆政策的内容					
我了解高校图书馆政策中与用户有关的规定					

3. 政策认同

题 项	1	2	3	4	5
总体上,我认同高校图书馆政策					
我认为高校图书馆政策的内容是合理的					
我认为高校图书馆政策中有关用户的规定是合理的					

4. 政策反馈

题 项	1	2	3	4	5
我了解高校图书馆政策的反馈渠道					
我会对高校图书馆政策提出自己的建议或意见					
我会针对高校图书馆政策中与用户有关的规定提出意见或建议					

5. 对高校图书馆政策的信任度

题 项	1	2	3	4	5
我认为图书馆本身图书馆员具备满足我信息需求的能力					
我认为图书馆及其提供的服务是值得信赖的					
我信任高校图书馆源于对其了解和熟悉程度					
总体上,我对高校图书馆是信任的					

6. 高校图书馆政策效力的测量指标

题　　项	1	2	3	4	5
我遵守高校图书馆政策与用户有关的规定					
我在高校图书馆内的行为符合高校图书馆政策的规定					
我在高校图书馆网站的行为符合高校图书馆政策的规定					
总体来说，我对经常访问高校图书馆是满意的					
经常访问的高校图书馆提供的资源能够满足我的需求					
我对经常访问的高校图书馆的基础设施是满意的					
我对经常访问的高校图书馆提供的服务是满意的					
我对经常访问的高校图书馆的环境氛围是满意的